世界500强企业精细化管理工具系列

物业管理
实用流程·制度·表格·文本

邵小云 主编

实战精华版

化学工业出版社

《物业管理实用流程·制度·表格·文本》一书从规范化管理的基础入手解读,分四个部分27章导入了物业企业管理流程、制度、表格、文本的模板和示例。

流程部分具体包括物业项目接管验收流程、物业项目入伙流程、二次装修管理流程、工程维保服务管理流程、保洁绿化服务流程、客服中心业务流程、安全护卫服务流程、突发(应急)事件处理流程;

制度部分包括物业市场拓展管理制度、客户服务管理制度、秩序维护管理制度、工程管理制度、环境管理制度、财务管理制度;

表格部分包括市场拓展常用表格、客户服务常用表格、秩序维护管理常用表格、工程管理常用表格、环境管理常用表格、财务管理常用表格;

文本部分包括物业接管验收类文本、入伙手续文本、二次装修管理文本、日常物业管理文本、社区文化活动、物业费用管理文本、消防安全管理文本。

本书进行模块化设置,内容实用性强,着重突出可操作性,为读者提供了实用的流程设置、制度范本、表单模板、文本参考。本书可以作为物业服务行业的管理人员、工作人员、物业公司培训人员进行管理的参照范本和工具书,也可供企业咨询师、高校教师和专家学者参考使用。

图书在版编目(CIP)数据

物业管理实用流程·制度·表格·文本/邵小云主编. —北京:化学工业出版社,2019.9(2024.3重印)
(世界500强企业精细化管理工具系列)
ISBN 978-7-122-34744-2

Ⅰ.①物… Ⅱ.①邵… Ⅲ.①物业管理 Ⅳ.①F293.347

中国版本图书馆CIP数据核字(2019)第123440号

责任编辑:陈 蕾　　　　　　　　　　　　　装帧设计:尹琳琳
责任校对:张雨彤

出版发行:化学工业出版社(北京市东城区青年湖南街13号　邮政编码100011)
印　　装:北京盛通数码印刷有限公司
787mm×1092mm　1/16　印张21　字数443千字　2024年3月北京第1版第5次印刷

购书咨询:010-64518888　　　　　　　　　售后服务:010-64518899
网　　址:http://www.cip.com.cn
凡购买本书,如有缺损质量问题,本社销售中心负责调换。

定　价:88.00元　　　　　　　　　　　　　　　　　　　　　　版权所有　违者必究

前言 PREFACE

竞争是企业的生命，是促进企业发展的动力，在现代市场经济中，竞争正在全范围地跃动着。特别是在经济飞速发展的今天，不管哪一个行业，企业之间的竞争都是日趋激烈并更加残酷，企业将面临更加严峻的考验和挑战。为此，企业除了以全新的意识创造全新的竞争条件来适应全新的竞争环境外，还必须从企业内部进行梳理、挖潜，实施精益化管理，且辅以过程控制，才能在竞争中立于不败之地，并获得持续发展。

一个长期发展的企业，就要实施管理流程化、制度化，付诸表格、文本等支持性文件，进行规范化运作管理。制定流程的目的在于使企业的内部管理通过流程的梳理，不断加以改进，以使企业的效率不断得以提升；制度是所有管理模式的基础，没有制度的约束，任何管理都难以向前推进，进行制度化建设和管理可以促进企业向规范化方向发展。

"依据流程工作，依据制度办事"，便于企业员工掌握本岗位的工作技能，利于部门与部门之间，员工与员工之间及上下级之间的沟通，使员工最大限度地减少工作失误。同时，实施流程化、制度化管理更加便于企业对员工的工作进行监控和考核，从而促进员工不断改善和提高工作效率。

企业一旦形成流程化、制度化的管理运作，对于规范企业和员工的行为，树立企业的形象，实现企业的正常运营，促进企业的长远发展具有重大的意义。这样使企业的决策从根本上排斥"一言堂"，企业决策必定程序化和规范化，排斥没有科学论证依据的决策，企业的决策过程一定会程序化、透明化，从而大大减少了决策风险。

作为物业公司也是如此，要突破目前的竞争困局，做大做强，必须加强物业正规化管理，强化对员工的管理，使各项工作有章可循、有据可依，尽可能地降低成本；同时，要掌握好市场的动向，做好市场营销推广，为业主提供更优质的服务，从而促使企业健康的成长与发展。

《物业管理实用流程·制度·表格·文本》一书从规范化管理的基础入手解读，分四个部分27章导入了物业企业管理流程、制度、表格、文本的模板和示例。流程部分具体包括物业项目接管验收流程、物业项目入伙流程、二次装修管理流程、工程维保服务管理流程、保洁绿化服务流程、客服中心业务流程、安全护卫服务流程、突发（应急）事件处理流程；制度部分包括物业市场拓展管理制度、客户服务管理制度、秩序维护管理制度、工程管理制度、环境管理制度、财务管理制度；表格部分包括市场拓展常用表格、客户服务常用表格、秩序维护管理常用表格、工程管理常用表格、环境管理常用表格、财务管理常用表格；文本部分包括物业接管验收类文本、入伙手续文本、二次装修管理文本、日常物业管理文本、社区文化活动、物业费用管理文本、消防安全管理文本。

本书进行模块化设置，内容实用性强，着重突出可操作性，为读者提供了实用的流程设置、制度范本、表单模版、文本参考。本书可以作为物业服务行业的管理人员、工作人员、物业公司培训人员进行管理的参照范本和工具书，也可供企业咨询师、高校教师和专家学者参考使用。

由于编者水平有限，加之时间仓促、参考资料有限，书中难免出现疏漏与缺陷，敬请读者批评指正。

编者

目录 CONTENTS

导读 规范化管理的基础——流程·制度·表格·文本

一、依据流程提升企业效率 2
二、通过制度约束企业行为 6
三、运用表格规范企业管理 9
四、借鉴文本树立企业形象 13

Part 1 物业公司管理流程

第1章 物业项目接管验收流程 17
1-01 原有房屋接管验收流程 17
1-02 新建房屋接管验收流程 18
1-03 物业项目接管验收准备流程 19
1-04 项目管理处与开发商工程实体移交工作流程 19
1-05 物业细部质量检查工作流程 20
1-06 实物部分验收流程 21
1-07 资料部分移交工作流程 22

第2章 物业项目入伙流程 23
2-01 新接楼宇入伙管理流程 23
2-02 前期收楼工作流程 25
2-03 业主看房收楼流程 25
2-04 业主入伙手续办理流程 26
2-05 入伙现场业主办理入住流程 27

第3章 二次装修管理流程 28
3-01 二次装修施工管理流程 28
3-02 业主办理装修手续流程 29
3-03 租户装修审批流程 30
3-04 装修（修缮）工程竣工验收流程 31

第4章 工程维保服务管理流程 32
4-01 业主装修报批流程 32
4-02 基础设施和工作环境管理流程 33

  4-03　设备正常检修流程……………………………………………34
  4-04　设备紧急抢修流程……………………………………………34
  4-05　业主房屋自用部位及设施设备报修（保修期内）流程……35
  4-06　业主房屋自用部位及设施设备报修（保修期外）流程……36
  4-07　房屋共用部位及公共区域设施设备报修（保修期外）流程……37
  4-08　房屋共用部位及公共区域设施设备报修（保修期内）流程……38
  4-09　房屋主体设施修缮流程…………………………………………39
  4-10　工程报修处理流程………………………………………………40
  4-11　日常维修工作流程………………………………………………41

第5章　保洁绿化服务流程……………………………………………42
  5-01　清洁管理流程……………………………………………………42
  5-02　绿化管理流程……………………………………………………43
  5-03　保洁、绿化、消杀外包控制流程………………………………44
  5-04　消杀工作管理流程………………………………………………44

第6章　客服中心业务流程……………………………………………45
  6-01　客服中心的整体运作流程………………………………………45
  6-02　客服中心每日工作流程…………………………………………46
  6-03　办理入住手续流程………………………………………………47
  6-04　装修手续办理流程………………………………………………48
  6-05　办理通电工作流程………………………………………………49
  6-06　装修单位办理加班工作流程……………………………………50
  6-07　装修单位办理临时动火工作流程………………………………50
  6-08　装修人员办理物品放行工作流程………………………………51
  6-09　施工人员出入证办理工作流程…………………………………51
  6-10　租户办理迁入工作流程…………………………………………52
  6-11　住户办理物品放行工作流程……………………………………52
  6-12　租户办理迁出小区工作流程……………………………………53
  6-13　客户满意度测评流程……………………………………………53
  6-14　客户投诉处理流程………………………………………………54

第7章　安全护卫服务流程……………………………………………55
  7-01　安保管理整体流程………………………………………………55
  7-02　保安主管工作流程………………………………………………56
  7-03　班长日检查工作流程……………………………………………57
  7-04　门岗保安员工作流程……………………………………………58
  7-05　巡逻岗保安员操作流程…………………………………………59
  7-06　车库（场）岗位工作流程………………………………………60
  7-07　业主（用户）搬迁物品操作流程………………………………61
  7-08　外来人员出入管理流程…………………………………………62
  7-09　车库（场）车辆异常情况处置流程……………………………63

第8章　突发（应急）事件处理流程…………………………………64

8-01	突发事件处理流程	64
8-02	人员坠楼事件应急预案流程	65
8-03	高空抛物应急处理流程	66
8-04	高空坠物伤人事件应急预案流程	67
8-05	触电事故应急预案流程	68
8-06	有通知的停电应急预案流程	69
8-07	突发停电事故应急预案	70
8-08	煤气泄漏事故应急预案	71
8-09	水浸事故应急预案流程	72
8-10	水管爆裂事故应急预案流程	73
8-11	电梯困人事故应急预案流程	74
8-12	火警处置应急预案流程	75
8-13	盗窃事件处置应急预案流程	76
8-14	打架斗殴事件处理应急预案流程	77
8-15	燃气泄漏处理流程	78
8-16	幕墙玻璃坠落处理流程（已发生）	79
8-17	幕墙玻璃坠落处理流程（有危险尚未发生）	80
8-18	可疑物品处置应急预案流程	81
8-19	灾害性天气处置应急预案流程	82
8-20	地震灾害处理流程	83
8-21	失窃案件处理流程	84
8-22	抢劫案件处理流程	85
8-23	绑架劫持案件处理流程	86
8-24	防范跳楼事件处理流程	87
8-25	醉酒/精神失常者处理流程	88
8-26	流浪者非法滞留处理流程	89

Part 2　物业公司管理制度

第9章　物业市场拓展管理制度 … 91

9-01	物业项目拓展控制程序	91
9-02	物业项目调研、考察管理办法	94
9-03	物业咨询项目管理制度	95
9-04	顾问文件处理规范	97
9-05	物业项目承接方案	99
9-06	物业租赁管理办法	101
9-07	合同评审程序	103

第10章　客户服务管理制度 … 106

| 10-01 | 客户服务人员行为规范 | 106 |
| 10-02 | 管理处办公室管理规定 | 108 |

10-03　客户服务值班制度……………………………………109
10-04　客户来电来访接待工作规程………………………109
10-05　客户投诉处理工作规程………………………………110
10-06　客户有偿维修回访制度………………………………111
10-07　客户走访工作规程……………………………………112
10-08　业主（住户）资料的登记、管理办法………………113
10-09　档案资料的建立管理规定……………………………114
10-10　客户意见征询管理办法………………………………116
10-11　物业服务费（管理费）的收费办法…………………116
10-12　社区文化管理办法……………………………………117
10-13　小区文体设施管理办法………………………………120

第11章　秩序维护管理制度……………………………………125
11-01　护卫队管理规定………………………………………125
11-02　护卫员巡逻规定………………………………………127
11-03　交接班管理规定………………………………………127
11-04　护卫员的仪容及着装规定……………………………128
11-05　护卫员岗位规范用语…………………………………129
11-06　内务管理及请销假管理规定…………………………130
11-07　护卫队考核管理办法…………………………………131
11-08　大厦、小区治安防范规定……………………………134
11-09　搬入、搬出物品管理规定……………………………135
11-10　车辆出入管理规定……………………………………137
11-11　消防管理规定…………………………………………139
11-12　消防控制中心值班管理办法…………………………140
11-13　临时动火作业安全规定………………………………141
11-14　消防演习管理办法……………………………………142
11-15　安全事件应急处理方案管理办法……………………144

第12章　工程管理制度…………………………………………149
12-01　工程部值班、交接班管理规定………………………149
12-02　标牌、标识管理规定…………………………………150
12-03　公共物品（工具）管理规定…………………………153
12-04　工程部日常工作管理规定……………………………153
12-05　物业装修管理规定……………………………………155
12-06　物业维修服务管理规定………………………………157
12-07　工程部水电管理制度…………………………………159

第13章　环境管理制度…………………………………………164
13-01　大气污染防治作业指导书……………………………164
13-02　固体废弃物污染防治办法……………………………165
13-03　保洁工作操作规程……………………………………167
13-04　保洁工作质量检查办法………………………………173

	13-05	绿化工作管理办法	175
	13-06	小区卫生消杀管理办法	180
第14章	财务管理制度		183
	14-01	物业公司全面预算管理办法	183
	14-02	物业管理服务费收缴规定	185
	14-03	物业公司各小区财务收支管理办法	187
	14-04	物业维修基金管理制度	191

Part 3　物业公司管理表格

第15章	市场拓展常用表格		194
	15-01	物业管理项目调查表	194
	15-02	物业信息搜集表	195
	15-03	物业项目有效联络与洽谈记录表	195
	15-04	全委项目合同评审记录	196
	15-05	顾问项目合同评审记录	196
	15-06	签约项目工作交接函（全委项目发展商）	197
	15-07	签约项目工作交接函（顾问项目发展商）	198
	15-08	签约项目资料移交记录	198
	15-09	签约项目资料移交存档记录	199
	15-10	项目跟踪调研表	200
	15-11	项目顾问建议函	200
	15-12	物业管理项目交接记录	201
	15-13	市场拓展月工作总结	201
第16章	客户服务常用表格		202
	16-01	业主信息统计表	202
	16-02	租住人员信息登记表	202
	16-03	产权清册	202
	16-04	与顾客沟通登记表	203
	16-05	顾客投诉处理单	203
	16-06	客户意见调查表（小区物业）	204
	16-07	客户意见调查表（机关、写字楼物业）	205
	16-08	客户意见调查统计表	206
	16-09	客户意见调查分析报告	206
	16-10	社区文化活动实施计划	207
	16-11	社区文化活动记录表	208
第17章	秩序维护管理常用表格		209
	17-01	值班安排表	209
	17-02	值班记录表	210

17-03	护卫训练计划表	210
17-04	护卫训练记录表	211
17-05	来访人员登记表	211
17-06	巡逻记录表	212
17-07	放行条	212
17-08	重点安全防火部位登记表	212
17-09	客户主要联系人名单	213
17-10	临时动火作业申请表	213
17-11	紧急事件处理记录表	214

第18章 工程管理常用表格 215

18-01	装修申请审批表	215
18-02	装修监督检查记录表	216
18-03	装修申请汇总表	216
18-04	装修人员登记表	217
18-05	工程部有偿服务登记表	217
18-06	零修及时率统计表	218
18-07	工程部公共维修登记表	218
18-08	机电设备设施维修报批表	219
18-09	报修登记表	219
18-10	服务工作单	220
18-11	回访记录表	220
18-12	房屋完好率统计表	221
18-13	房屋设施零星小修记录表	221
18-14	房屋设施维修养护记录表	222
18-15	房屋设施维修养护计划表	222
18-16	房屋中（大）修工程计划表	223
18-17	喷淋系统（水）停用审批单	223
18-18	消防水动用申请单	224
18-19	工程部值班交接记录表	224
18-20	工程部抽查表	225

第19章 环境管理常用表格 226

19-01	垃圾（固体废弃物）清运登记表	226
19-02	工具、药品领用登记表	226
19-03	消杀服务记录表	227
19-04	消杀服务质量检验表	227
19-05	保洁员质量检查表	228
19-06	绿化养护作业记录	230
19-07	绿化现场工作周记录表	231
19-08	绿化工作周、月检查表	232

第20章 财务管理常用表格 233

20-01	物业管理收支预测汇总表	233

20-02	小区管理成本预测明细表	234
20-03	管理费用预算分配表	238
20-04	维修基金缴纳情况表	239
20-05	未入伙空置房欠缴管理费及维修基金清单	240
20-06	维修基金使用情况表	240
20-07	每月应收管理费明细表	241
20-08	××花园__月未交款住户费用清单	241
20-09	停车场收费每日汇总表	241
20-10	装修、多种经营费用明细表	242

Part 4　物业公司管理文本

第21章　物业接管验收类文本 244
21-01　物业接管验收方案 244
21-02　物业接管验收计划 248

第22章　入伙手续文本 250
22-01　新楼入伙管理方案 250
22-02　业主入住仪式活动策划方案 254
22-03　入伙通知书 259
22-04　入伙手续书 260
22-05　收楼须知 261
22-06　验房书 262
22-07　楼宇交接书 263

第23章　二次装修管理文本 264
23-01　装修须知 264
23-02　装修协议书 266
23-03　装修承诺书 267
23-04　装修承诺书（小区） 269
23-05　装修施工防火责任书 270

第24章　日常物业管理文本 272
24-01　停水通知 272
24-02　停电通知 272
24-03　清洗外墙通知 273
24-04　关于灭鼠的通知 273
24-05　公共场地消杀通知 274
24-06　电梯暂停服务通知 274
24-07　养犬通知 275
24-08　五一节日温馨提示 275
24-09　十一国庆节节日温馨提示 276
24-10　春节温馨提示 277

24-11 冬季用电温馨提示……278
24-12 关于夏季小区安全防范的温馨提示……278
24-13 关于防台风、防汛的温馨提示……279
24-14 关于儿童暑期安全的几项温馨提示……280
24-15 关于天气变化的温馨提示……280
24-16 关于电梯使用的温馨提示……281
24-17 关于实行"放行条"的温馨提示……282
24-18 高空抛物通告……282
24-19 关于物业维修中心开展特约服务项目通告……283
24-20 关于治理私搭乱建的通告……283

第25章 社区文化活动……285

25-01 社区文化活动计划……285
25-02 庆祝"六一"儿童节"讲文明爱科学"活动方案……287
25-03 "欢乐无限 精彩六一"欢乐儿童节活动方案……288
25-04 重阳节活动方案……290
25-05 "圣诞联欢晚会"活动方案……291
25-06 "春节游园"活动方案……293
25-07 "迎春节"社区文化活动方案……295
25-08 重阳节活动的通知……296
25-09 中秋活动邀请函……297
25-10 圣诞联欢晚会通知……298
25-11 圣诞节活动布置方案……298
25-12 小区新春布置方案……302

第26章 物业费用管理文本……303

26-01 有偿服务项目及收费公示……303
26-02 关于收取物业管理费的通知……304
26-03 关于年度物业管理费收取标准的通知……305
26-04 针对多数业主的催缴物业费通知……306
26-05 针对个别业主的催缴物业费通知……306
26-06 关于收取住宅维修基金的函……307
26-07 使用维修基金公示……308

第27章 消防安全管理文本……309

27-01 关于确定防火责任人的通知……309
27-02 防火责任人任命书……309
27-03 防火责任协议书……310
27-04 办公区域防火责任协议书……311
27-05 消防培训通知……312
27-06 灭火和应急疏散预案……312
27-07 花园小区消防演练预案……316
27-08 消防演习工作方案……322
27-09 消防演习通知……323

导读 规范化管理的基础——
流程·制度·表格·文本

规范化管理就是从企业生产经营系统的整体出发，对各环节输入的各项生产要素、转换过程、产出等制定制度、流程、指标等标准（规范），并严格地实施这些规范，以使企业协调统一地运转。企业要引入现代管理制度，必须建立管理的标准体系。建立这些标准体系的一系列活动就是管理的规范化。

企业要提高管理水平，一定要从基础工作做起，把流程、制度、表格和文本建设好，并且一定要执行到位。

一、依据流程提升企业效率

工作流程是指企业内部发生的某项业务从起始到完成，由多个部门、多个岗位、经多个环节协调及顺序工作共同完成的完整过程。

（一）工作流程的标准化

任何一家企业都有不同的工作、不同的岗位，并且需要相应的人员来完成。然而，不同的工作流程就会有不同的效率，进而言之，就会对整个企业的形象产生不同的影响。

工作流程的标准化就是要在进行工作分析的基础上对相应的工作设立对应的岗位，并且安排具体的工作者来承担。即"一个萝卜一个坑"，无论何时在某个岗位上出现了工作的失误都能迅速且准确地找到责任人，这样可以有效地防止相关工作的不同岗位间的互相扯皮、踢皮球的现象发生。

其中工作分析是工作的重点，工作分析就是分析某一工作的性质和类型，并且考虑这个工作适合什么样类型的人来担任，这项工作直接关系到以后人员的选聘等其他工作。

（二）工作流程图

全面了解工作流程，要用工作流程图。工作流程图可以帮助管理者了解实际工作活动，消除工作过程中多余的工作环节、合并同类活动，使工作流程更为经济、合理和简便，从而提高工作效率。流程图是由一些图框和流程线组成的，其中图框表示各种操作的类型，图框中的文字和符号表示操作的内容，流程线表示操作的先后次序。如图1所示。

工作流程图由一个开始点、一个结束点及若干中间环节组成，中间环节的每个分支也都要求有明确的分支判断条件。所以工作流程图对于工作标准化有着很大的帮助。

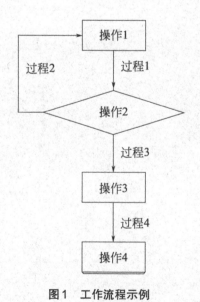

图1　工作流程示例

（三）工作流程图的设计步骤

工作流程图的设计有以下五个操作步骤。

1. 目的分析

这一步是为了消除工作中不必要的环节，其中应分析以下几方面。

（1）实际做了什么？
（2）为什么要做？
（3）该环节是否真的必要？
（4）应该做什么？

2. 地点分析

这一步是尽可能合并相关的工作活动，其中应分析以下几个方面。

（1）在什么地方做这项活动？
（2）为何在该处做？
（3）可否在别处做？
（4）应当在何处做？

3. 顺序分析

这一步是尽可能使工作活动的顺序更为合理有效，其中应分析以下几个方面。

（1）何时做？
（2）为何在此时做？
（3）可否在其他时间做？
（4）应当何时做？

4. 人员分析

人员分析的目的是分析人员匹配的合理性，其中应分析以下几个方面。

（1）谁做？
（2）为何由此人做？
（3）可否用其他人做？
（4）应当由谁来做？

5. 方法分析

方法分析的目的在于简化操作，需要分析的问题有以下几个方面。

（1）现在如何做？
（2）为何这样做？
（3）可否用其他方法做？
（4）应当用什么方法来做？

通过上述五个方面的分析，可以消除工作过程中多余的工作环节，合并同类活动，使工作流程更为经济、合理和简便，从而提高工作效率。

本书为物业管理与服务企业提供了一些实用的流程范本供参考，具体包括表1中几个方面。

表1　实用的流程范本

序号	管理模块	流程名称
1	物业项目接管验收流程	原有房屋接管验收流程
		新建房屋接管验收流程
		物业项目接管验收准备流程
		项目管理处与开发商工程实体移交工作流程
		物业细部质量检查工作流程
		实物部分验收流程
		资料部分移交工作流程
2	物业项目入伙流程	新接楼宇入伙管理流程
		前期收楼工作流程
		业主看房收楼流程
		业主入伙手续办理流程
		入伙现场业主办理入住流程
3	二次装修管理流程	二次装修施工管理流程
		业主办理装修手续流程
		租户装修审批流程
		装修（修缮）工程竣工验收流程
4	工程维保服务管理流程	业主装修报批流程
		基础设施和工作环境管理流程
		设备正常检修流程
		设备紧急抢修流程
		业主房屋自用部位及设施设备报修（保修期内）流程
		业主房屋自用部位及设施设备报修（保修期外）流程
		房屋共用部位及公共区域设施设备报修（保修期外）流程
		房屋共用部位及公共区域设施设备报修（保修期内）流程
		房屋主体设施修缮流程
		工程报修处理流程
		日常维修工作流程

续表

序号	管理模块	流程名称
5	保洁绿化服务流程	清洁管理流程
		绿化管理流程
		保洁、绿化、消杀外包控制流程
		消杀工作管理流程
6	客服中心业务流程	客服中心的整体运作流程
		客服中心每日工作流程
		办理入住手续流程
		装修手续办理流程
		办理通电工作流程
		装修单位办理加班工作流程
		装修单位办理临时动火工作流程
		装修人员办理物品放行工作流程
		施工人员出入证办理工作流程
		租户办理迁入工作流程
		住户办理物品放行工作流程
		租户办理迁出小区工作流程
		客户满意度测评流程
		客户投诉处理流程
7	安全护卫服务流程	安保管理整体流程
		保安主管工作流程
		班长日检查工作流程
		门岗保安员工作流程
		巡逻岗保安员操作流程
		车库（场）岗位工作流程
		业主（用户）搬迁物品操作流程
		外来人员出入管理流程
		车库（场）车辆异常情况处置流程
8	突发（应急）事件处理流程	突发事件处理流程
		人员坠楼事件应急预案流程
		高空抛物应急处理流程
		高空坠物伤人事件应急预案流程

续表

序号	管理模块	流程名称
8	突发（应急）事件处理流程	触电事故应急预案流程
		有通知的停电应急预案流程
		突发停电事故应急预案
		煤气泄漏事故应急预案
		水浸事故应急预案流程
		水管爆裂事故应急预案流程
		电梯困人事故应急预案流程
		火警处置应急预案流程
		盗窃事件处置应急预案流程
		打架斗殴事件处理应急预案流程
		燃气泄漏处理流程
		幕墙玻璃坠落处理流程（已发生）
		幕墙玻璃坠落处理流程（有危险尚未发生）
		可疑物品处置应急预案流程
		灾害性天气处置应急预案流程
		地震灾害处理流程
		失窃案件处理流程
		抢劫案件处理流程
		绑架劫持案件处理流程
		防范跳楼事件处理流程
		醉酒/精神失常者处理流程
		流浪者非法滞留处理流程

二、通过制度约束企业行为

"一切按制度办事"是企业制度化管理的根本宗旨。企业通过制度规范员工的行为，员工依据制度处理各种事务，而不是以往的察言观色和见风使舵，使企业的运行逐步规范化和标准化。

（一）企业的制度规范分类

企业的制度规范分类，如表2所示。

表2　企业的制度规范分类

序号	类型	定义	具体形式
1	基本制度	企业制度规范中具有根本性质的、规定企业的组织方式、决定企业性质的基本制度	财产所有形式、企业章程、董事会组织、高层管理组织规范
2	管理制度	对企业管理各基本方面规定活动框架，调节集体协作行为的制度	各部门、各层次职权、责任和相互间配合、协调关系制度
3	技术规范	涉及某些技术标准、技术规程的规定	技术标准、各种设备的操作规程、服务中所使用的物品的管理要求、设备的使用保养维修规定
4	业务规范	针对业务活动过程中那些大量存在、反复出现的事，所制定的作业处理规定	安全规范、服务规范、业务规程、命令服从关系
5	个人行为规范	所有对个人行为起制约作用的制度规范的统称	个人行为品德规范、劳动纪律、仪态仪表规范、岗位职责

（二）怎样使制度具有执行力

影响企业管理制度能否发挥作用的主要因素和改进措施如下。

1. 制度的适当性

简单复制某些知名企业的管理制度的方式很难发挥作用，制度必须植根于企业的现状，针对企业的具体问题，结合企业实际。因此，制定适当的制度是企业应该首先解决的问题。企业应该从目标出发，规范业务流程，对业务流程的风险进行分析和评估，制定相应的配套控制措施，形成制度，并实行经常性风险分析的机制，结合风险变化对制度的适当性进行评估，及时改进完善制度。

2. 推行制度的配套措施

仅制定书面的制度，并不是管理，让制度真正有效发挥作用最重要。必须采取措施落实制度的执行，需要如下配套措施。

（1）营造执行企业管理制度的企业文化。

（2）从人员素质、人事政策等方面为制度的执行创造环境。

（3）明确规定执行和违反制度的奖惩措施。

（4）建立制度执行效果的评价机制。

（5）严格根据评价结果和奖惩制度落实奖惩。

3. 制度执行的监督

制度执行的情况，应尽量留痕，并由专人负责对制度执行结果进行检查，对发现的违反制度规定的情况，及时要求改正。

4.制度执行结果的处理

制度执行的好坏,依据专人检查结果而定。根据检查结果,分别与培训、考核挂钩,严格执行相应的奖惩措施。

本书为物业管理与服务企业提供了一些实用的制度范本供参考,具体包括表3中几个方面:

表3 实用的制度范本

序号	管理模块	制度名称
1	物业市场拓展管理制度	物业项目拓展控制程序
		物业项目调研、考察管理办法
		物业咨询项目管理制度
		顾问文件处理规范
		物业项目承接方案
		物业租赁管理办法
		合同评审程序
2	客户服务管理制度	客户服务人员行为规范
		管理处办公室管理规定
		客户服务值班制度
		客户来电来访接待工作规程
		客户投诉处理工作规程
		客户有偿维修回访制度
		客户走访工作规程
		业主(住户)资料的登记、管理办法
		档案资料的建立管理规定
		客户意见征询管理办法
		物业服务费(管理费)的收费办法
		社区文化管理办法
		小区文体设施管理办法
3	秩序维护管理制度	护卫队管理规定
		护卫员巡逻规定
		交接班管理规定
		护卫员的仪容及着装规定
		护卫员岗位规范用语
		内务管理及请销假管理规定
		护卫队考核管理办法

续表

序号	管理模块	制度名称
3	秩序维护管理制度	大厦、小区治安防范规定
		搬入、搬出物品管理规定
		车辆出入管理规定
		消防管理规定
		消防控制中心值班管理办法
		临时动火作业安全规定
		消防演习管理办法
		安全事件应急处理方案管理办法
4	工程管理制度	工程部值班、交接班管理规定
		标牌、标识管理规定
		公共物品（工具）管理规定
		工程部日常工作管理规定
		物业装修管理规定
		物业维修服务管理规定
		工程部水电管理制度
5	环境管理制度	大气污染防治作业指导书
		固体废弃物污染防治办法
		保洁工作操作规程
		保洁工作质量检查办法
		绿化工作管理办法
		小区卫生消杀管理办法
6	财务管理制度	物业公司全面预算管理办法
		物业管理服务费收缴规定
		物业公司各小区财务收支管理办法
		物业维修基金管理制度

三、运用表格规范企业管理

企业管理中的各类表格主要用于记载过程状态和过程结果，是企业质量保证的客观依据，为采取纠正和预防措施提供依据，有利于业务标识和可追溯性。

（一）表格登记过程中常见的问题

表格在登记过程中常见以下问题。

（1）盲。表格的设置、设计目的、功能不明，不是为管理、改进所用，而是为了应付检查（例如：我们在填写质量报表时，本来该真实记录的，为了应付检查而更改）。

（2）乱。表格的设置、设计随意性强，缺乏体系考虑，表格的填写、保管、收集混乱，责任不清。

（3）散。保存、管理分散，未做统一规定。

（4）松。记录填写、传递、保管不严，日常疏于检查，达不到要求，无人考核，且丢失和涂改现象严重。

（5）空。该填不填，空格很多，缺乏严肃性、法定性。

（6）错。写错别字，语言表达不清，填写错误。

（二）表格的设计和编制要求

（1）表格并非越多越好，正确的做法是只选择必要的原始数据作为记录。

（2）在确定表格的格式和内容的同时，应考虑使用者填写方便并保证能够在现有条件下准确地获取所需的信息。

（3）应尽量采用国际、国内或行业标准，对表格应废立多余的，修改不适用的，沿用有价值的，增补必需的，应使用适当的表格或图表格式加以规定，按要求统一编号。

（三）表格的管理和控制

表格的管理和控制要满足表4中要求才能更好地被追溯。

表4 表格的管理和控制要求

序号	管理项目	说明
1	标识	应具有唯一性标识，为了便于归档和检索，记录应具有分类号和流水号。标识的内容应包括：表格所属的文件编号、版本号、表号、页号。没有标识或不符合标识要求的记录表格是无效的表格
2	储存和保管	记录应当按照档案要求立卷储存和保管。记录的保管由专人或专门的主管部门负责，应建立必要的保管制度，保管方式应便于检索和存取，保管环境应适宜可靠，干燥、通风，并有必要的架、箱，应做到防潮、防火、防蛀，防止损坏、变质和丢失
3	检索	一项管理活动往往涉及多项表格，为了避免漏项，应当对表格进行编目，编目具有引导和路径作用，便于表格的查阅和使用，通过查阅各项表格可以对该项管理活动有一个整体的了解
4	处置	超过规定保存期限的表格，应统一进行处理，重要的含有保密内容的表格须保留销毁记录

本书为物业管理与服务企业提供了一些实用的表格范本供参考，具体包括表5中几个方面。

表5 实用的表格范本

序号	管理模块	表格名称
1	市场拓展常用表格	物业管理项目调查表
		物业信息搜集表
		物业项目有效联络与洽谈记录表
		全委项目合同评审记录
		顾问项目合同评审记录
		签约项目工作交接函（全委项目发展商）
		签约项目工作交接函（顾问项目发展商）
		签约项目资料移交记录
		签约项目资料移交存档记录
		项目跟踪调研表
		项目顾问建议函
		物业管理项目交接记录
		市场拓展月工作总结
2	客户服务常用表格	业主信息统计表
		租住人员信息登记表
		产权清册
		与顾客沟通登记表
		顾客投诉处理单
		客户意见调查表（小区物业）
		客户意见调查表（机关、写字楼物业）
		客户意见调查统计表
		客户意见调查分析报告
		社区文化活动实施计划
		社区文化活动记录表
3	秩序维护管理常用表格	值班安排表
		值班记录表
		护卫训练计划表
		护卫训练记录表
		来访人员登记表
		巡逻记录表
		放行条
		重点安全防火部位登记表
		客户主要联系人名单
		临时动火作业申请表
		紧急事件处理记录表

续表

序号	管理模块	表格名称
4	工程管理常用表格	装修申请审批表
		装修监督检查记录表
		装修申请汇总表
		装修人员登记表
		工程部有偿服务登记表
		零修及时率统计表
		工程部公共维修登记表
		机电设备设施维修报批表
		报修登记表
		服务工作单
		回访记录表
		房屋完好率统计表
		房屋设施零星小修记录表
		房屋设施维修养护记录表
		房屋设施维修养护计划表
		房屋中（大）修工程计划表
		喷淋系统（水）停用审批单
		消防水动用申请单
		工程部值班交接记录表
		工程部抽查表
5	环境管理常用表格	垃圾（固体废弃物）清运登记表
		工具、药品领用登记表
		消杀服务记录表
		消杀服务质量检验表
		保洁员质量检查表
		绿化养护作业记录
		绿化现场工作周记录表
		绿化工作周、月检查表
6	财务管理常用表格	物业管理收支预测汇总表
		小区管理成本预测明细表
		管理费用预算分配表
		维修基金缴纳情况表
		未入伙空置房欠缴管理费及维修基金清单

续表

序号	管理模块	表格名称
6	财务管理常用表格	维修基金使用情况表
		每月应收管理费明细表
		××花园月未交款住户费用清单
		停车场收费每日汇总表
		装修、多种经营费用明细表

四、借鉴文本树立企业形象

文本指的是企业在管理过程中用来记录信息、交流信息和发布信息的一种工具，通常包括公文、书信、契约、方案等。它是企业经营运作的信息载体，是贯彻企业执行力的重要保障性因素。规范严谨的商务文书，已经成为现代企业管理的基础而又不可或缺的内容。

企业文本的要求如下。

（1）明确文本的意图。从主观目标看客观目标。

（2）需要结构分明。有效划分层次和段落，巧设过渡和照应。

（3）组织材料要注意多、细、精、严。

（4）语言要确定。文本中不允许含糊不清、模棱两可的现象存在。例如，利润是企业经营的财务成果，但就"利润"一个单词，就有产品销售利润、营业利润、利润总额、净利润四个概念，每个概念都带有一个确定的含义，确定的计算公式，不能望文生义，自行推断解释。再如，在签订某机械产品购销合同时，对产品规格质量标准、数量与金额、交货时间与地点、付款方式都必须写得明确具体，以利于履行。而不能像写电影剧本那样："表面光洁度：像玻璃一样光；硬度：像钢一样硬；交货时间：早春二月；交货地点：长江沿岸"等。

（5）内容要真实。文本的真实性则是所写的内容，包括人物、事件、时间、地点、数据等，都必须是实实在在的，完全是真实的，不容许虚构和捏造，来不得半点差错。

本书为物业管理与服务企业提供了一些实用的文本范本供参考，具体包括表6中几个方面。

表6　实用的文本范本

序号	管理模块	文本名称
1	物业接管验收类文本	物业接管验收方案
		物业接管验收计划
		新楼入伙管理方案
		业主入住仪式活动策划方案

续表

序号	管理模块	文本名称
1	物业接管验收类文本	入伙通知书
		入伙手续书
		收楼须知
		验房书
		楼宇交接书
2	二次装修管理文本	装修须知
		装修协议书
		装修承诺书
		装修承诺书（小区）
		装修施工防火责任书
3	日常物业管理文本	停水通知
		停电通知
		清洗外墙通知
		关于灭鼠的通知
		公共场地消杀通知
		电梯暂停服务通知
		养犬通知
		五一节日温馨提示
		十一国庆节节日温馨提示
		春节温馨提示
		冬季用电温馨提示
		关于夏季小区安全防范的温馨提示
		关于防台风、防汛的温馨提示
		关于儿童暑期安全的几项温馨提示
		关于天气变化的温馨提示
		关于电梯使用的温馨提示
		关于实行"放行条"的温馨提示
		高空抛物通告
		关于物业维修中心开展特约服务项目通告
		关于治理私搭乱建的通告

续表

序号	管理模块	文本名称
4	社区文化活动	社区文化活动计划
		庆祝"六一"儿童节"讲文明爱科学"活动方案
		"欢乐无限精彩六一"欢乐儿童节活动方案
		重阳节活动方案
		"圣诞联欢晚会"活动方案
		"春节游园"活动方案
		"迎春节"社区文化活动方案
		重阳节活动的通知
		中秋活动邀请函
		圣诞联欢晚会通知
		圣诞节活动布置方案
		小区新春布置方案
5	物业费用管理文本	有偿服务项目及收费公示
		关于收取物业管理费的通知
		关于年度物业管理费收取标准的通知
		针对多数业主的催缴物业费通知
		针对个别业主的催缴物业费的通知
		关于收取住宅维修基金的函
		使用维修基金公示
6	消防安全管理文本	关于确定防火责任人的通知
		防火责任人任命书
		防火责任协议书
		办公区域防火责任协议书
		消防培训通知
		灭火和应急疏散预案
		花园小区消防演练预案
		消防演习工作方案
		消防演习通知

Part 1 物业公司管理流程

第1章　物业项目接管验收流程

1-01　原有房屋接管验收流程

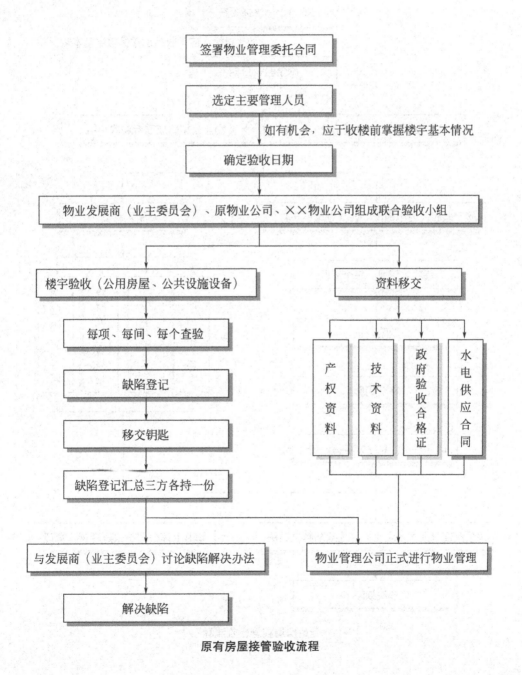

原有房屋接管验收流程

1-02 新建房屋接管验收流程

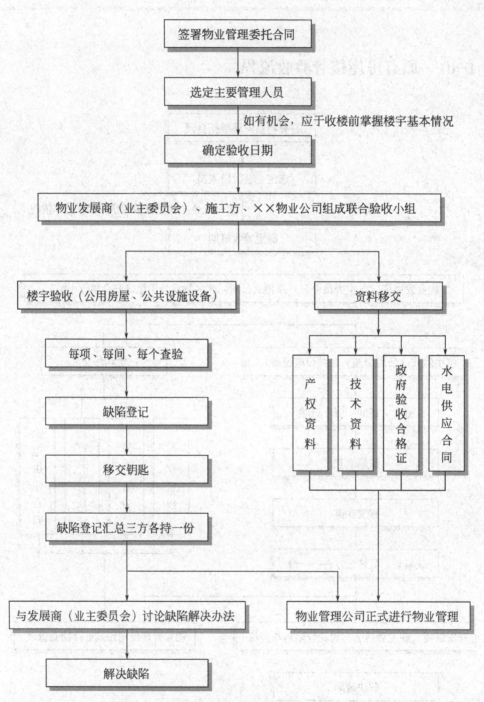

新建房屋接管验收流程

1-03　物业项目接管验收准备流程

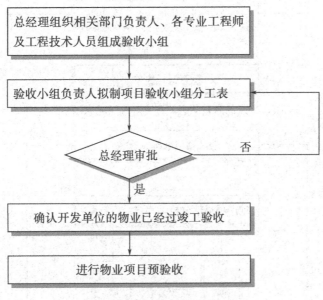

物业项目接管验收准备流程

1-04　项目管理处与开发商工程实体移交工作流程

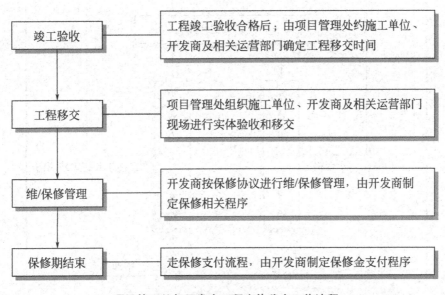

项目管理处与开发商工程实体移交工作流程

1-05 物业细部质量检查工作流程

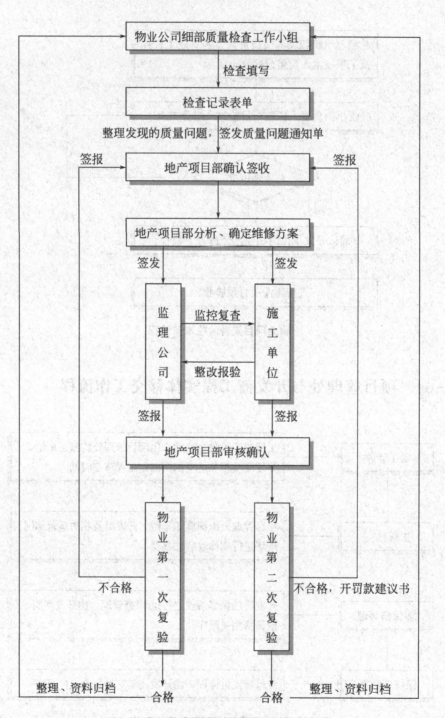

物业细部质量检查工作流程

1-06 实物部分验收流程

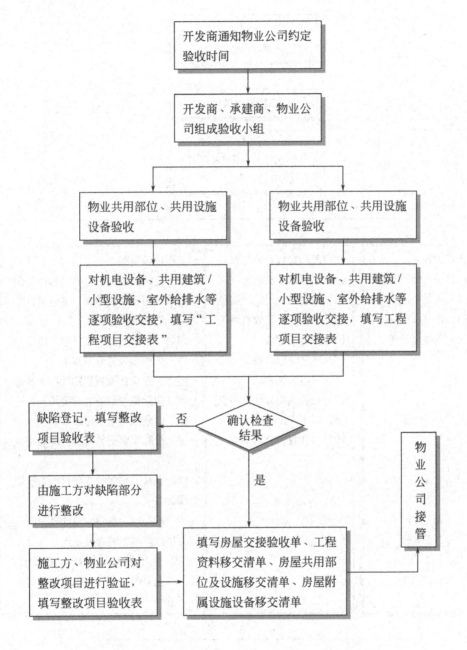

注:
1. 经初验同意接管的楼宇,不等于楼宇质量完全符合国家及设计标准,开发商不能排除承担整改质量缺陷的责任。
2. 在相关规定的保修期结束时,经过物业公司认可后才能向施工单位支付保修金。

实物部分验收流程

1-07 资料部分移交工作流程

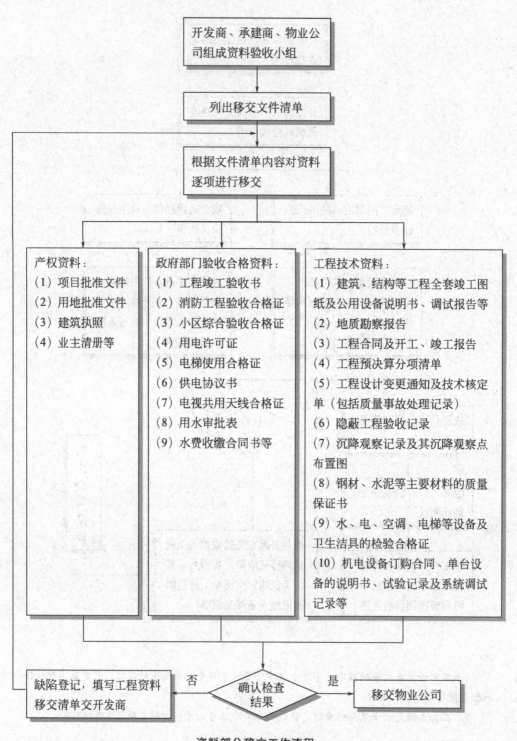

资料部分移交工作流程

第2章　物业项目入伙流程

2-01　新接楼宇入伙管理流程

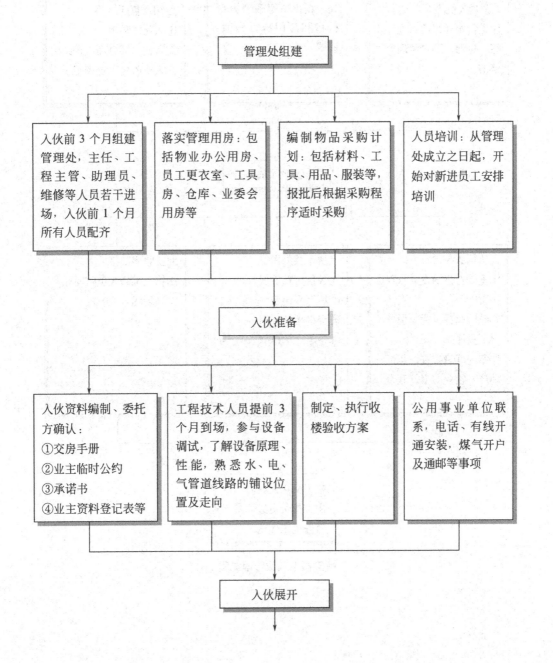

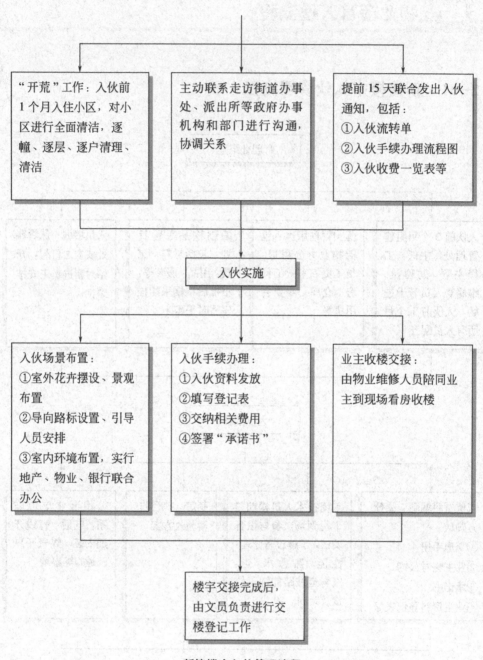

新接楼宇入伙管理流程

2-02 前期收楼工作流程

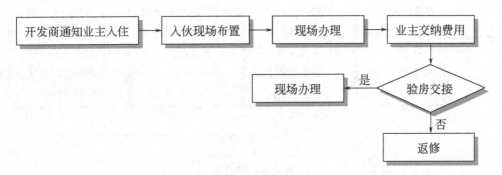

前期收楼工作流程

2-03 业主看房收楼流程

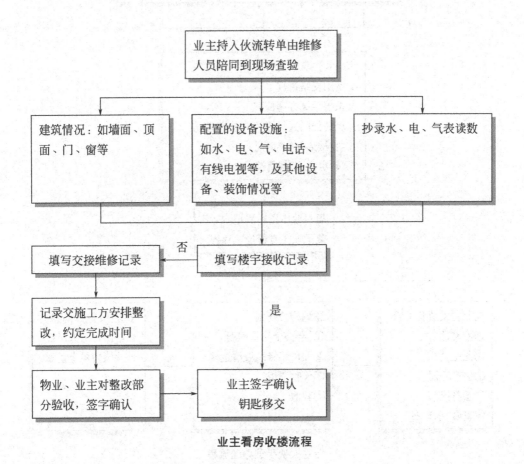

业主看房收楼流程

2-04 业主入伙手续办理流程

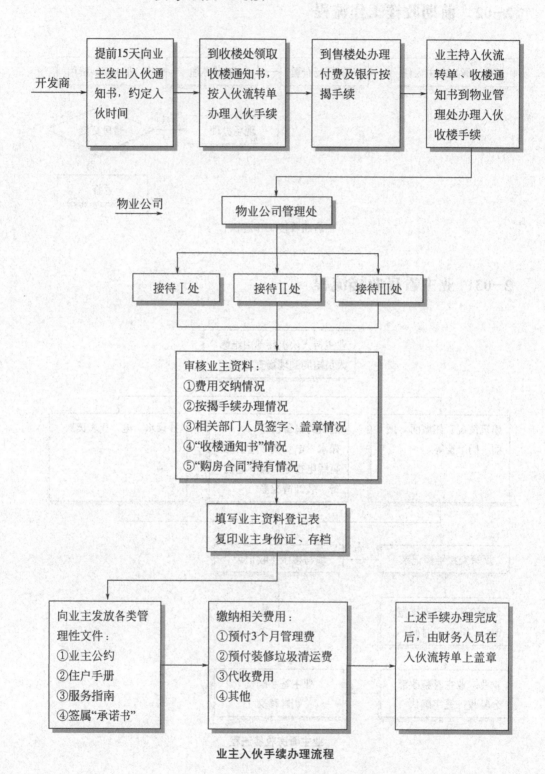

业主入伙手续办理流程

2-05 入伙现场业主办理入住流程

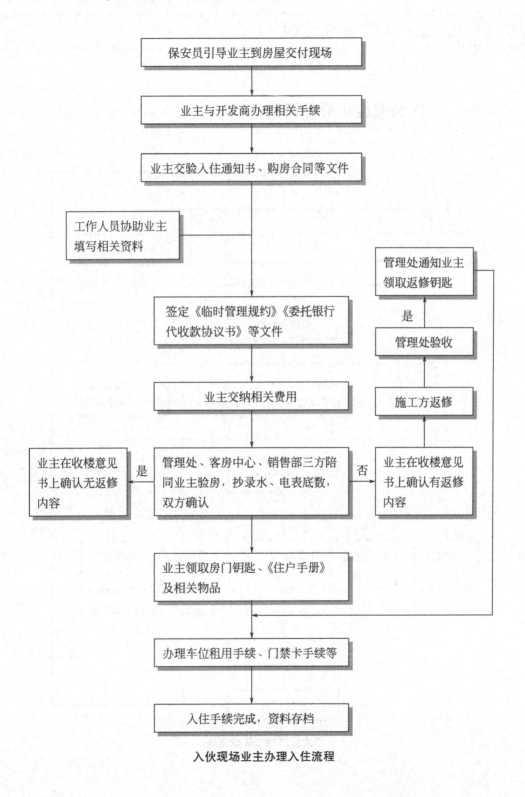

入伙现场业主办理入住流程

第3章 二次装修管理流程

3-01 二次装修施工管理流程

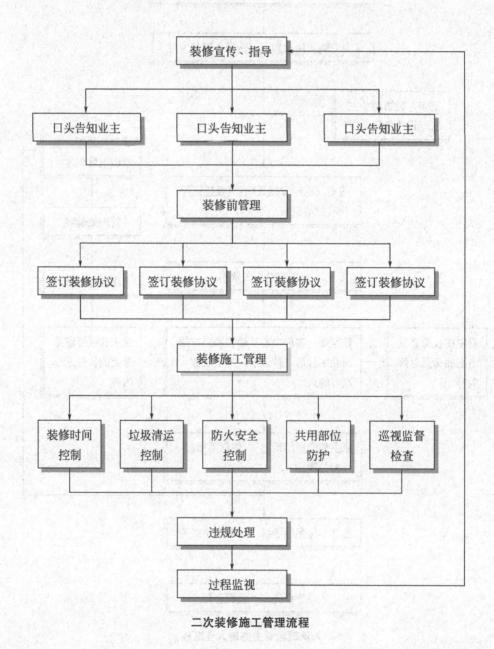

二次装修施工管理流程

3-02　业主办理装修手续流程

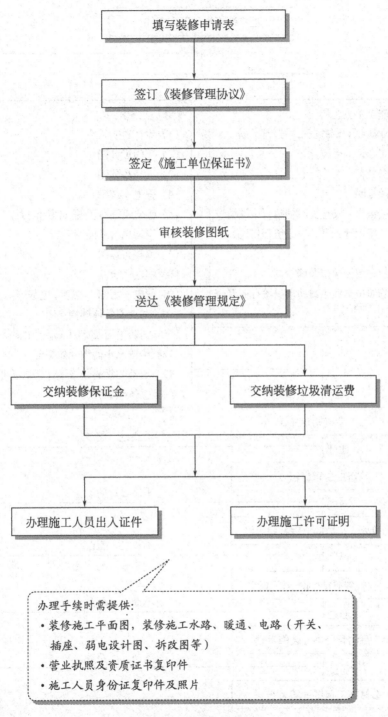

业主办理装修手续流程

3-03　租户装修审批流程

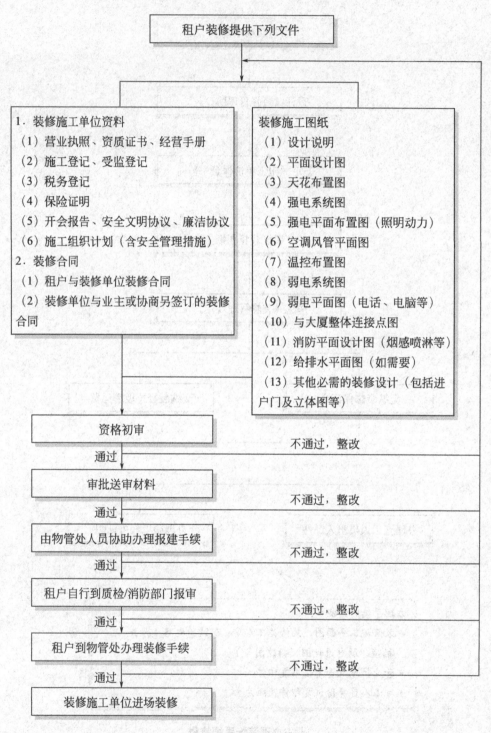

租户装修审批流程

3-04 装修(修缮)工程竣工验收流程

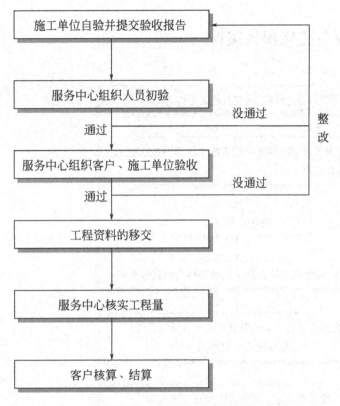

装修(修缮)工程竣工验收流程

第4章　工程维保服务管理流程

4-01　业主装修报批流程

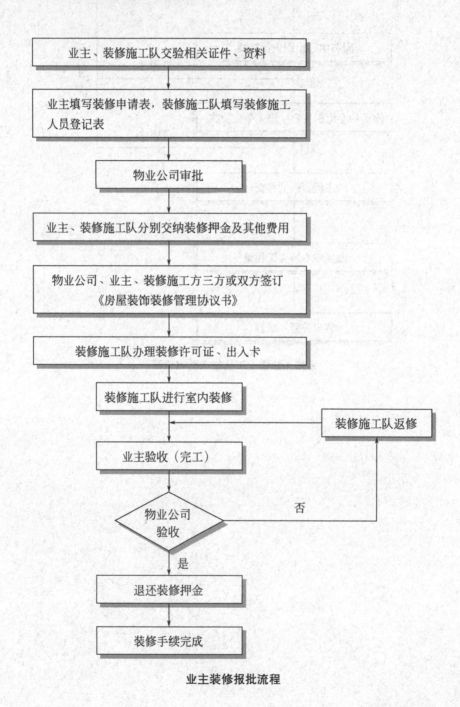

业主装修报批流程

4-02 基础设施和工作环境管理流程

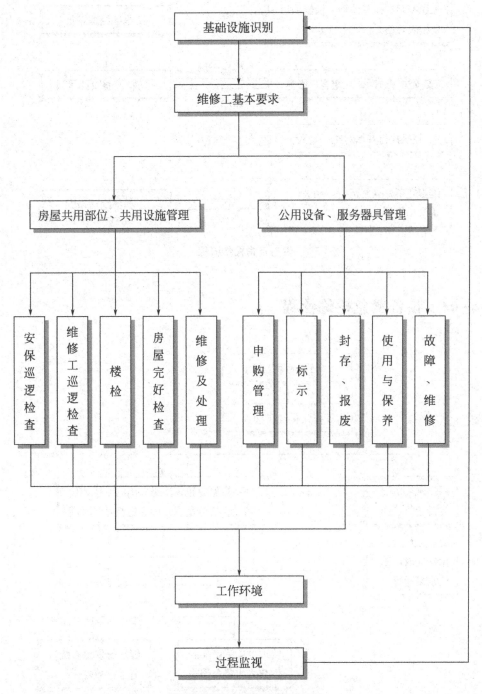

基础设施和工作环境管理流程

4-03 设备正常检修流程

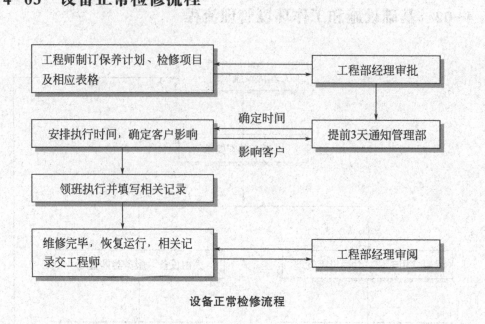

设备正常检修流程

4-04 设备紧急抢修流程

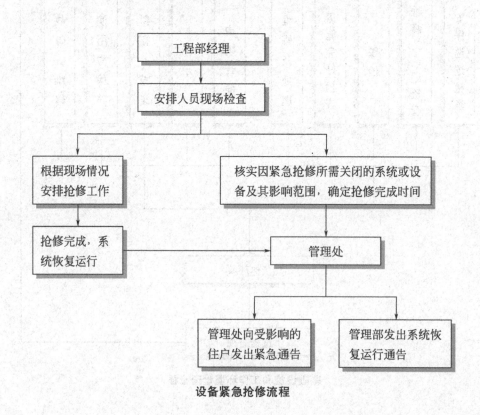

设备紧急抢修流程

4-05 业主房屋自用部位及设施设备报修（保修期内）流程

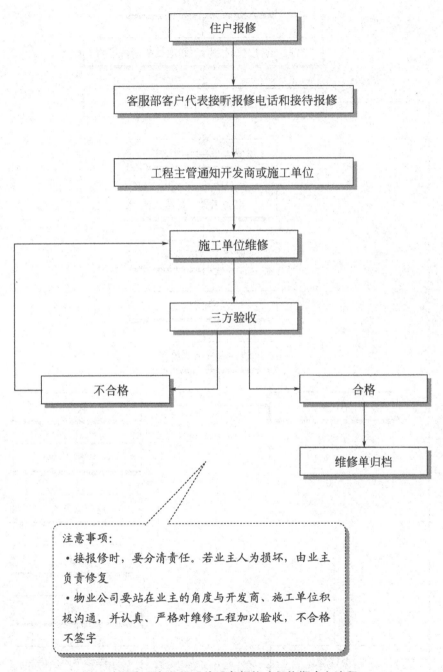

业主房屋自用部位及设施设备报修（保修期内）流程

4-06　业主房屋自用部位及设施设备报修（保修期外）流程

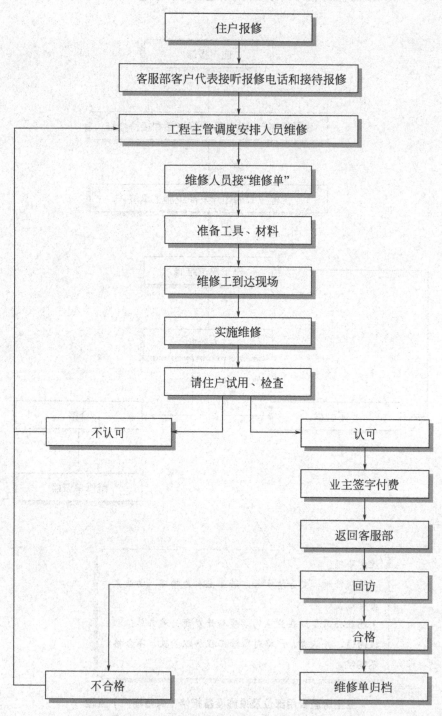

业主房屋自用部位及设施设备报修（保修期外）流程

4-07 房屋共用部位及公共区域设施设备报修（保修期外）流程

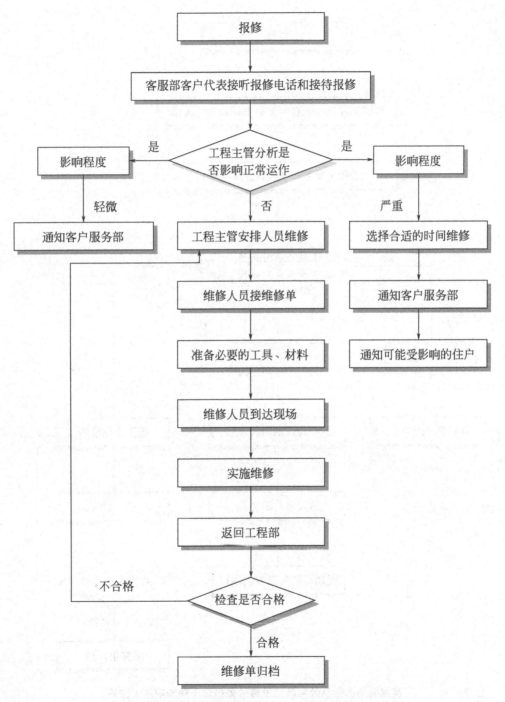

房屋共用部位及公共区域设施设备报修（保修期外）流程

4-08 房屋共用部位及公共区域设施设备报修（保修期内）流程

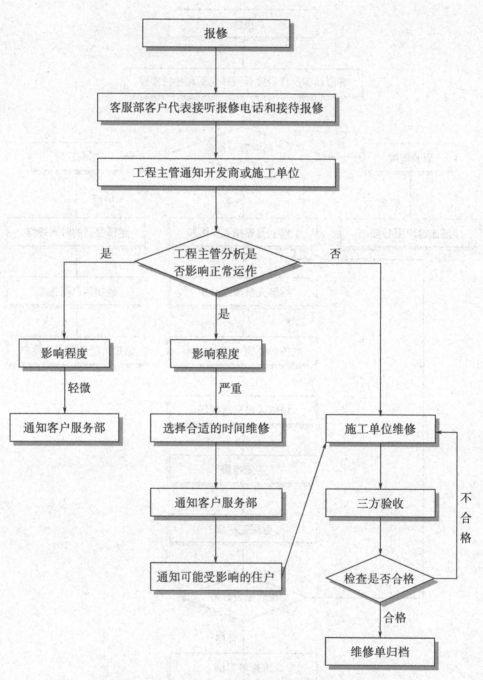

房屋共用部位及公共区域设施设备报修（保修期内）流程

4-09　房屋主体设施修缮流程

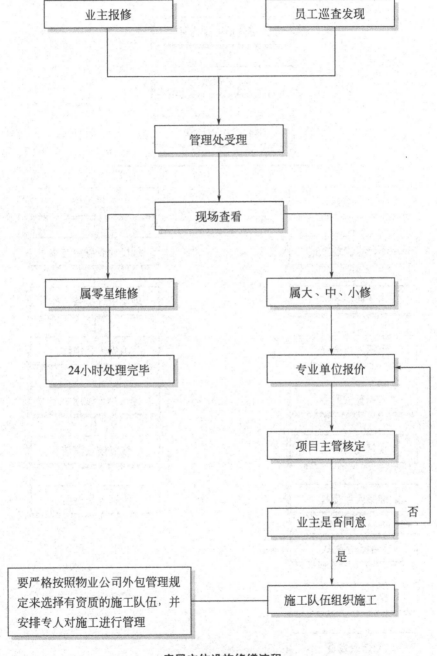

房屋主体设施修缮流程

4-10　工程报修处理流程

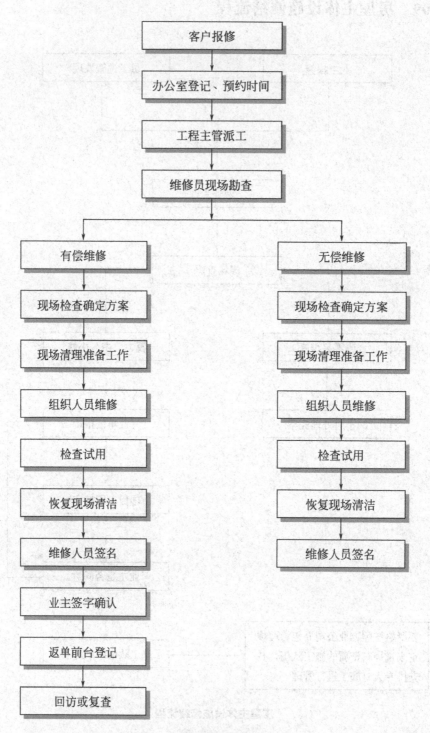

工程报修处理流程

4-11 日常维修工作流程

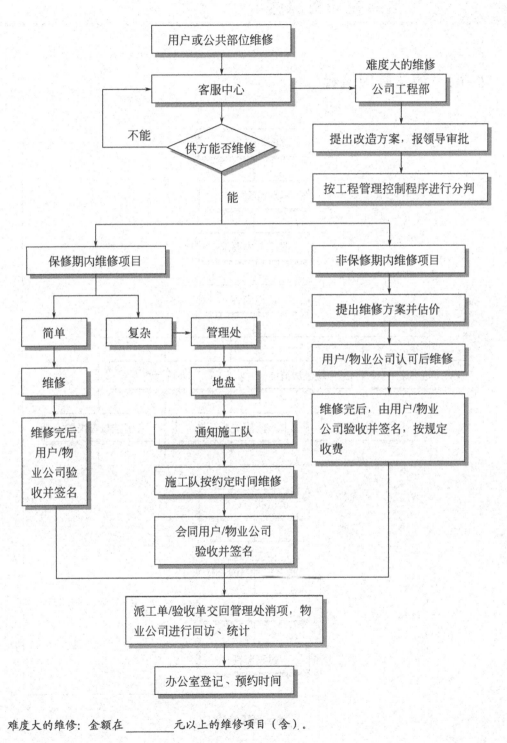

难度大的维修：金额在_____元以上的维修项目（含）。

日常维修工作流程

第5章 保洁绿化服务流程

5-01 清洁管理流程

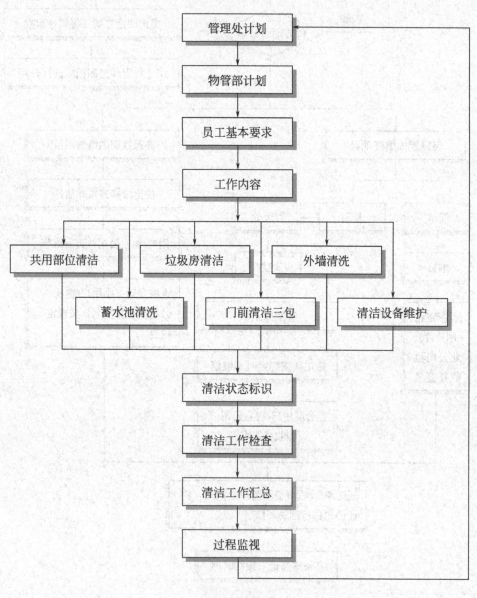

清洁管理流程

5-02 绿化管理流程

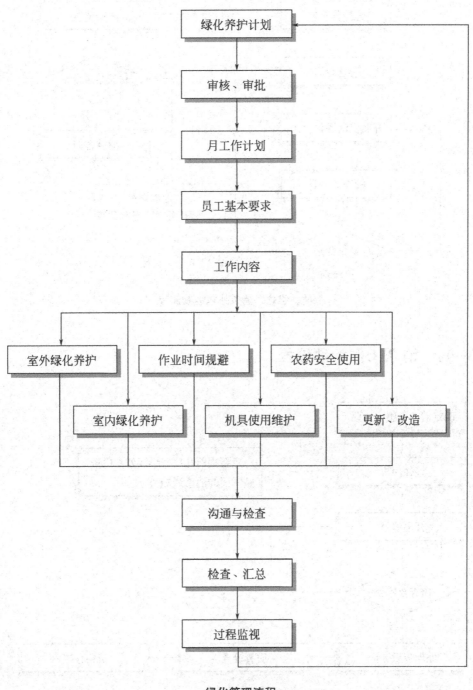

绿化管理流程

5-03　保洁、绿化、消杀外包控制流程

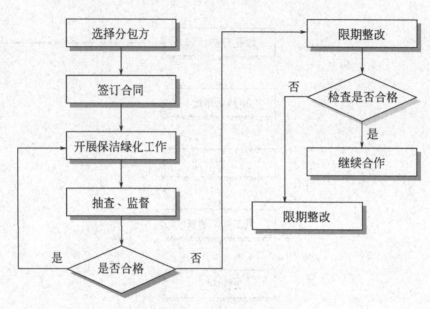

保洁、绿化、消杀外包控制流程

5-04　消杀工作管理流程

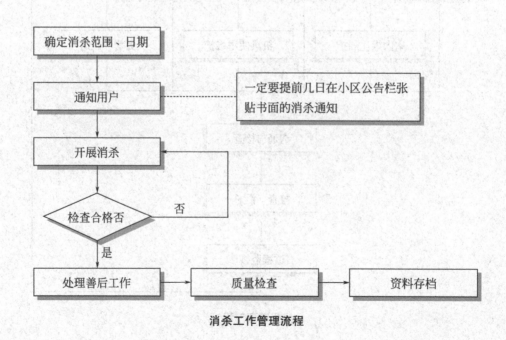

消杀工作管理流程

第6章　客服中心业务流程

6-01　客服中心的整体运作流程

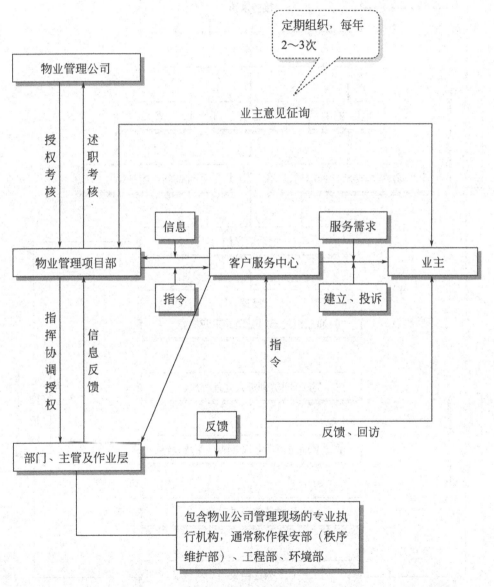

客服中心的整体运作流程

6-02 客服中心每日工作流程

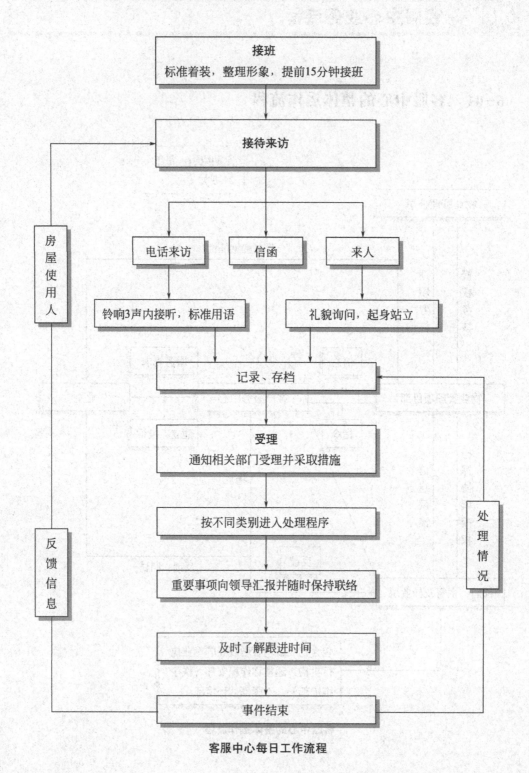

客服中心每日工作流程

6-03 办理入住手续流程

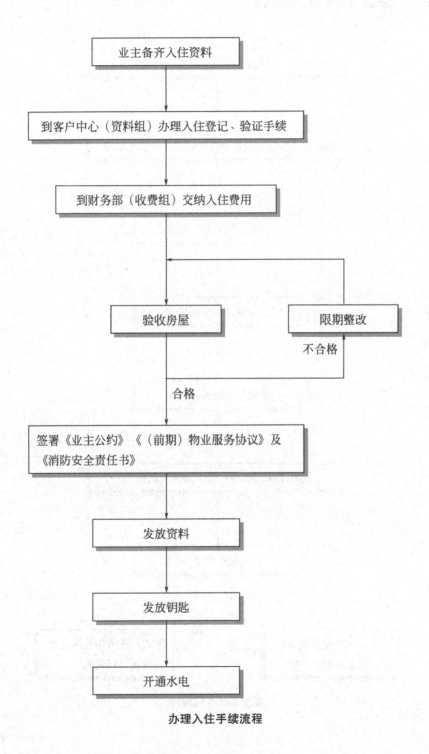

办理入住手续流程

6-04 装修手续办理流程

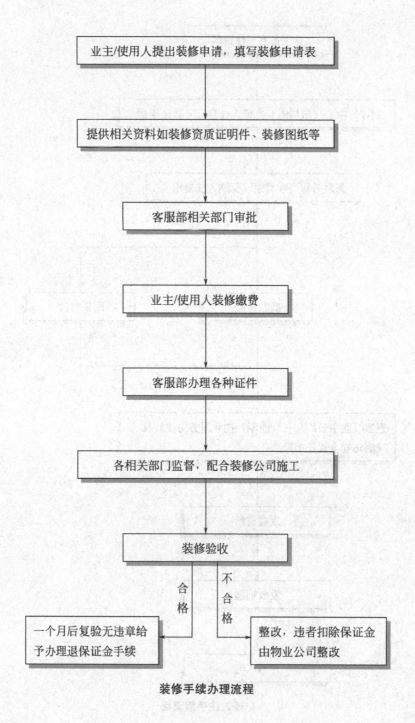

装修手续办理流程

6-05　办理通电工作流程

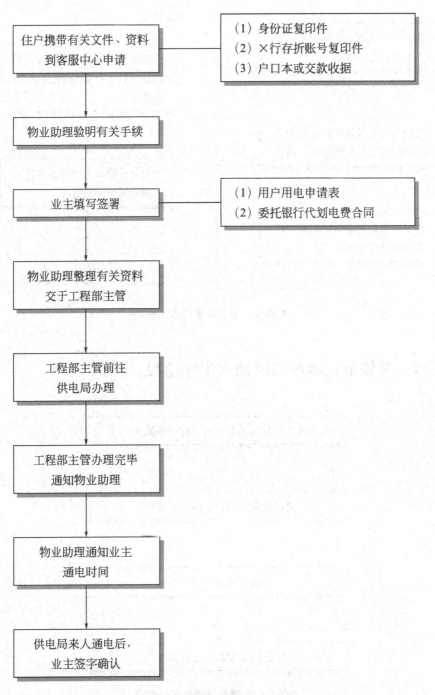

办理通电工作流程

6-06　装修单位办理加班工作流程

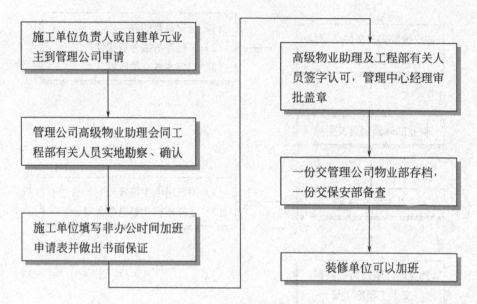

装修单位办理加班工作流程

6-07　装修单位办理临时动火工作流程

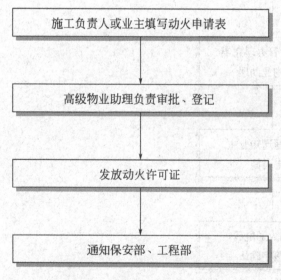

装修单位办理临时动火工作流程

6-08　装修人员办理物品放行工作流程

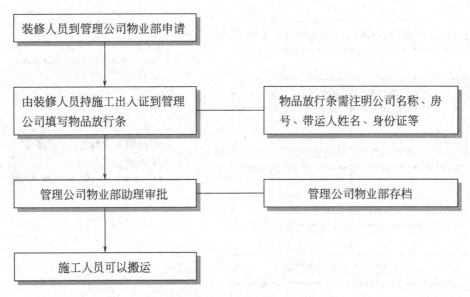

装修人员办理物品放行工作流程

6-09　施工人员出入证办理工作流程

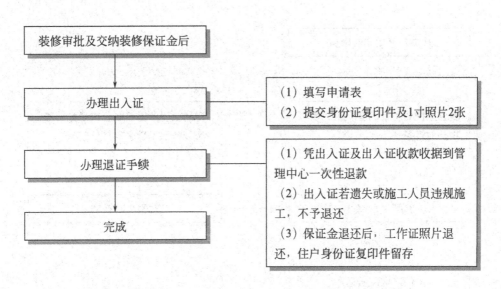

注：工具类物业助理核准后即可放行，材料类必须得到业主认可或签字后放行。

施工人员出入证办理工作流程

6-10 租户办理迁入工作流程

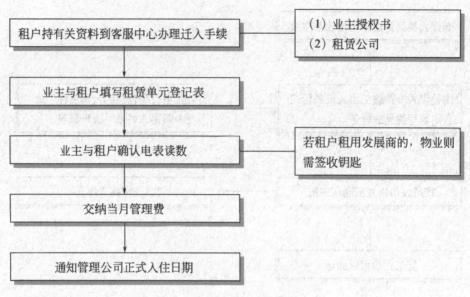

租户办理迁入工作流程

6-11 住户办理物品放行工作流程

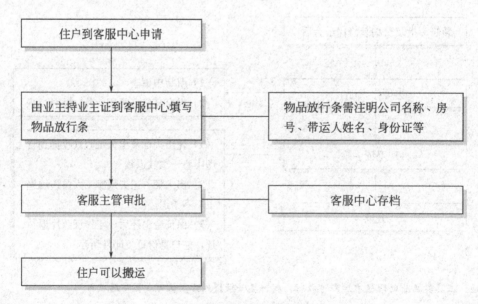

住户办理物品放行工作流程

6-12　租户办理迁出小区工作流程

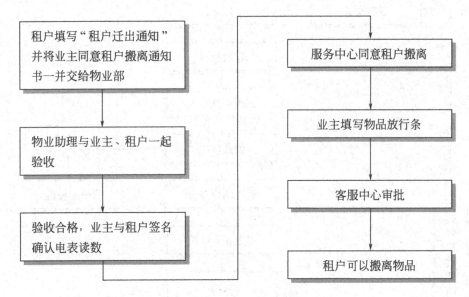

租户办理迁出小区工作流程

6-13　客户满意度测评流程

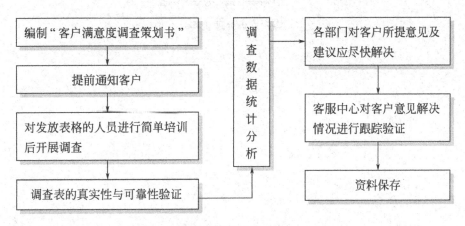

客户满意度测评流程

6-14 客户投诉处理流程

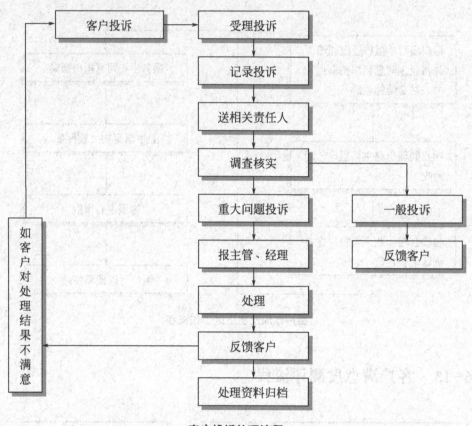

客户投诉处理流程

第7章 安全护卫服务流程

7-01 安保管理整体流程

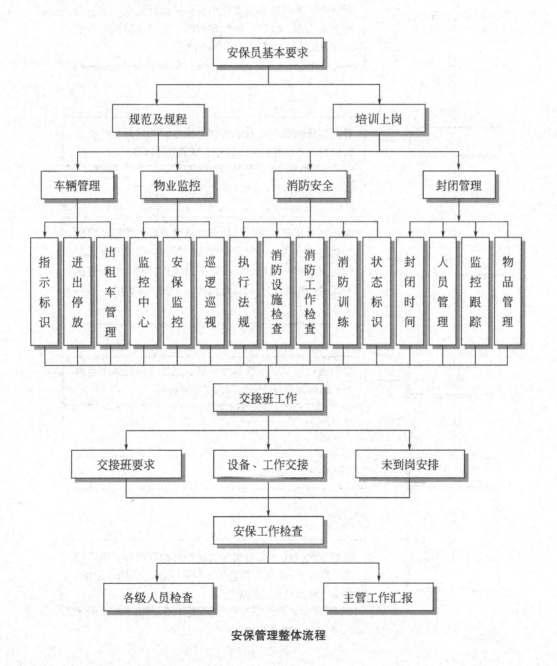

安保管理整体流程

7-02 保安主管工作流程

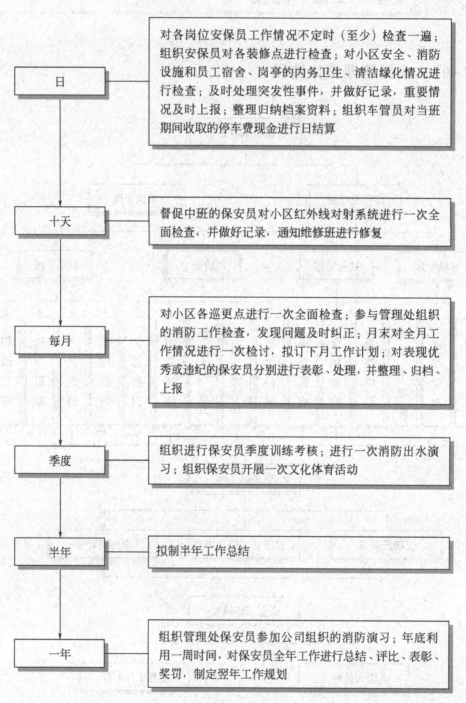

时间	工作内容
日	对各岗位安保员工作情况不定时（至少）检查一遍；组织安保员对各装修点进行检查；对小区安全、消防设施和员工宿舍、岗亭的内务卫生、清洁绿化情况进行检查；及时处理突发性事件，并做好记录，重要情况及时上报；整理归纳档案资料；组织车管员对当班期间收取的停车费现金进行日结算
十天	督促中班的保安员对小区红外线对射系统进行一次全面检查，并做好记录，通知维修班进行修复
每月	对小区各巡更点进行一次全面检查；参与管理处组织的消防工作检查，发现问题及时纠正；月末对全月工作情况进行一次检讨，拟订下月工作计划；对表现优秀或违纪的保安员分别进行表彰、处理，并整理、归档、上报
季度	组织进行保安员季度训练考核；进行一次消防出水演习；组织保安员开展一次文化体育活动
半年	拟制半年工作总结
一年	组织管理处保安员参加公司组织的消防演习；年底利用一周时间，对保安员全年工作进行总结、评比、表彰、奖罚，制定翌年工作规划

保安主管工作流程

7-03　班长日检查工作流程

```
                        ┌──────────────┐
                        │ 班长、副班长  │
                        └──────┬───────┘
                               │
┌──────────────────────────────────────────────────────────────┐
│ (1) 提前15分钟到岗；(2) 整理着装，集合整队；(3) 队列训练10分钟；(4) 提出工作要求， │
│ 安排当班工作；(5) 带队前往各岗，完成交接班                              │
└──────────────────────────────────────────────────────────────┘
```

(1) 每小时巡查各岗位一次，同时负责临时顶班 (2) 对各岗位的值班、值勤情况进行认真检查 (3) 对值勤过程中本班发生的事件、问题要及时处理并做好记录 (4) 对管理处新制定的规定和要求，以及下一班应当注意的事项，要认真做好书面交接	(1) 处理问题的基本原则：依法办事，执行规定，不徇私情，以理服人 (2) 处理业主之间的纠纷应当遵循的基本方法：分清是非，耐心劝导，礼貌待人和坚持可散不可聚、可解不可结、可顺不可逆、可缓不可急

巡逻岗	大门岗	大堂岗	车库岗	监控中心
(1) 交接班记录有无交接清楚并签字确认 (2) 每班按要求巡楼两次 (3) 其他安全隐患 (4) 值班人员仪容仪表是否符合要求 (5) 对业主、住户反映的问题和投诉是否进行记录并处理	(1) 维持门岗交通秩序，保证道口畅通无阻 (2) 对进出小区停车场的车辆是否进行核对、检查、刷卡、登记 (3) 对在门岗附近泊车、摆摊者是否进行劝阻 (4) 是否按规定标准收取费用，并出具票据 (5) 在发卡或收卡的过程中是否使用文明用语 (6) 是否按规定着装并佩戴车场管理员上岗证	(1) 对进入大厦的访客和外来人员是否按规定询问和登记并禁止无证人员进入 (2) 对搬出的物品是否按规定验证并收取放行条 (3) 是否熟悉大厦内各业主、各住户人员情况及交往的主要社会关系 (4) 值班记录和各种登记是否按规定填写，对业主、住户存放的物品交接是否清楚 (5) 回答业主、领导、同事及访客的询问	(1) 是否认真观察进出车辆的外观 (2) 对漏油、漏水、车门（窗）等情况是否及时通知驾驶员（车主）或报告 (3) 有无违禁车辆进入或停放 (4) 是否按规定着装和佩戴上岗证 (5) 收费时有无不给票据或乱收费的情况	(1) 交接班是否认真验收并签字确认 (2) 出现报警信号时能否及时发现并采取正确的处置方法 (3) 室内是否保持肃静整洁，值班员是否尽职尽责 (4) 录像带是否按时更换，认真保管

```
                        ┌──────────────┐
                        │ 班长、副班长  │
                        └──────────────┘
```

班长日检查工作流程

7-04 门岗保安员工作流程

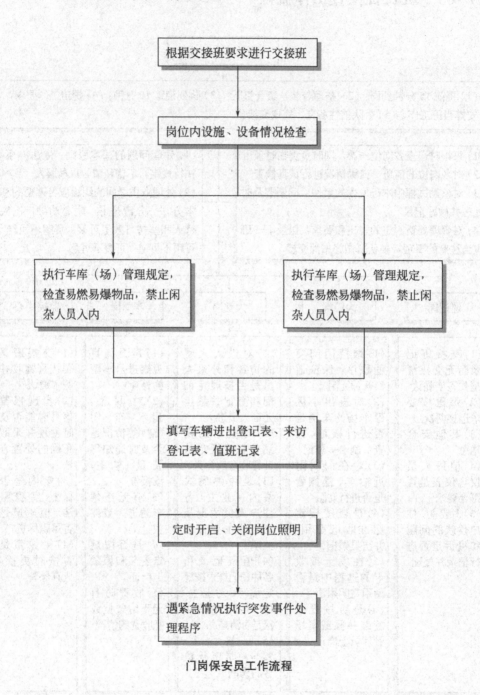

门岗保安员工作流程

7-05　巡逻岗保安员操作流程

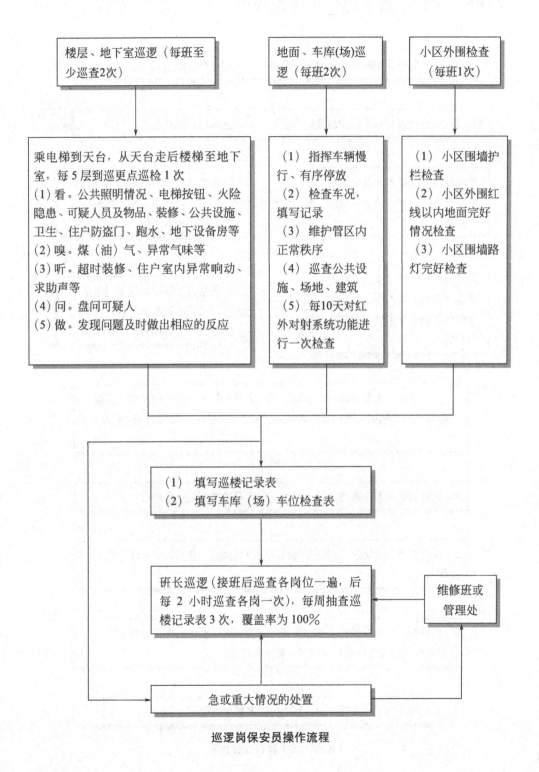

巡逻岗保安员操作流程

7-06　车库（场）岗位工作流程

1. 认真履行交接班制度，对上一班交代的工作进行跟踪落实

2. 认真检查车场车辆停放及运行情况，车辆进场时仔细检查是否受损

- 发生漏油、漏水的情况应设法告知车主，并通知清洁人员到场清理
- 熟悉长住卡的车主、车型、车牌号，并按规定指挥泊车，禁止占用他人车位
- 如遇两车相撞造成事故，保安员及时到场维持秩序，立即通知领班到场，并通知车主双方自行解决
- 在巡查过程中发现车门未锁，应立即联系车主并暂时代车主看管好车内物品，防止丢失

3. 正确导引、指挥车辆进入车场，制止大型客货车，装载有易燃、易爆等危险品的车辆进入停车场，确保车辆不乱、不碰、不堵塞交通，秩序井然

4. 劝阻闲散人员不准进入地下车库，阻止车辆逆行或随意停放

5. 按时开关车场照明，保证车场足够的照明光度，负责做好车场节能工作

6. 检查车场内消防设施设备和器材，若发现灭火器已过期或设备故障，及时联系工程部更换或到场维修，并做好记录

7. 服从领班的工作安排，配合其他岗位做好车场管理工作

车库（场）岗位工作流程

7-07　业主（用户）搬迁物品操作流程

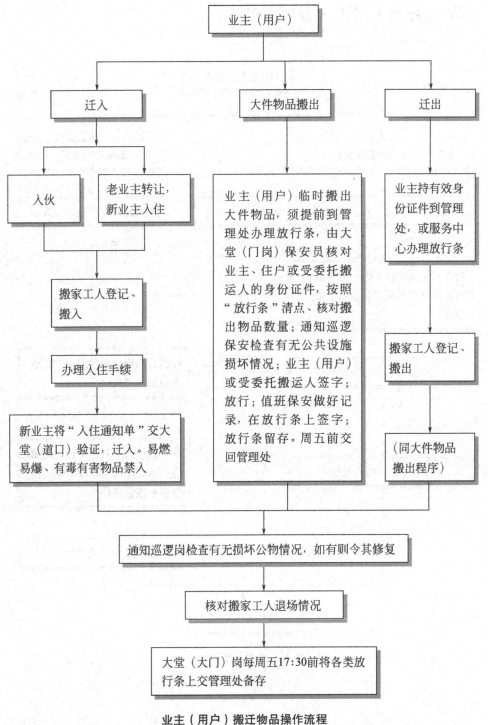

业主（用户）搬迁物品操作流程

7-08 外来人员出入管理流程

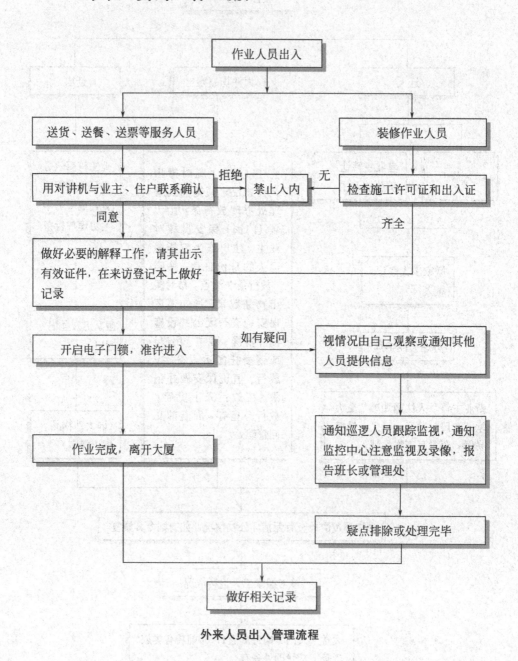

外来人员出入管理流程

7-09 车库(场)车辆异常情况处置流程

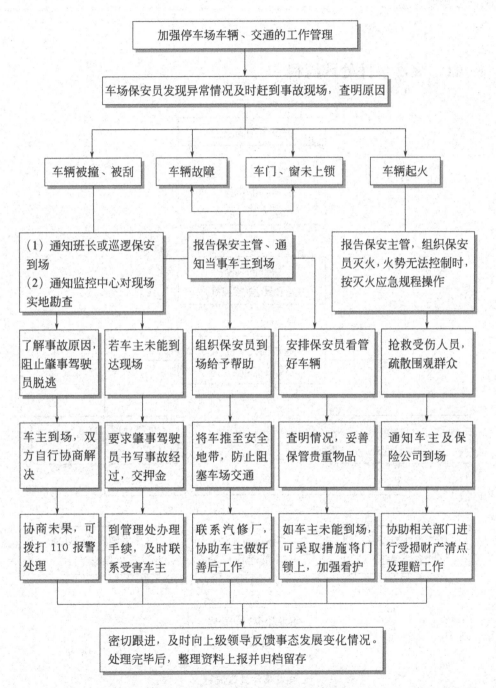

车库(场)车辆异常情况处置流程

第8章 突发（应急）事件处理流程

8-01 突发事件处理流程

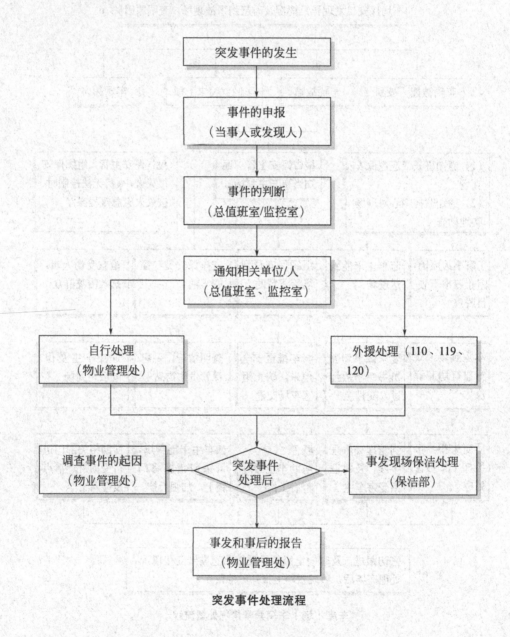

突发事件处理流程

8-02　人员坠楼事件应急预案流程

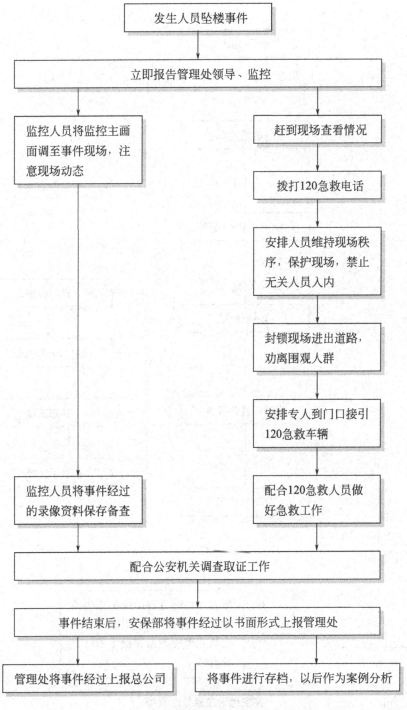

人员坠楼事件应急预案流程

8-03　高空抛物应急处理流程

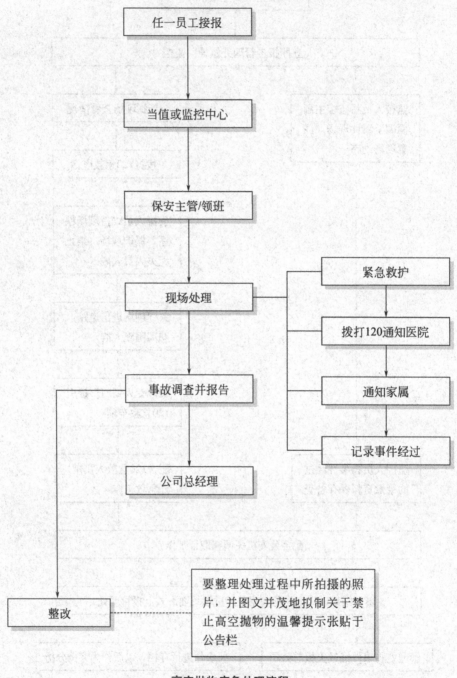

高空抛物应急处理流程

8-04　高空坠物伤人事件应急预案流程

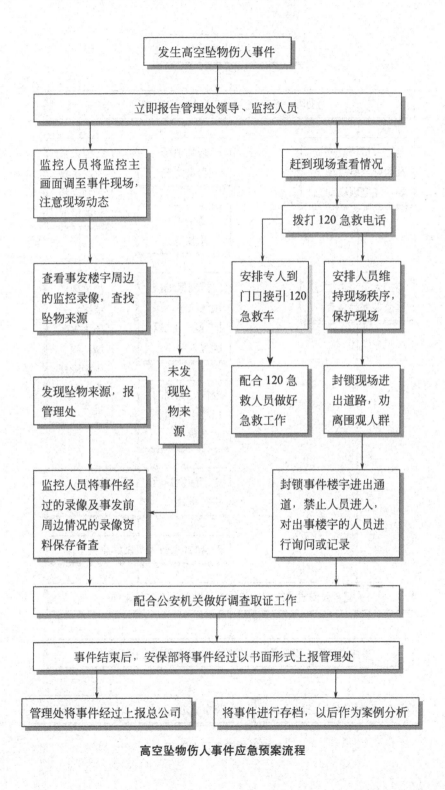

高空坠物伤人事件应急预案流程

8-05 触电事故应急预案流程

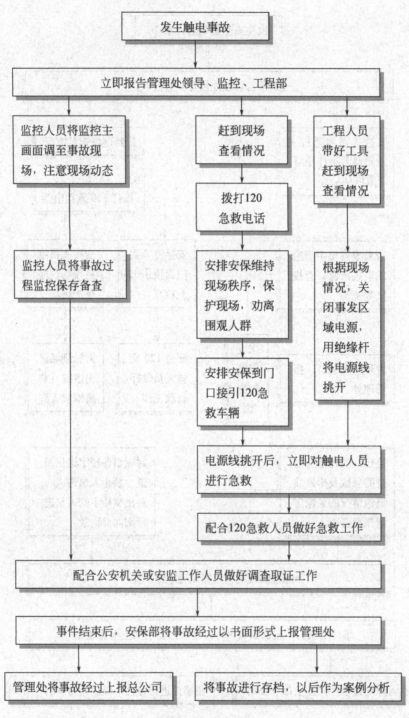

触电事故应急预案流程

8-06　有通知的停电应急预案流程

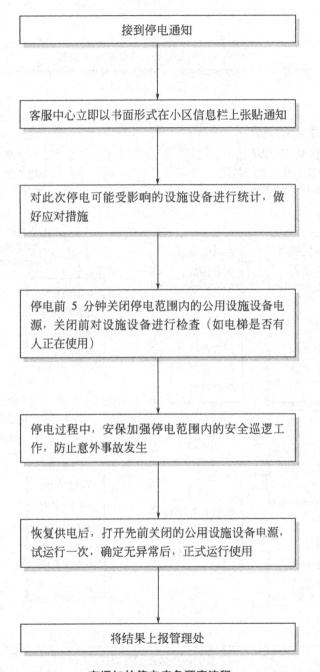

有通知的停电应急预案流程

8-07 突发停电事故应急预案

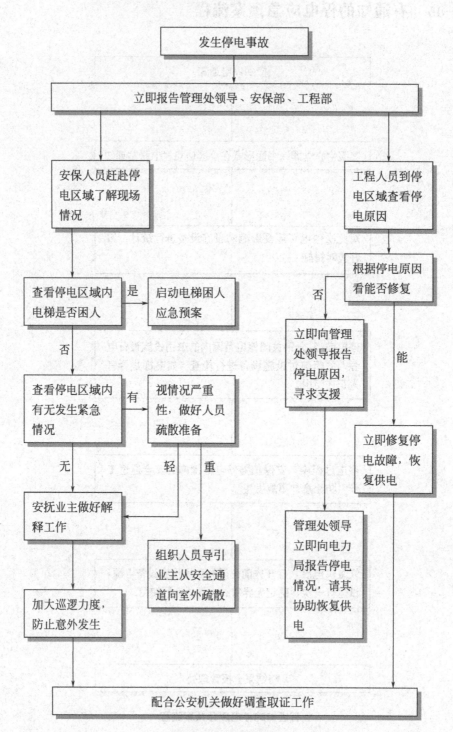

突发停电事故应急预案

8-08 煤气泄漏事故应急预案

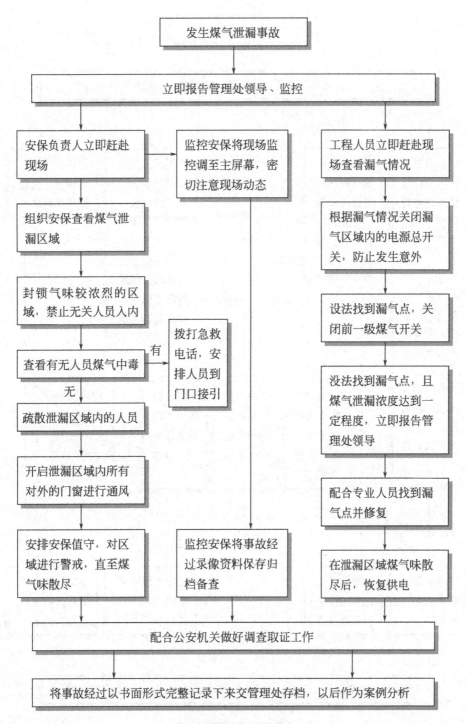

煤气泄漏事故应急预案

8-09 水浸事故应急预案流程

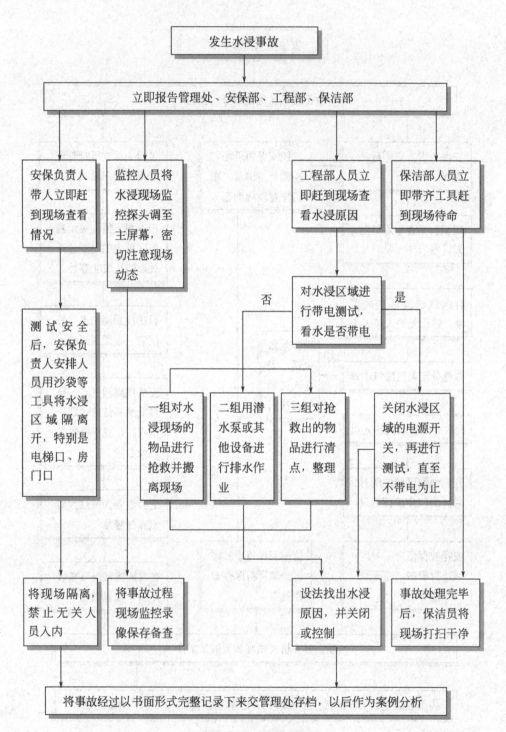

水浸事故应急预案流程

8-10 水管爆裂事故应急预案流程

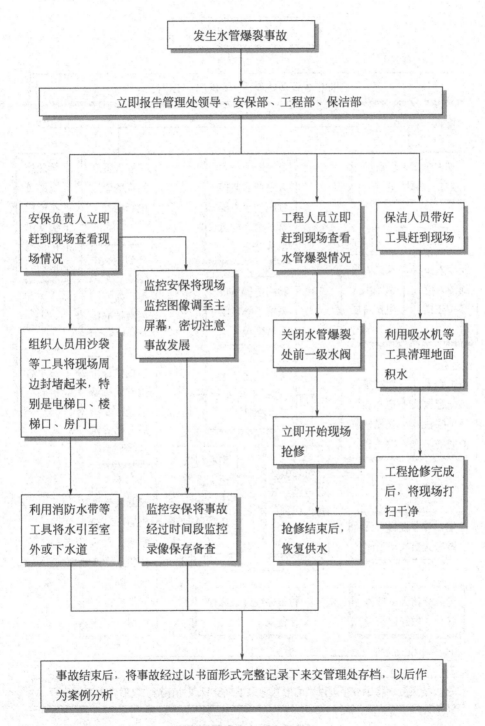

水管爆裂事故应急预案流程

8-11 电梯困人事故应急预案流程

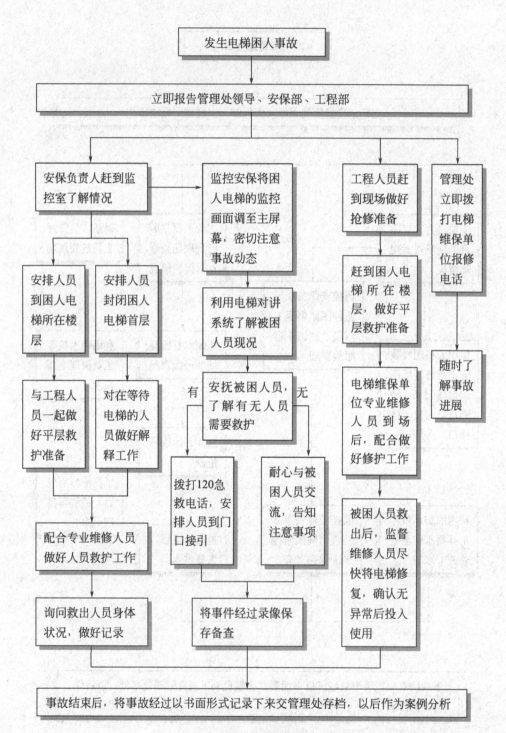

电梯困人事故应急预案流程

8-12　火警处置应急预案流程

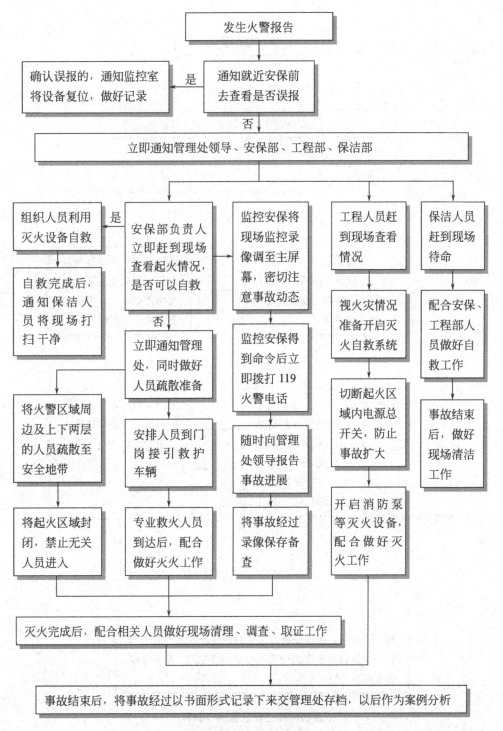

火警处置应急预案流程

8-13 盗窃事件处置应急预案流程

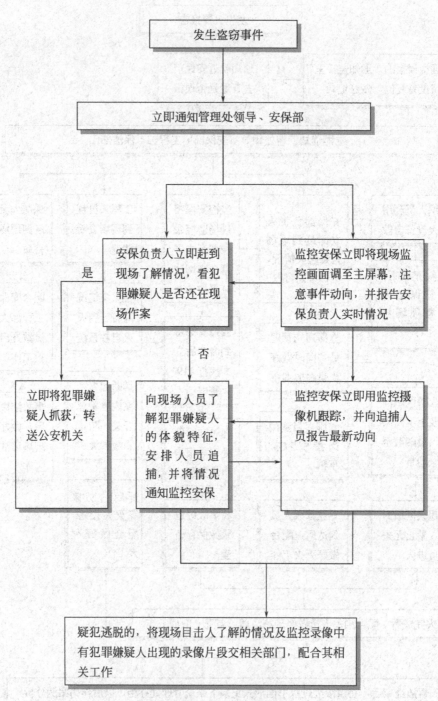

盗窃事件处置应急预案流程

8-14 打架斗殴事件处理应急预案流程

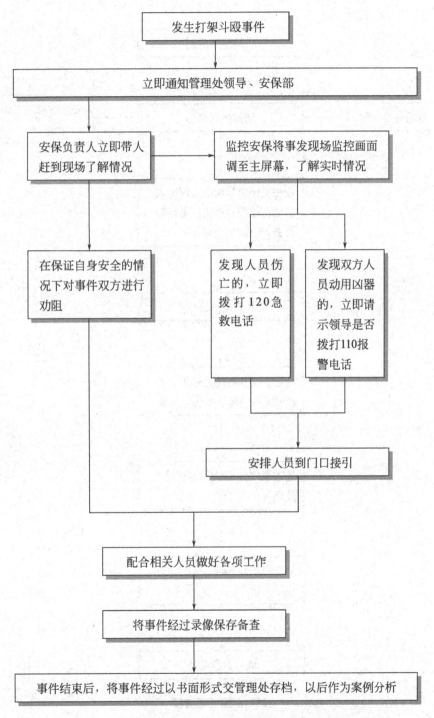

打架斗殴事件处理应急预案流程

8-15 燃气泄漏处理流程

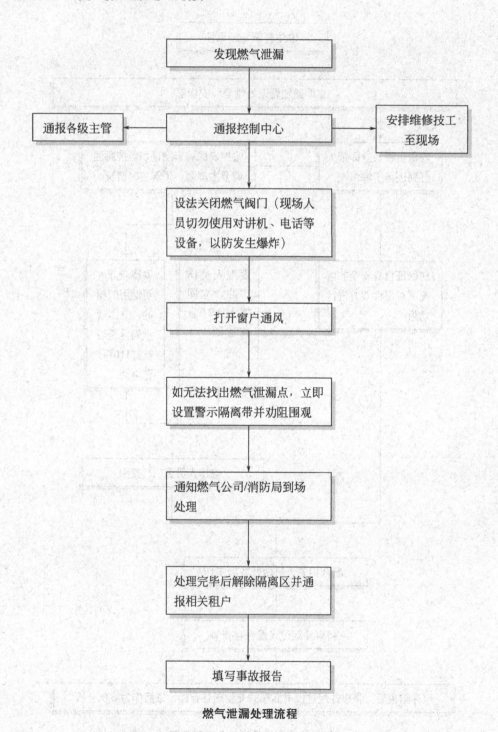

燃气泄漏处理流程

8-16　幕墙玻璃坠落处理流程（已发生）

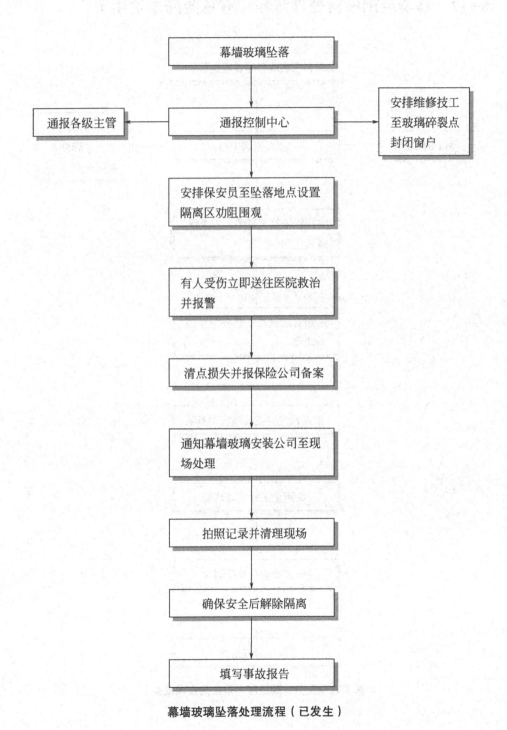

幕墙玻璃坠落处理流程（已发生）

8-17 幕墙玻璃坠落处理流程（有危险尚未发生）

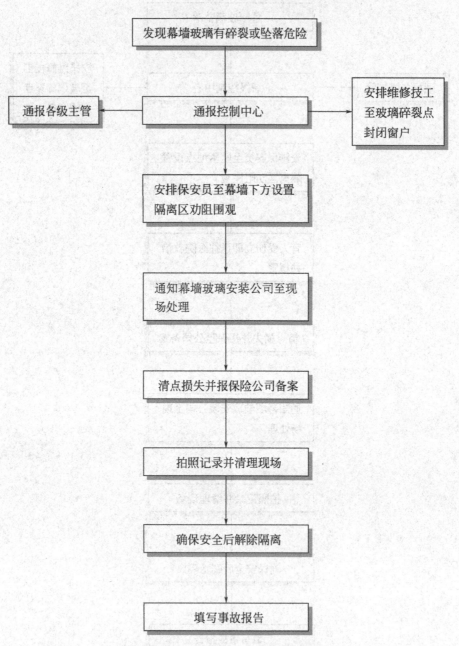

幕墙玻璃坠落处理流程（有危险尚未发生）

8-18 可疑物品处置应急预案流程

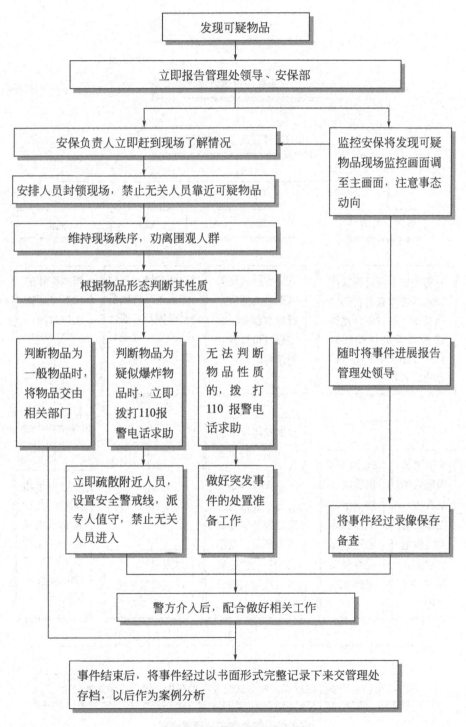

可疑物品处置应急预案流程

8-19 灾害性天气处置应急预案流程

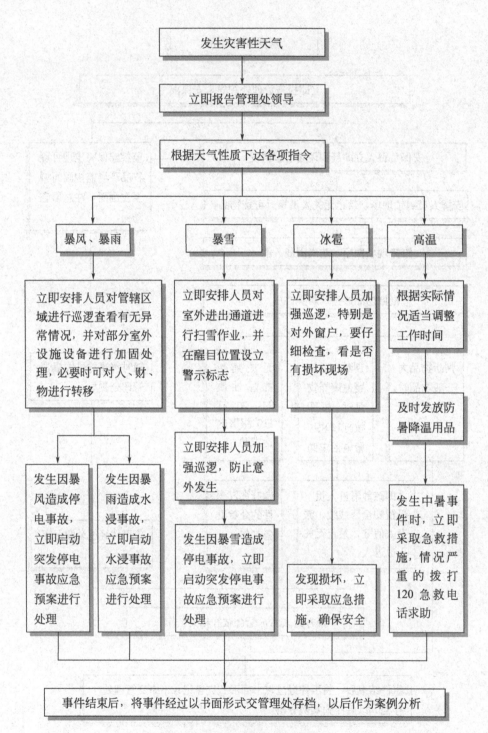

灾害性天气处置应急预案流程

8-20　地震灾害处理流程

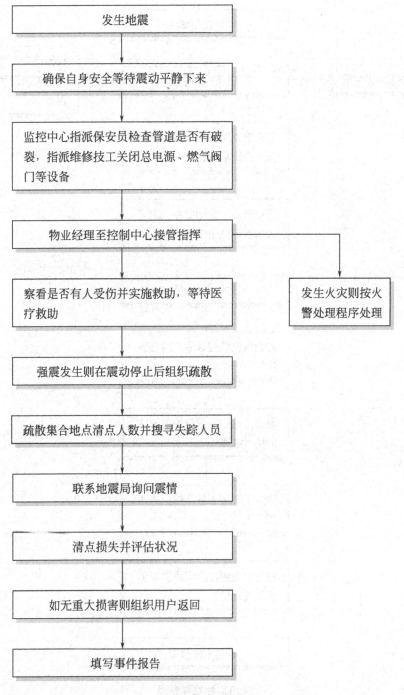

地震灾害处理流程

8-21　失窃案件处理流程

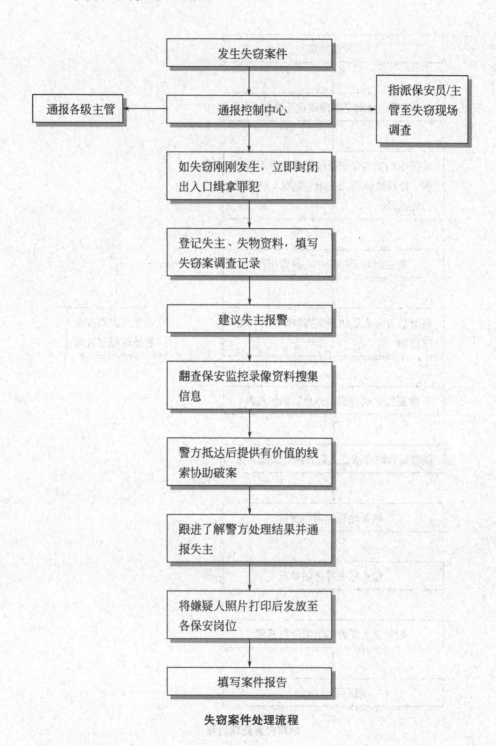

失窃案件处理流程

8-22 抢劫案件处理流程

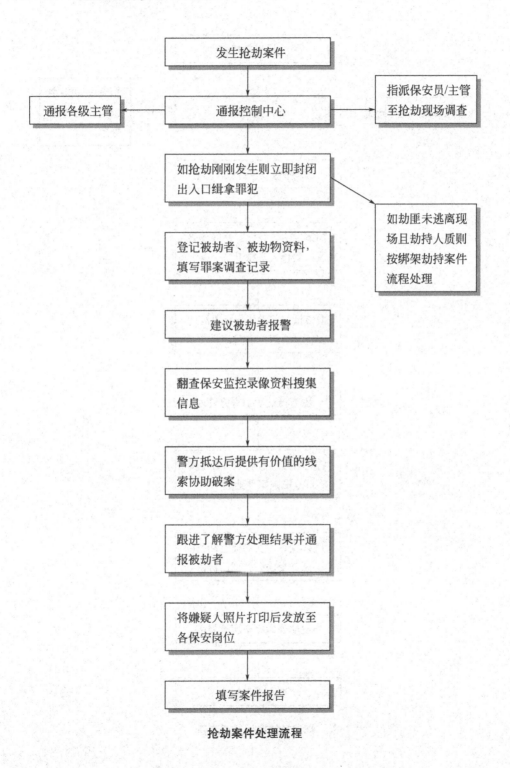

抢劫案件处理流程

8-23 绑架劫持案件处理流程

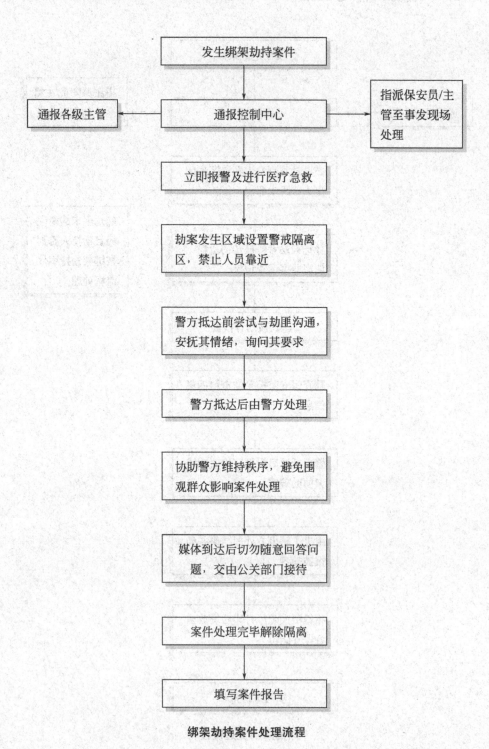

绑架劫持案件处理流程

8-24　防范跳楼事件处理流程

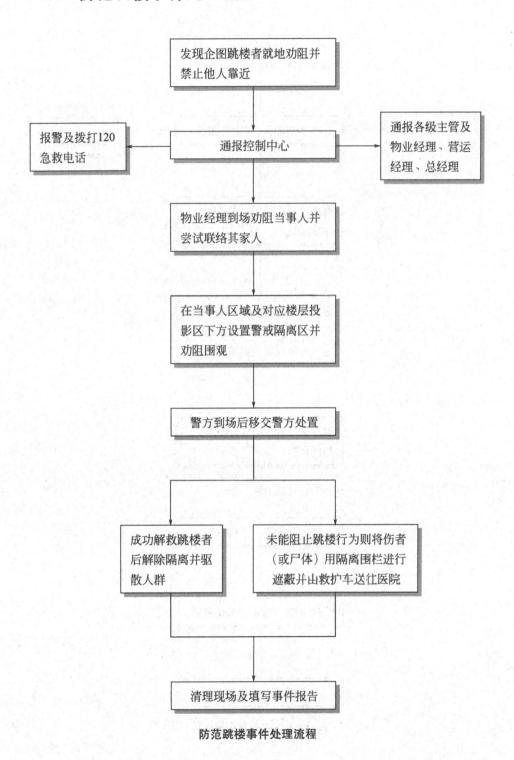

防范跳楼事件处理流程

8-25 醉酒/精神失常者处理流程

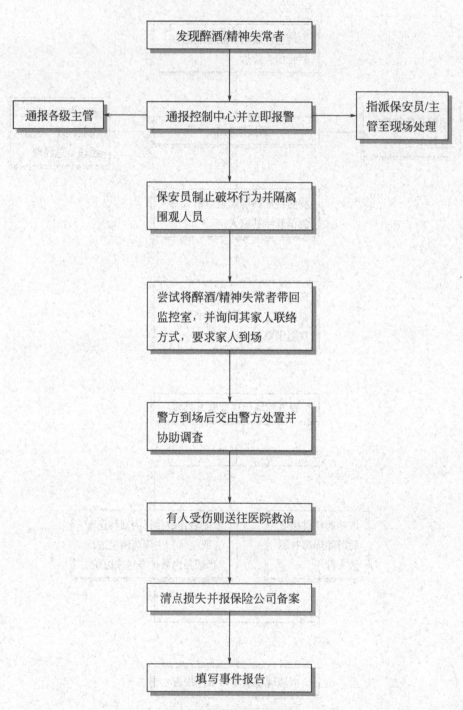

醉酒/精神失常者处理流程

8-26　流浪者非法滞留处理流程

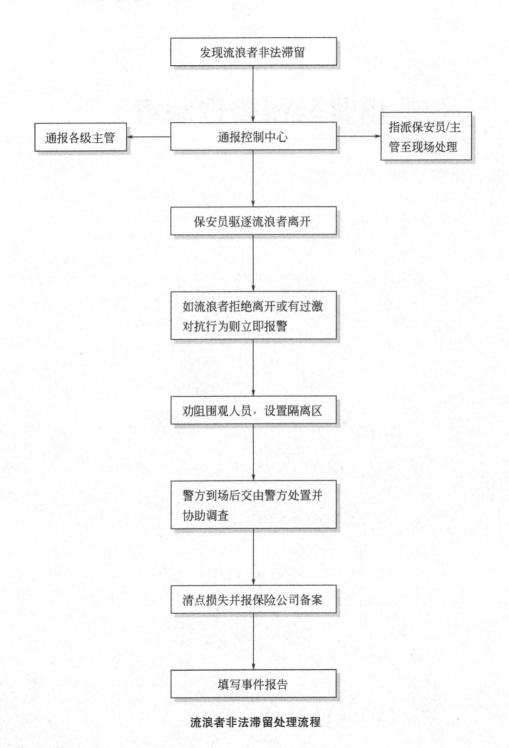

流浪者非法滞留处理流程

Part 2 物业公司管理制度

第9章 物业市场拓展管理制度

9-01 物业项目拓展控制程序

物业项目拓展控制程序

1. 目的
确保公司物业项目拓展工作的有序、正常进行，提高物业项目拓展工作效率。

2. 适用范围
适用于公司内与物业项目拓展有关的组织及其组织行为。

3. 职责
3.1 总经理负责批准公司物业项目拓展工作方案及公司年度物业项目拓展工作目标。
3.2 市场拓展部负责公司的物业项目拓展工作，在一定范围内对外承接物业管理项目。
3.3 市场拓展部的片区负责人负责本片区内物业项目的拓展工作。

4. 程序
4.1 策划
4.1.1 物业项目拓展策划运作流程如下图所示。

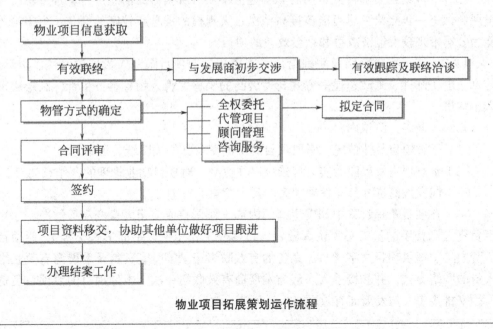

物业项目拓展策划运作流程

4.1.2 物业项目信息获取由公司各部门、各管理处及个人协助提供，市场拓展部对收集到的信息进行识别和处理。

4.1.3 物业项目信息的搜集途径

（1）实地收集新建、在建或已建物业的项目信息。

（2）参观各类房地产交易会。

（3）收集项目在报纸杂志、网络信息及电视、广播等各类媒体上的广告宣传。

（4）物业管理主管部门及政府相关机构的推介。

（5）中介机构及房地产相关行业和各类企业单位的推介。

（6）公私关系人、朋友及已签约发展商的推介。

（7）主动上门联络的发展商。

（8）参加项目的公开招投标或邀请招投标。

（9）其他途径。

4.2 实施

4.2.1 信息确定后，对物业项目要进行实地考察，考察内容如下。

（1）物业类型、规模及定位（通过实地或模型、效果图、销售价格等了解项目档次定位等）。

（2）所在区域及其地理位置。

（3）开、竣工时间及其开盘、入伙时间。

（4）发展商联络方式、背景资料及其物业管理合作意向。

（5）对于新市场，须充分调查当地物管情况，包括配套法规、收费状况、物管消费心理、发展前景等。

4.2.2 市场拓展部将搜集到的和实地考察项目所获得的信息进行整理分析，与发展商做进一步接洽，尽可能多接高档次、大规模的楼盘或较好的商业、写字楼等能为公司带来较大经济效益和社会效益的项目。

4.2.3 进行有效联络及跟踪洽谈，市场拓展部项目跟踪人员通过面谈、电话、传真、电子邮件、邮政速递等方式与发展商的销售主管、物管事务主管、高层决策人士联络。

4.2.4 联络、洽谈内容

（1）了解项目具体情况，索取项目总平面图及其相关图纸、资料。

（2）了解项目发展商的实力背景、以往业绩、对项目物业管理的合作意向等。

（3）向发展商推介公司发展规模、实力背景、管理业绩。

（4）在项目跟踪过程中如发生部门内部工作调整或公司人事变动等情况，原项目负责人和接手的员工必须认真做好项目移交工作（采取书面形式交接），原项目负责人必须提供项目文字资料、完备的有效联络记录等全套资料及发展商有效联络人员的联络方式，并和接手人一起与发展商有效联络一次。本地项目的原项目负责人须安排接手人与发展商有效联络人员面谈一次。

4.2.5 公司提供四种物业管理方式，分别为全权委托管理服务型、代管项目服务型、顾问管理服务型、咨询培训服务型，市场拓展部应从为本公司争取最大利益的角度出发，结合物业的实际情况、发展商的合作意向等建议发展商采纳适宜的物业管理方式。

4.2.6 合同评审日常工作程序

（1）部门员工根据与发展商的洽谈意见，根据标准合同范本拟制合同稿，经自审后与项目资料一并提交部门负责人。

（2）部门负责人就与标准合同范本相比有改动或可商谈的条款进行审核（包括文字和内容），确认无误后签字，再送交公司法律顾问进行审查，最后提交公司主管领导进行审查。

（3）公司主管领导就合同中有关重要条款进行审核（着重于内容），确认无误后签字返回。

（4）合同经评审通过后由部门员工根据批复意见修订合同稿并负责及时报送发展商。

4.2.7 签约合同必须按照合同中约定的份数用公司统一的标书纸打印，并确保在每份合同的每一页右下角处盖上公司小圆章，将此份合同随"对外经济合同会签单"交公司领导签字认可。

4.2.8 市场拓展部负责准备签约的前期准备工作，并通知相关出席人员。

4.2.9 签约时甲、乙双方须随合同交换的文件：加盖公司公章的营业执照复印件和法人代表证明书（如非本司法人签署该合同，则需再准备法人代表授权委托书）。

4.2.10 甲、乙双方按合同上约定份数保留合同原件。

4.2.11 与发展商的资料移交。市场拓展部发函通知发展商关于本公司工作移交事宜，需要的话，在发文中提醒发展商及时支付合同分期款，并告知本公司银行账户及财务部相关人员的联络方法。

4.2.12 与行政公关部的资料移交。把一份签约合同原件和发展商的主要联络人和联络方式交行政公关部签收。

4.2.13 与财务审计部的资料移交。把一份签约合同原件和发展商的主要联络人及联络方式交财务审计部签收，要求财务审计部做好收款跟踪事宜，并配合其工作。

4.2.14 与全委项目主管领导（全委项目）或顾问管理部（代管项目、顾问项目、咨询服务）的资料移交。该项交接采取会议形式，公司片区领导、全委项目接手负责人、市场拓展部、顾问管理部参加，并填写"签约项目交接会议记录"，将一份签约合同复印件及发展商的主要联络人及联络方式交全委项目的公司片区领导或顾问管理部签收。市场拓展部向全委项目的片区领导或顾问管理部介绍该项目前期工作过程及以后工作注意事项，有必要时，可引荐双方认识。

4.2.15 与质量管理部的资料移交。将一份签约合同复印件和发展商的主要联络人及联络方式交质量管理部签收。

4.2.16 办理结案工作。项目负责人填写"项目档案交接清单",并向部门档案管理责任人交接全套资料。

4.3 检查

4.3.1 市场拓展部主管领导要对物业项目的拓展情况进行定期检查。

4.3.2 市场拓展部经理对收集到的物业项目信息的识别处理情况要定期给予检查,确保信息处理的有效性。

4.4 改进

4.4.1 市场拓展部通过对物业项目信息的获取、收集、识别和处理,实现拓展项目的有效改进。

4.4.2 市场拓展部在对项目的实地考察、与发展商联络和洽谈中不断地总结经验和改进工作方式。

4.4.3 通过合同评审,公司主管领导可以对合同中的重要条款进行仔细、全面的审核,及时发现修正不合理部分,使合同进一步完善。

9-02 物业项目调研、考察管理办法

物业项目调研、考察管理办法

1. 目的

规范本公司物业项目的调研、考察工作,使之有序可循。

2. 适用范围

对外拓展的新业务,主要是物业管理委托项目。

3. 作业程序

3.1 调研的实施

根据调研计划开展项目调研工作,包括业务联系、实地考察、合作伙伴调查、竞争对手调查等。

3.1.1 客户情况调研。对本项目客户进行调查,深入了解对方公司的实力、品牌、市场地位、市场发展方向、顾客评价、政府相关方评价,以及客户的谈判价格及心态等具体内容,以全面了解对手情况,做到知己知彼。

3.1.2 项目相关情况调研。针对本项目及相关的具体情况进行调研,如项目的规模、数量、地理位置、交通设施、周围环境、周边市场、经济水平,乃至居民消费意识、风俗习惯等。

3.1.3 竞争对手调查。对本项目现存和潜在的竞争对手进行调查，研究对手的竞争心理和市场方向，以及近期的公司发展方向，关注重点是他们在本项目上的谈判价格和可承受底线等竞争情报的收集。

3.1.4 对项目区域的经济社会调研。必须了解项目当地的市场经济水平以及社会环境情况，了解当地政策法律以及人才市场、物料市场等相关社会情况，以了解项目的背景和潜力。

3.2 形成调研报告

对经过分析得出的有用信息进行有机整合，形成调研报告。报告内容应包括：客户基本情况分析，竞争对手情况分析，项目情况分析，项目成本预测，项目收益预测，投标答辩要求，竞争优势及劣势，潜在市场价值及品牌成长空间，以及项目调研小组最终得出的调研结论和建议。

3.3 调研评估及改进

每次项目完成之后，根据项目成果和各方面的反映，市场拓展部在项目调研小组的协助下，对调研工作进行评估，并制作成书面文件，以利于今后改进，并将改进建议送至相关部门。

9-03 物业咨询项目管理制度

物业咨询项目管理制度

1. 目的

规范公司物业咨询项目的管理，使咨询项目得到有效控制。

2. 适用范围

适用于公司所有各类物业咨询项目的项目管理。

3. 作业规程

3.1 物业咨询项目的管理模式

3.1.1 公司物业咨询项目的管理采用项目管理的模式。

3.1.2 公司物业咨询项目管理采用动态网络管理模式。

3.2 物业咨询项目目标管理

3.2.1 物业咨询项目合同一旦签订，物业咨询部必须确定项目经理，全面推行目标管理（MBO），有效执行合同约定，遵循"该顾问的要顾问到，顾问到的要有效"的顾问目标原则。物业咨询部对顾问目标的执行实施有效的过程督导、目标修订和信息沟通。

3.2.2 物业咨询项目的目标是完成顾问合同目标，收取顾问服务费用。以合同规定要达到的目标为整个物业咨询项目最后移交的目标。

3.2.3 目标管理是对整体目标进行分解形成阶段性目标：目标的分析、组织、计划、执行；通过对目标的控制、督导、阶段性评估以及总体目标达成评估等工作，使项目整体目标顺利完成。

3.2.4 项目经理应于项目开始的三个月内，结合项目工程进度情况及顾问合同，分解项目整体目标，确定阶段性目标，编制完成《项目顾问总体计划》并提交部门经理，由部门经理进行项目的过程控制。

3.3 项目的过程控制与跟踪评价

3.3.1 人员安排。物业咨询部经理及副经理为公司顾问项目的跟踪评价人。

3.3.2 时间。在整个顾问期内，实行过程控制。项目的跟踪评价起始时间为顾问工作开始之日，而跟踪评价的结束时间一直到顾问合同所定截止时间之后一年。

3.3.3 频度

（1）项目的过程控制每月进行，并在"部门工作总结"中进行体现。

（2）跟踪评价频度为每六个月一次，出具一份"项目进展情况跟踪报告"。

（3）在顾问项目完成重大专项顾问工作之后，如入伙、创优、导入ISO质量体系等，可增加专项跟踪评价。

3.3.4 形式

（1）过程控制时，通过收集顾问人员的工作计划、现场查看工作日志及项目工作开展的实际资料，检查顾问工作开展和计划完成的情况。

（2）跟踪评价人在工作时，可现场查验，对顾问项目的现场情况、资料，采取巡视、查阅、询问、发放调查表等形式进行调查，如与现场顾问人员交流沟通，与客户方主要联系人进行交流沟通等。

（3）收集项目所在地的外部评价，包括来自新闻媒介、当地同行业、行业主管部门等各方面的评价。

3.3.5 顾问期结束后一年时间内的项目跟踪评价，主要是对项目客户独立运作能力及运作现状进行了解和评价，并对其存在的一些问题提出适当的建议，作为顾问结果的巩固和长期关系营销。

3.4 物业咨询资源管理

3.4.1 物业咨询资源管理方式。物业咨询资源管理采取动态网络方式进行管理。公司全部资源为咨询资源库，以物业咨询部为咨询资源配送中心，各个顾问项目为资源支点，形成网络状资源管理结构，实现咨询资源的合理充分利用和迅速顺畅流通。

3.4.2 物业咨询资源内容。物业咨询资源包括与物业咨询相关的人力、信息、知识、制度资源等，主要是技术人员、专业知识经验和体系文本、管理制度。

3.4.3 物业咨询资源管理运作

（1）公司的全部资源组成咨询资源库，其与物业咨询相关的各项资源作为共享资源,均可为物业咨询所用,在顾问项目需要支援的时候,应该提供专项技术咨询服务,但其使用必须通过公司总部的审批程序。

(2)物业咨询部作为咨询资源配送中心,一方面负责咨询资源库的整理、归纳、分类和调度,使库存资源能够迅速、准确、合理、科学地为顾问项目所利用,发挥最大效用;另一方面,物业咨询师将各个顾问项目的咨询经验知识收集整理并充实到公司的咨询资源库中。当项目顾问提出资源支援请求时,填写"项目支援沟通记录",并及时进行安排和办理。

(3)各顾问项目根据需要,经过申请可以使用总部资源,但必须保证其利用的有效性;同时在物业咨询服务过程中应该随时总结和收集、归纳具体项目的物业咨询资源,及时地补充公司咨询资源库,使之不断完善。

3.5 顾问项目管理费用及顾问合同费的管理

3.5.1 顾问项目发生的各种费用按公司财务相关规定执行。

3.5.2 顾问合同费由各项目负责人负责收缴催款工作。

3.5.3 物业咨询部协助财务稽核部建立顾问项目的收入明细账以及支出明细账,以监督顾问合同费的收取和其他费用的支出。

9-04 顾问文件处理规范

顾问文件处理规范

1.目的

规范公司顾问文件的处理,使顾问文件规范、统一。

2.适用范围

适用于公司各顾问项目咨询服务提供中的文件处理。

3.作业规程

3.1 原则

3.1.1 项目顾问人员对项目的顾问指导应尽量以文件资料形式提交项目客户。

3.1.2 项目顾问人员提交给项目客户的方案、建议等顾问文件,应以客观事实为依据,保证其合理性、可操作性和有效性。

3.2 顾问文件格式

3.2.1 各项目所有提交顾问客户的文件必须有统一格式的文件编号和落款。

(1)文件编号格式为:AAAA/＊＊＊·＃＃＃－×××,其中AAAA代表本物业公司;＊＊＊是项目所在地名称拼音第一个字母的组合;＃＃＃是顾问项目名称拼音第一个字母的组合;×××是文件序号。例:"AAAA/PY·XZ－002"表示"AAAA物业惠州新竹顾问项目第002号文件"。

（2）《项目顾问建议函》编号格式为：年月日序号，如2011082101。

（3）文件落款格式为：

××物业管理有限公司

物业咨询部×××顾问组

项目经理：

日期

3.2.2 各顾问项目使用统一格式表格，如"项目顾问建议函""顾问文件签收表"等。

3.2.3 "物业管理方案"和"物业管理规划建议书"等重要文件应制作封面，并注明：方案名称、文号、编制、审核、批准等，并有相关审批责任人签字。

3.3 顾问文件审批

为了提高物业咨询服务中提交给项目客户的顾问文件的准确性和有效性，项目顾问组提交给顾问客户的文件必须经过分级审批。

3.3.1 项目的"物业管理方案""物业管理规划建议书"、阶段性工作实施计划和方案、重大事项建议书以及培训计划等由项目顾问组编写，项目经理审核，部门经理批准。

3.3.2 "项目顾问建议函"、报告、月度工作计划和总结等由项目顾问组编写，项目经理审批。

3.4 顾问文件提交

顾问文件经审核批准后提交给顾问客户。

3.4.1 由顾问客户指定专人接收。

3.4.2 文件接收人必须在"顾问文件签收表"上签字接收。

3.4.3 项目顾问组对提交给对方的文件要备份留底，并及时归档。

3.5 顾问文件存档

3.5.1 各顾问项目经理每月底向物业咨询部提交项目当月工作总结和下月工作计划、项目进度，并将本月顾问成果提交归档。

3.5.2 顾问项目阶段性顾问工作，如入伙、ISO 9000推行结束后，项目顾问组将该阶段顾问成果提交物业咨询部归档。

3.5.3 顾问项目结束后，项目顾问组在一个月内将顾问项目所涉及的一切文件资料整理后移交物业咨询部归档。

3.5.4 顾问项目资料建档后，作为物业咨询部的共享资源使用。

3.6 顾问服务文件目录

3.6.1 "项目诊断书"或"项目调查报告"。

3.6.2 "阶段性方案具体实施建议书"（包括"前期工程规划建议书""物业管理工程规划建议书""前期介入阶段具体方案实施建议书""正常管理具体方案实施

建议书"等)。

  3.6.3 "物业管理方案"。
  3.6.4 "物业管理培训计划"。
  3.6.5 "验收接管表格"。
  3.6.6 "入伙资料文件"(包括"业主公约""前期物业管理服务协议""装修管理文件""住户手册""业主登记表""停车位租赁合同""入伙工作计划"等)。
  3.6.7 "组织架构管理模式、岗位职责设计文件"。
  3.6.8 "管理处物资装备计划"。
  3.6.9 "日常管理制度体系"。
  3.6.10 "会所运营管理方案"。
  3.6.11 "ISO 9001质量体系文件"。
  3.6.12 "创优工作计划以及总目录"。
  3.6.13 "VI系统涵盖范围以及公司设计样本"。
  3.6.14 "顾问服务工作计划"。
  3.6.15 "顾问服务工作总结"。
  3.6.16 "项目顾问建议函"。
  3.6.17 "顾问文件签收表"。

9-05 物业项目承接方案

物业项目承接方案

1. 目的
  规范公司对物业管理项目策划、承接过程的操作,使整个策划、承接过程能顺利、有序地进行。
2. 适用范围
  适用于公司对外物业项目的策划、承接活动。
3. 职责
  3.1 总经理负责项目承接的审批及总体控制。
  3.2 市场拓展部负责项目承接的全流程策划、管理及控制。
4. 工作程序
  4.1 前期策划
  4.1.1 市场拓展部负责收集各种资料和市场信息,了解行业动态等,并做好资料、信息的采编归档工作。

4.1.2 市场拓展部根据市场信息选择合适的物业项目，由市场拓展部经理接洽物业委托方，并收集相关的资料，了解委托方的要求。

4.1.3 市场拓展部负责组织相关工作人员前期策划准备工作，并制定"可行性分析报告"。

4.1.4 总经理或董事长根据"可行性分析报告"及其他方面的信息做出是否参与该项目竞争的决策。

4.2 编制物业管理投标书

4.2.1 市场拓展部根据"可行性分析报告"，进一步收集整理资料，明确委托方的要求，特别是质量方面的要求。

4.2.2 市场拓展部经理根据"可行性分析报告"、物业管理的法规以及委托方的具体要求，结合公司的实际情况编制《物业管理投标书》或《物业管理方案》。

4.2.3 《物业管理投标书》或《物业管理方案》的内容大体应该体现以下内容，可以根据实际情况进行删减。

（1）物业项目的概况及公司简介。

（2）物业管理目标及承诺文件。

（3）物业管理的组织机构及职责。

（4）物业管理的主要服务项目及程序。

（5）物业管理的支持性文件及程序。

（6）需要整改的项目及办法。

（7）物业管理的收支预算。

4.3 物业管理投标书的修订

4.3.1 委托方提出新的要求时，市场拓展部在总经理授权的范围内与委托方协商，如能达成一致，则市场拓展部负责修改"物业管理投标书"或"物业管理方案"，并填写"文件更改申请表"报总经理审批。如不能达成一致或无法满足委托方要求的，则报总经理处理。

4.3.2 总经理或董事长根据具体情况做出修改方案或放弃竞标等决策意见。

4.4 签订物业委托管理合同

4.4.1 委托方接受《物业管理投标书》或《物业管理方案》，确定我公司承接该项目的物业管理权后，市场拓展部负责制定《物业委托管理合同》，经过合同评审后报总经理审批后交委托方审议，并请委托方在一定期限内回复我公司。

4.4.2 市场拓展部负责组织签约仪式，由总经理和委托方法人代表在《物业委托管理合同》上签字盖章。

9-06　物业租赁管理办法

物业租赁管理办法

1. 目的

规范本公司物业租赁工作,保障公司经营的良好信誉,促进房屋租赁业务的开展。

2. 适用范围

公司经营的租赁物业及业主委托的租赁物业。

3. 职责

3.1 市场拓展部负责联系、接待客户,并负责与客户签订或解除租赁合同,对于特殊租赁合同,在必要时组织相关部门参加合同评审。

3.2 财务部和管理处负责相关费用的核收与结算。

3.3 管理处保安员负责出租房屋的消防治安事宜及物品出入的检查。

3.4 管理处负责客户入住手续的办理与退房的验收,负责客户二次装修方案的审批与地盘管理。

3.5 管理处工程人员负责出租设施的日常维修。

4. 实施程序

4.1 市场拓展部根据闲置的租赁房屋情况及房屋租赁市场行情刊登招租广告。

4.2 市场拓展部按照政府颁发的指导价格及市场行情确定房产租赁基本价格。

4.3 合同洽谈

4.3.1 市场拓展部负责接收客户租赁信息(电话、面谈、实地看房等提出的需求),对客户的租赁信息及时登记,并填入"租赁信息登记表"。

4.3.2 市场拓展部对留下联系方式的来访者及来访电话进行记录,并解答客户的询问,介绍建筑物概况、服务项目、服务程序、服务方式、管理要求、联系电话等,积极跟进,直至租赁成功或对方取消租赁意向。

4.3.3 市场拓展部对要求现场看房者,安排人员陪同看房。

4.3.4 未出租的房屋的钥匙由管理处事务助理负责保管并做好标志。

4.3.5 市场拓展部就房屋的位置、面积、价格、租赁期限等与来访者进行报价、洽谈。

4.4 合同的拟定及签订

4.4.1 根据双方洽谈达成的约定,拟定《房屋租赁合同》,意见达成一致后,市场拓展部门与客户签订《房屋租赁合同》。

4.4.2 合同一式五份交承租方按本地政府颁布的房屋租赁条例规定签章。承租方须出示有效身份证明(承租方为个人的提交身份证,承租方为单位的提交工商营业执照、负责人身份证),并提供复印件存档。

4.4.3 市场拓展部将签订好的合同分送本部门、财务部存档。

4.4.4 合同签字生效后，市场拓展部门向客户发放《用户手册》，签发开房通知，填写"租赁物业房产交接验收单"。

4.4.5 财务部根据市场拓展部门与客户签订的合同计收费用。财务部核对合同和市场拓展部的录入资料，确认无误后计收押金、租赁费用。

4.4.6 客户需要租用其他设施的，应与市场拓展部门另签协议，向财务部交纳相关费用后，由管理处工程人员实施。

4.5 出租房屋的交付

4.5.1 管理处根据开房通知和押金、其他有关费用的收据，为客户办理入住手续。

4.5.2 管理处向承租方交付租赁房屋的钥匙，并确认水、电、气底数，及出租设施的基本情况，填写"租赁物业房产交接验收单"，并签字存档保留。

4.6 客户的管理

4.6.1 管理处档案员负责客户档案的建立，以便查阅。

4.6.2 客户迁入当天需填写《客户档案》，内容包括租赁房屋的地段名称、消防治安负责人、房号、电话、期限、迁入时间、人数、姓名、性别、身份证号、年龄等内容。

4.6.3 客户需要装修的参见《装修管理》的规定进行。

4.6.4 管理处要不定期举办物业公司与客户的联谊活动，增进相互间的了解。

4.7 租金的催缴

4.7.1 每月的月底市场拓展部以电话或书面形式向承租方发出缴纳租金的通知。

4.7.2 对于逾期未交款的承租方，应以电话催问或登门访问或以书面方式催缴，并做好记录，直至其交款或采取进一步的催款措施。

4.7.3 在采取如锁门、断水断电等进一步措施前，应采取各种方式通知承租方，做到合情、合理、合法。

4.7.4 财务部将承租方交纳租金的凭证（支票、银行进账单、现金缴款回单、发票的复印件）归档留存。

4.8 合同的变更与续签

4.8.1 当公司在合同实施期间需要更改合同时，市场拓展部应及时告知客户，达成一致意见，取得客户的书面认可。

4.8.2 当客户提出修改合同时，市场拓展部在必要时组织相关部门参与评审，以书面形式对客户提出的修改进行确认。

4.8.3 当租赁合同期满，客户提出续签时，由市场拓展部和客户洽谈协商，重新签订《房屋租赁合同》，加盖印章确认。

4.8.4 更改过的合同和续签的合同由市场拓展部以书面形式传送到各相关部门，以便变更。

4.9 合同的终止与退房管理

4.9.1 合同的终止应按合同中的具体条文进行。合同终止前，市场拓展部和财务部应对退租户进行欠费审核，符合退房条件者，开出退房通知单，并填写"退租物业房产交接验收单"交管理处验房；如有欠款，应告知退租人须先交清所欠的费用，再来办理退房手续。

4.9.2 管理处管理员、保安员接到市场拓展部开出的"退租物业房产交接验收单"后应主动与市场拓展部和财务部沟通，确认退租人有无欠费并监督其搬离，防止因搬离而造成公司利益的损失。

4.9.3 管理处管理员与租赁人共同对退租物业房产进行交接验收后，根据交接单上的项目验收房屋设施，填写验收情况及维修所需费用和水电终止读数，在"退租物业房产交接验收单"上与租赁人双方签字认可后交管理处经理签字批准。

4.9.4 市场拓展部和财务部接到管理处填写的"退租物业房产交接验收单"以后，按上面的维修扣款和水电结止数与客户结清全部费用。

4.9.5 管理处向客户收回房屋钥匙，做好标识后交专人保管，再安排清洁工进行清洁工作，并锁好门窗。

5. 质量要求

5.1 市场拓展部要做好与租赁客户的沟通工作，充分了解客户的租赁需求，为客户提供优质的管理和服务，提高客户的满意度。

5.2 市场拓展部应严格按照公司制定的物业租赁条件和相关租赁管理法规、条例进行物业租赁工作。

5.3 合同签订前进行严格的合同评审。

5.4 重合同、守信用。

5.5 提高物业租金，降低物业空置率，完成公司制定的经营任务指标。

6. 督促管理

6.1 市场拓展部业务主管对物业租赁管理的整个流程进行监督检查。

6.2 公司对重大租赁经营决策和重要租赁合同的签订进行督促审查。

7. 分析改进

市场拓展部针对物业租赁过程中出现的问题，对租赁管理的工作流程提出分析改进措施。

9-07 合同评审程序

合同评审程序

1. 目的

通过对标书、合同（草案）或订单进行评审，确保其内容明确，并能准确理解用户或发展商的要求，使合同得以顺利履行。

2. 适用范围

适用于本公司各类租赁和提供物业管理服务的标书、合同的草案及正常服务范围以外的维修或安装订单等的评审。

3. 定义

订单：指对要求进行说明的文件或记录。

4. 职责

4.1 总经理主持并组织有关部门或人员对物业委托管理合同或标书等重大项目合同进行评审。

4.2 房屋、电话租赁合同及其他一般性服务合同由合同涉及的部门负责人组织评审，公司主管负责人负责审批。

4.3 正常服务范围以外的维修或安装订单由机电班长或订单接收人进行评审。

4.4 合同评审记录由办公室负责保存。

5. 工作程序

5.1 重大项目合同（如物业管理项目标书、物业委托管理合同等）的评审。

5.1.1 总经理负责组织有关部门或人员通过与顾客了解接触、沟通联络以及对市场的调查和分析来了解顾客的真实需要。

5.1.2 在投标或合同签订之前，总经理主持召集专题会议，有关部门或人员对标书或合同草案的内容以及服务质量标准等进行评审，确认本公司有能力达到用户要求。

5.1.3 对合同的评审须确保

（1）在合同签订之前，各项条款的内容明确、合理。

（2）公司具有满足合同要求的能力，与投标不一致的地方已得到解决。

（3）当合同变更时，应重新评审，评审后更改的内容及时准确传达到各有关部门。

5.1.4 各相关部门负责对合同涉及本部门的内容进行评审，并在"合同评审记录表"上填写评审记录，经总经理签字确认。

5.2 一般性服务合同（如业主公约或物业管理契约，房屋、摊位租赁及电话出租合同等）的评审。

5.2.1 在合同签订之前，由合同签订部门负责人组织有关人员对合同的草案内容进行评审。如合同有标准合同文本（通用范本），只需对标准合同文本进行评审，报公司主管审批。

5.3 维修或安装订单的评审

5.3.1 如用户的要求内容不明确时，由专业人员在现场进行评审并做出答复，将结果记录在"维修通知单"上。

5.4 合同的修改

5.4.1　合同双方中的任何一方发现合同中存在需修改的问题时，均有义务就待修改条款通知对方，并取得一致意见。修改后的合同要进行重新评审并做好评审记录。

5.5　公司财务部对所有的合同均参与评审，并保存复印件，方便支付款项时查询。

5.6　对于租赁类合同的评审，只需用"合同审批表"呈报相关主管领导批示后即可。

第10章 客户服务管理制度

10-01 客户服务人员行为规范

客户服务人员行为规范

1. 目的

为了规范物业管理客户服务人员的行为,给业主(住户)提供热情、规范的服务。

2. 适用范围

本规范适用于管理处客户服务人员。

3. 工作内容

3.1 工作态度

3.1.1 服从上司。各级员工应切实服从上司的工作安排与调配,按时完成任务,不得无故拖延、拒绝或中止工作,若遇疑难或有不满,可直接向上司反映。

3.1.2 尽忠职守。因员工必须按时上下班,不得迟到、早退或旷工,必须按时按编排时间表当值,不得擅离职守,因个人原因确需调换,需先征得上级领导的同意,不得擅自调换。当值时,应严格遵守工作的各项规定与要求。

3.1.3 正直诚实。员工必须忠于职守,如实向上级汇报工作,杜绝弄虚作假。

3.1.4 勤勉负责。员工在工作中应发扬高效和勤勉精神,对自己从事的工作认真负责、精益求精,严格按工作规范操作。

3.2 仪态

3.2.1 在员工工作中以坐姿服务的,当有客人前来,应立即起身。

3.2.2 坐的正确姿势:双脚并拢平放地面、抬头、挺胸、头正、收腹、两眼平视前方。

3.2.3 在工作区域内,身体不得东倒西歪,前倾后靠,不得伸懒腰、驼背、耸肩。

3.3 仪表。

3.3.1 身体面部、手部必须清洁,提倡每天洗澡、换洗内衣。

3.3.2 每天刷牙漱口,上班前不吃有异味食物,保证口腔清洁。

3.3.3 头发整齐,男不留长发,女不染发。

3.3.4 女员工上班要化妆,但不得浓妆艳抹,男员工不化妆。

3.3.5 上班时不得佩戴饰物、留长指甲以及涂指甲油。

3.3.6 必须佩戴员工号牌，号牌应佩戴在左胸处，并保持整齐。下午上班之前，也应检查仪表。

3.4 表情

3.4.1 微笑，是员工最起码的表情。

3.4.2 面对业主（住户）、访客时应表现出热情、亲切、友好，必要时还要有同情表情，交谈时应做到精神振奋、情绪饱满、不卑不亢。

3.4.3 和客人交谈时，应注视对方，频频点头称是，不得一言不发，毫无反应。

3.4.4 面对业主（住户）、访客时双手不得叉腰、交叉胸前、插入衣裤或随意乱放，不得抓头、抓痒、挖耳、抠鼻孔，不得敲击或玩弄其他物品。

3.4.5 行走要迅速，但不得奔跑，不得两个人并肩而行或搭膊、挽手，与他人相遇应靠边行，不得从俩人中间穿行，请人让路要说"对不起""谢谢"等礼貌用语，不得横冲直撞、粗俗无礼。

3.4.6 工作期间不得哼歌曲、吹口哨、跺脚。

3.4.7 不得随地吐痰、乱丢杂物。

3.4.8 不得当众整理个人衣物。

3.4.9 不得将任何物品夹于腋下。

3.4.10 咳嗽、打喷嚏应转身向后，并说"对不起"。

3.4.11 不得谈笑、大声喧哗或乱丢、乱碰物品以及发出不必要声响。

3.4.12 上班时间不得抽烟、吃东西。

3.4.13 不得用手指或笔杆指向客人或为客人指方向。

3.4.14 递物给对方时，应用双手，递笔给对方时不能让笔尖朝向客人，应为笔头。

3.5 言谈

3.5.1 声调要自然、清晰、柔和、亲切，不要装腔作势，声量不要过高或过低，以免对方听不清楚。

3.5.2 不准讲粗话或使用蔑视和侮辱性语言。

3.5.3 三人以上对话，要用相互都懂的语言。

3.5.4 不得模仿他人语言、语调和谈话。

3.5.5 不开过分的玩笑。

3.5.6 说话要讲究艺术，多用敬语，"请""谢谢"不离口。

3.5.7 不得以任何借口顶撞、讽刺、挖苦业户（住户）、访客、同事。

3.5.8 要注意称呼对方姓氏，未知姓氏之前，要称呼："先生"或"小姐"，若知对方姓氏，最好称"某先生/小姐"。

3.5.9 指第三者时不能讲"他""她"，应称"那位先生"或"那位小姐"。

3.5.10 从客人手上接过任何物品，都要讲"谢谢"。

3.5.11 对方讲"谢谢"时，要答"不用谢"或"不必客气"，不得毫无反应。

3.5.12 有访客到来时，要先问好，注意讲"请问找哪位""我能帮您什么""麻烦您登记一下""多谢您的合作"。

3.5.13 任何时候不能讲"喂"或"不知道"，要讲"打扰一下，请稍等"，"我帮你查一查"等。

3.5.14 离开面对的客人，要讲"请稍候"，如果离开时间较长，回来后要讲"对不起，让您久等了"。

3.5.15 客人离别时，要主动讲"再见"。

10-02 管理处办公室管理规定

管理处办公室管理规定

1. 目的

为了规范物业管理处办公室，保持良好的办公场所。

2. 适用范围

本规定适用于管理处办公室。

3. 工作内容

3.1 办公室工作员工应遵守劳动纪律，文明办公。

3.2 员工着装应清洁、整齐，上班必须穿工作服、黑皮鞋，并佩戴工号牌。

3.3 每日应提前10~15分钟到达工作岗位，做好本岗位及办公场所的清洁整理工作。

3.4 接待客人，热情有礼；商谈业务，耐心诚恳；办公厅内严禁大声喧哗，聚众谈笑；接听电话使用礼貌的语言，严禁长时间占用电话。

3.5 无特殊急需请示、报告事项，不得打扰公司领导接待客人。凡需到公司领导、部门领导办公室时，必须敲门通报，得到允许后方可入内。

3.6 不应随便打断他人谈话，不应随便翻动他人桌面上的文件、物品。

3.7 办公场所要保持桌椅整齐，文件物品要摆放整齐，不得乱堆乱放，做好个人桌面的清洁卫生工作。

3.8 接听电话应态度和蔼、语言简洁，领导布置任务或与之交谈时，应立即起身回应。

3.9 禁止在管理处大厅内用餐、吃零食、吸烟，不得乱扔纸屑或其他污物。

3.10 未经领导许可，不得擅自移动办公家具、办公设备及绿化花草。

3.11 发扬"一张纸两面用"的企业精神，注意厉行节约。

3.12 办公室大门钥匙，未经许可不得私自配制。
3.13 认真做好办公室防火、防盗、防破坏工作，发现问题及时解决或报告。
3.14 节假日前，需进行安全保卫工作大检查，落实值班人员，检查水、电、门、窗、气开关是否关闭及保密文件的安全存放。

10-03 客户服务值班制度

客户服务值班制度

1. 目的

为了加强管理处与业主（住户）的联系，及时为业主（住户）排忧解难，体现物业管理的规范化特点。

2. 适用范围

适用于管理处客户服务值班工作。

3. 工作内容

3.1 客户服务值班工作由管理处客户服务部负责，管理处应设立固定的办公地点、值班电话，并广为宣传，方便业主（住户）来访。

3.2 客户服务值班不仅包括正常上班时间，在周六周日及节假日，也应由管理处安排人员值班；其他时间（晚上）可不在办公室值班，但必须由专人负责接听值班电话，保持全天24小时值班。

3.3 值班人员上班时必须身着工装、佩戴工作证，以便接受业主监督；必须坚守自己的工作岗位，不得看报闲聊，不得做与本职工作无关的事情。

3.4 值班人员应热情、周到、主动、高效地服务业主（住户），对于接待事项应填写在值班记录本上，能立即处理的应及时处理，不能立即处理的，也应在规定的时效内处理，属于投诉的，应按投诉处理有关工作规程进行处理。

10-04 客户来电来访接待工作规程

客户来电来访接待工作规程

1. 目的

为了给小区业主（住户）提供良好的服务，体现物业管理专业化、规范化、一体化的管理服务特点。

2. 适用范围

适用于管理处客户服务中心的来电、来访接待。

3. 职责

3.1 客服前台接待员负责业主（住户）来电来访的接待和记录，并安排处理事宜。

3.2 管理处各部门、各岗位人员根据客服前台接待员的安排，处理相关事项。

3.3 客服主管对前台接待的工作给予指导。

4. 作业流程

4.1 管理处客服中心前台接待人员通过业主（住户）的来电、来访、来信以及现场值班治安员等各种形式接收信息，并记录于"客户来电来访登记表"上。

4.2 前台接待人员根据实际信息或对记录信息经过分析，并按以下类型分别处理。

4.2.1 事务咨询。能当场回答的立即进行回复，如需要转由其他部门答复的，应及时转交其他部门答复。

4.2.2 事务求助。进行详细记录后根据服务项目的范围安排人员提供帮助。

4.2.3 有偿服务需求。根据有偿维修服务的有关工作规程进行处理。

4.2.4 建议与意见。根据所反映的情况，经过分析后能及时处理的，安排人员及时处理；暂不能处理的，及时向上级领导汇报研究处理。

4.2.5 投诉。按照《客户投诉处理程序》进行处理。

4.3 接待人员要将处理结果记录在"客户来电来访登记表"上，并对处理的情况予以跟踪，确保客户满意。

4.4 管理处在处理来电、来访时，要热情、主动、及时，要坚持原则，突出服务，不得推诿、扯皮、推卸责任及为难客户，不得乘机索取好处、利益等，在处理完毕后将结果及时回复客户。

4.5 接待人员应认真负责地做好本职工作，为客户提供满意的服务，减少客户的投诉、批评与意见，将客户的不满消除在投诉之前。

10-05 客户投诉处理工作规程

客户投诉处理工作规程

1. 目的

本规程是为了规范投诉处理工作，确保业主（住户）的投诉能及时、合理地得到解决。

2.适用范围

适用于各物业管理处物业管理服务工作的有效投诉处理。

3.职责

3.1 管理处经理。负责对投诉处理效果的检查；对一般投诉的处理进行指导；对重大投诉的亲自处理。

3.2 客户服务中心。负责对客户投诉的记录和一般投诉的协调处理工作。

4.工作程序

4.1 客户服务中心接待人员接到客户投诉后，应首先向客户表示歉意，并将客户投诉情况记录在"客户来电来访记录表"上；或者客户服务中心接待人员根据"客户来电来访记录表"上记录的来电来访信息经分析属投诉的，立即按投诉程序处理。

4.2 投诉内容登记：事情发生的地点、时间、经过、内容及要求。

4.3 投诉接待人员应使用规范行业语言，严禁与业主（住户）进行辩论、争吵。

4.4 客户服务中心接待人员根据投诉内容填写"客户投诉处理表"，并立即报告客服主管。

4.4 一般投诉由客服主管通知相关部门和班组及时解决。

4.5 遇到重大投诉，客服主管应向管理处经理汇报，由管理处经理组织相关人员进行讨论，按要求落实解决措施；并向客户做好解释工作，确定回复时间。如遇紧急情况及突发事故，各部门和班组都有责任通知相关部门，先处理后补办手续。

4.6 相关部门在处理完投诉后，要迅速将处理结果汇报管理处客户服务中心，由客户服务中心主管安排回访，并填写在"客户投诉处理表"相应的栏目里。

10-06　客户有偿维修回访制度

客户有偿维修回访制度

1.目的

为了给业主（住户）的生活创造便利，满足其室内维修需求。

2.适用范围

适用于管理处对业主（住户）的有偿维修回访工作。

3.职责

3.1 前台接待员。负责对业主（住户）的有偿维修的接待、派工和回访。

3.2 维修工。负责按要求进行维修。

3.3 客服主管。负责对业主（住户）的有偿维修的接待、派工和回访进行指导和监督。

4. 作业流程

4.1 维修受理

4.1.1 前台接待员接到业主（住户）的报修要求时，要及时填写"客户来电来访登记表"，并填写"服务及回访记录表"通知维修工。

4.1.2 维修工接到通知进行维修处理。

4.2 维修过程

4.2.1 维修工接到维修通知后，在规定时间内赶到现场，并按有关规定进行维修。

4.2.2 维修工作完成后，按要求填写好"服务及回访记录表"，并请客户在"服务及回访记录表"上进行签字，收取相应费用后及时交回管理处财务室，将"服务及回访记录表"交回客户服务中心。

4.3 维修回访

4.3.1 前台接待员根据"服务及回访记录表"，第二天对前日所有的维修进行回访。

4.3.2 回访形式

（1）上门回访。

（2）电话回访。

4.3.3 回访内容。回访的内容为服务时间、质量、收费合理性及维修人员态度等，并进行综合评价。

4.3.4 前台接待员回访完毕后，要填写维修回访记录，并每月做维修回访统计表。如回访时发现不合格的维修服务，应及时报告客服主管，并由其根据具体情况处理。

10-07 客户走访工作规程

客户走访工作规程

1. 目的

加强管理处与业主（住户）所保持的密切关系，及时听取业主（住户）的意见与建议，改进物业管理服务工作。

2. 适用范围

适用于管理处对业主（住户）的不定期走访。

3. 职责

3.1 管理处经理。不定期地亲自参与对业主（住户）的走访，并负责对其他人员走访的效果进行检查。

3.2 客户服务中心。负责对业主（住户）的走访。并记录其有关意见与建议。

4. 工作程序

4.1 客户服务中心在开展其他工作的同时，对业主（住户）进行走访。

4.2 走访内容。与物业管理服务工作有关的治安、清洁绿化、公共设备设施、物业服务费等有关事项的建议与意见。

4.3 走访人员应注意礼仪礼貌，对于有关意见与建议应详细记录在"走访情况记录表"上。

4.4 收集的客户意见与建议

4.4.1 对于一般的意见与建议，当场进行回复。

4.4.2 对于有关投诉事项，经分析有效后按照"客户投诉接待处理工作规程"处理。

4.5 客服主管定期将走访意见与建议收集汇总后向管理处经理报告。

4.6 管理处经理每月至少参与一次对业主（住户）的走访。

10-08 业主（住户）资料的登记、管理办法

业主（住户）资料的登记、管理办法

1. 目的

为了及时掌握业主（住户）的相关资料，便于与业主（住户）进行及时有效的沟通和联系。

2. 适用范围

适用于各管理处业主（住户）资料的登记与管理。

3. 职责

3.1 客服主管。负责对业主（住户）资料登记、管理工作的指导与监督。

3.2 物业管理员。负责对业主（住户）资料进行登记、收集、整理及归档等工作。

4. 工作内容

4.1 业主资料

4.1.1 业主资料的来源。由居委会提供和客服人员的登记。

4.1.2 业主资料的内容。包括：业主的姓名、性别、出生日期、户籍地址、现

居住地址、身份证号码、联系电话、相片、家庭成员、车辆及其他情况。

4.1.3 如果业主资料不完整（或不准确）时，可对业主资料进行核对，核对方法包括：通过电话了解、上门走访以及其他方式等。

4.1.4 业主资料的管理。业主资料登记于"业主登记表"或"业主统计表"，并由各管理处的档案资料管理员统一归档管理。

4.2 住户资料

4.2.1 住户资料的来源。由客服人员向业主收集、走访登记、电话登记或以其他方式收集。

4.2.2 住户资料的内容。住户的姓名、性别、出生日期、户籍地址、暂住地址、身份证号码、联系电话、相片、工作单位等。

4.2.3 住户资料的核对、变更。由客服人员不定期对收集到的住户资料进行核对、变更，确保其真实性与有效性。

4.2.4 住户资料的管理。住户资料登记于"租住人员信息登记表"，并由各管理处的档案资料管理员进行统一归档管理。

10-09　档案资料的建立管理规定

档案资料的建立管理规定

1. 目的

规范并指导管理处档案资料的建立、管理。

2. 适用范围

适用于管理处物业档案资料和业主（住户）资料的建立与管理。

3. 职责

3.1 客服主管。负责管理处各类档案资料的统一管理。

3.2 物业管理员。负责业主（住户）资料和物业管理档案资料及其他资料档案的建立与管理。

4. 工作内容

4.1 档案的接收

4.1.1 物业接管后，负责接收各类物业原始档案资料与建立，收集并完善各类物业管理档案，包括以下方面。

（1）小区平面图。

（2）业主资料。

（3）租户信息。
（4）各类物业管理常用档案资料。

4.2 登记建档

4.2.1 对档案进行分类并按类别编制"档案文件清单"。

4.2.2 每个月对资料进行一次整理归档。

4.3 档案资料的使用

4.3.1 档案仅供管理处员工因工作需要时查阅或借出使用，非工作原因或非管理处员工未经管理处经理批准不得查阅或借出档案。

4.3.2 业主（住户）资料、员工个人资料及其他有保密要求的文件和资料的管理要求如下。

（1）无关人员不可查阅。

（2）不可复印或带离档案室。

（3）不可传播其内容。

4.3.3 档案借出时应进行登记，并填写"文件借阅登记表"，由借阅人签字。

（1）借阅时间不得超过3天，超过3天的须经管理处经理在"文件借阅登记表"上签字批准方可借阅。

（2）存档案的磁盘、光盘和涉及业主（住户）及员工个人的档案资料一律不得借出。

4.4 档案资料的变更。资料档案变更时应变更"档案文件清单"。

4.5 档案资料的保存

4.5.1 档案资料须分类放置，收集在档案盒里，再整齐摆放在档案柜中，并填写"存档文件目录表"。

4.5.2 档案室应保持环境清洁；档案架、档案柜、档案箱、档案盒等的完好；适当的温度和湿度；配备干燥器、灭火器。

4.5.3 资料的保管措施应能达到防止档案损毁、散失；确保档案内容、信息的完整与安全；防止泄密等目的。

4.5.4 档案资料的保管期限见相关文件管理规定。

4.6 档案的销毁

4.6.1 超过保存期或经鉴定确认无保存价值的档案资料，由物业管理员填写"过期文件处理登记表"报客服主管审核，经管理处经理批准后予以销毁。

4.6.2 销毁档案时，应有两人以上在场，监销人应复核销毁内容。

10-10　客户意见征询管理办法

客户意见征询管理办法

1. 目的
收集和听取业主（住户）的意见与建议，改进物业管理服务工作。

2. 适用范围
适用于管理处对客户定期进行的意见征询。

3. 职责
3.1　管理处经理。负责对客户意见征询工作的指导。
3.2　客户服务中心。负责对客户意见征询工作的开展。

4. 工作程序
4.1　管理处每半年进行一次客户意见征询，征询的内容有治安、车辆、清洁、绿化、公共设备设施、社区文化活动、便民服务等，管理处可视实际情况选择每次征询的主题（内容），征询方式一般为问卷调查。

4.2　管理处客服主管制定"客户意见征询计划"及"客户意见征询表"，由管理处经理审核后由客服中心人员负责执行。

4.3　管理处征询户数按小区总户数（或总栋数）的10%为标准，且问卷回收率应不低于70%，若低于70%则按每低5个百分点，满意率相应下降1个百分点计。

4.4　管理处对征询的结果按治安、车辆、清洁、绿化、公共设备设施、社区活动、便民服务等进行分类统计，出具"客户意见征询分析报告"，对未达到质量目标和客户普遍反映的问题，根据其程度采取相应的改进方法和纠正、预防措施。

4.5　问卷发放应采用随机的原则和二次重点抽样（即对上次调查中有抱怨或投诉或平时有投诉的客户等应在抽样时被覆盖到）。

4.6　顾客的满意率不得低于质量目标的要求。

4.7　管理处经理负责将调查的结果进行汇总分析，并提出对服务工作的改进建议，呈交品质部决定。对调查结果进行分析应采用一定的统计技术。

4.8　征询的客户意见由客户服务中心安排人员统一进行回访，并填写"客户意见回访记录表"。

10-11　物业服务费（管理费）的收费办法

物业服务费（管理费）的收费办法

1. 目的
为根据公司财务规定，按时足额收取各种费用，保证收支平衡，特制定本办法。

2.适用范围

适用于管理费、水电费、车位费等的催交。

3.管理规定

3.1 操作程序

对欠款户采取以下6种方式催交。

3.1.1 银行电话催交。由银行对存款金额不够扣款数额的业主或住户进行电话通知,催其及时存足款项。

3.1.2 客户服务中心电话催交。打通电话,首先问好;再通报姓名及意图,并讲清欠费项目、起止时间、金额、限定交款日期。

要求:做到文明礼貌,态度和蔼,数据准确,简单明了。

3.1.3 派发催款通知单。在电话催交后,由客户服务中心根据财务室提供的欠款名单,发出催交款通知单,并写明欠款项目、金额;起止时间;限定交款日期。

要求:字迹清晰、工整,门牌号及交款时间准确无误。

3.1.4 第二次催缴单。在派发第一次通知单后,对仍未交款的住户(欠交2个月以上),派发第二次催缴单(内容、要求与第一次相同)。

3.1.5 第三次催缴单。对通过几次催缴无效的欠款户,采取派人将催缴单张贴于欠款户门上的催缴方式,内容与第一次催缴单相同。张贴地点:欠款户防盗门内的木门门镜处。

要求:准确无误。

3.1.6 发律师函。针对欠费大户或几次催缴无效的住户,报公司由公司统一处理。

要求:事先通知业主发放律师函一事。

3.2 工作标准

3.2.1 收缴率达到95%以上。

3.2.2 差错率为0。

3.2.3 做到服务态度、工作质量一流,无业主或住户的投诉。

10-12 社区文化管理办法

社区文化管理办法

1.目的

通过开展健康丰富的活动,加强管理人员与业主住户的沟通,增进社区内业主(住户)之间的亲和度,促进社区精神文明的建设,创造高品位的人文环境,塑造优秀的公司形象。

2.适用范围

适用于公司所辖所有物业的管理部门。

3.组织职责

3.1 总经理、总公司综合事务部及管理处有批准组织实施社区文化活动的权力。

3.2 社区开展的文化活动按照职责分工、逐级负责的原则进行。

3.2.1 常设性活动由物业管理处编制年度活动计划经品质督导部汇总后,呈总经理批准后组织实施。

3.2.2 临时性重大活动经总经理批准后由管理处负责策划并组织实施,品质督导部监督其开展过程。

3.2.3 临时性一般活动经品质督导部批准后由管理处负责策划并组织实施。

3.2.4 公司内部各部门大型联谊活动,报公司批准后,由品质督导部负责策划并组织实施。

3.3 活动所需经费及准备物品按照职责分工进行预算和准备,并逐级上报。

3.4 管理处根据实际情况可以适当调整社区活动内容,但须报品质督导部批准。

3.5 常设性活动和重大活动的资料收集及新闻报道由管理处社区文化干事和公司综合事务部协同负责。

3.6 其他活动资料的收集工作由组织实施单位负责。

4.管理规定

4.1 社区文化活动的分类及标准

社区所举办的活动必须是思想进步健康,内容丰富多彩,并且符合国家、省、市文化管理机构关于开展社区文化活动的相关规定及要求。社区文化活动的分类及标准见下表。

社区文化活动的分类及标准

类别	细类	说明
常设性活动	节日、庆典活动	如在元旦、春节、"五一""十一"通过对园区环境的布置,烘托节日气氛
	社区文艺长廊	通过社区内的宣传栏、阅报窗、楼内广告板等形式对国家政策、企业状况、名人的业主(住户)轶事(本公司员工、社区及同行业的模范代表)、社区居民状况进行宣传报道
	健身运动	组织社区居民进行晨练,如打太极拳、练剑、做韵律操等活动
	游艺活动	设有活动中心的社区,除国家法定假期外,按工作计划定期向业主开放(若遇重大参观来访活动或竞技比赛期间除外)
	文艺座谈	管理处定期组织业主(住户)举办文艺座谈会,针对当前社会文化导向对怎样搞好社区文化活动进行讨论,广泛收集群众意见

续表

类别	细类	说明
常设性活动	评比活动	每年在社区内进行一次"好家庭""好孩子"的评选，评委由管理处工作人员与业主委员会共同担任。 （1）评比标准 ——积极参加社区公益活动 ——爱护社区公共设施 ——家庭和睦，邻里团结 ——见义勇为，抵制不良现象 （2）评选办法。以社区为单位，由业主委员会推荐，经管理处批准后颁发荣誉证书，并通过媒介进行宣传
	互助活动	通过管理处搭桥，使业主（住户）之间相互沟通，开展各种互助互救活动，如助学、助困、助残、助孤寡等义务便民活动
临时性活动	趣味体育竞技	根据年龄的差异选择活动群体：针对老年人组织一些活跃大脑的体育项目；针对年轻人组织一些考验身体素质的活动；针对儿童组织一些挑战性强的活动
	综艺活动	在社区内组织积极向上的文艺活动，如少儿声乐比赛、诗歌朗诵比赛、家庭组合的集体表演和青年人、老年人参加的交谊舞大赛、书画以及棋类比赛等
	公益活动	倡导社区居民献爱心，既丰富精神生活又为美化社区做贡献，如种植结婚纪念树、绿地领养等

4.2 社区活动年度计划编制

4.2.1 公司品质督导部依据年度工作任务要求，编制本年度所辖物业社区活动计划（常设性）。

4.2.2 管理处社区文化部依据公司本年度社区文化活动计划，编制本社区年度社区文化活动计划。

4.2.3 年度社区文化活动计划表的内容包括活动的主题、时间、地点、相关部门和人员任务分工、参加活动人员、宣传报道的安排、所需设备道具、经费的落实等项目。

4.2.4 所有小区（大厦）的年度社区文化活动计划表须经公司主管部门审批后才能正式生效。

4.3 工作规程

4.3.1 管理处社区文化部（或综合事务部）根据已批准的"××小区（大厦）年度社区文化活动计划表"，在活动开展前的一个月申报下月的"月度社区文化活动计划安排与审批表"。

4.3.2 批准后召集相关人员开展专题工作会议，明确准备工作任务，社区文化部（或综合事务部）做好"社区文化活动情况记录表"。

4.3.3　各部门根据专题负责事项，安排本部门工作人员保质保量按时完成工作任务，具体按照《管理处工作手册》中的相关规定执行。

4.3.4　管理处社区文化部（或综合事务部）负责宣传发动，加强活动的宣传力度。

4.3.5　社区文化部（或综合事务部）按照"社区文化活动计划安排与审批表"规定的要求和完成时间，派专人对各项工作进行检查、指导，如发现不符合要求的应及时处理，如发现较大问题，马上报告管理处经理处理。

4.3.6　活动进行过程中，社区文化部（或综合事务部）负责利用摄影、摄像或录音、记录等手段记录活动过程，并负责整理相关记录并归档保存。

4.3.7　各管理处负责本处的接待来访、参观工作。

4.4　社区文化活动的规定

4.4.1　管理处根据小区实际情况组织策划小区文体活动，拟定活动方案。

4.4.2　在活动方案中写清活动的内容、时间、地点和经费的开支情况，以及活动中人员的安排。

4.4.3　做好活动前的准备工作。购买奖品和准备游戏道具、场地、活动标识等，安排人员拍照，记录活动中发生的事情。

4.4.4　管理处应在活动的一周前通知业主（住户），说明参加活动的条件、时间、主题，并请业主（住户）踊跃报名参加。

4.4.5　在活动中，维护好交通和车辆秩序，若发生争执或其他意外事情，应及时向有关领导汇报并妥善处理，对业主（住户）提出的建设性意见应做好记录。

4.4.6　活动结束后，应全面清理活动场地，检查道具、设备是否完好。

4.4.7　管理处在每次活动结束后，应认真填写一份总结材料。

4.5　社区文化活动总结

4.5.1　每次举办文体、宣传、重大接待、便民服务活动后，均应填写"社区文化活动情况记录表"，记录活动的基本情况，总结活动的效果。

4.5.2　"社区文化活动情况记录表"经主管社区文化工作的负责人、管理处经理签字后归档保存。

4.5.3　活动全部完成后，收集此次活动的所有资料，包括活动的实施方案、会议记录、检查和处理记录以及嘉宾名单、图片、节目单、照片、录像（音）带、接待来访参观记录及活动总结等，整理归档保存并标识清楚。

10-13　小区文体设施管理办法

小区文体设施管理办法

1. 目的

规范小区文体设施管理工作，确保各类文体设施的合理使用与有序管理。

2. 适用范围

适用于物业管理公司对各类文体设施的管理工作。

3. 职责

3.1 管理处经理负责制定文体设施管理制度及管理工作监控。

3.2 客服主管或社区文化干事负责组织实施文体设施的管理工作。

4. 程序要点

4.1 文体设施管理一般要领

4.1.1 小区公共文体设施一般只为本区住户提供服务，不对外开放营业。

4.1.2 文体设施只收设施维护费，目的是为住户提供服务，不以营利为目的。

4.1.3 住户使用文体设施时，一般凭业主证或住户证入场活动。

4.2 社区内文体设施一般包括：网球场、游泳池、儿童活动中心、乒乓球室、桌球室、棋牌活动室、图书室、健身房、宣传栏等项目。

4.3 网球场、健身房管理

4.3.1 开放前的准备工作

（1）社区文化部干事应于开场前10分钟到岗，不得无故延误。

（2）清洁球场、健身房，特别做好休息椅的清洁，检查设施完好情况。

（3）打开网球场、健身房的门迎接住户入场。

4.3.2 网球场、健身房的入场规定

（1）网球场、健身房的入场消费对小区业主采用会员制形式，对非业主采用购票入场形式。

（2）小区内业主应于每年12月31日前到社区文化部凭业主证办理会员证，会员证办理程序参照相关规程。

（3）业主进入网球场、健身房消费时，首先向文化干事出示会员证，文化干事要核对会员证与使用本人是否相符，如有疑问应验明其他证件直到无疑问，确认无误后，请业主进入网球场、健身房进行消费活动。

（4）非业主进入网球场、健身房消费时，先到管理处设的收银处购买入场活动门票；入场前向文化干事出示门票；文化干事将门票副券小心撕下妥善保管，正券交消费者本人保管；持票人进入场内消费。

（5）小区业主进入网球场、健身房消费可采用电话预约或亲自预约活动时间，文化干事凭订场先后顺序准予业主使用网球场、健身房，在不影响业主活动的前提下方可让非业主进场活动。

4.3.3 网球场、健身房的公众管理规定

（1）所有人员进场时必须穿运动鞋。

（2）爱护公共设施，因使用不当而损坏的设施应照价赔偿。

（3）讲究场地卫生，不得乱丢、乱吐、乱涂，违者处以一定罚款。

（4）只能进行健康的娱乐活动，不准进行赌博等违法活动。

（5）参加活动者必须服从文化干事管理，不得强行延长活动时间。

4.3.4　每日活动结束后，文化干事应收拾好各类设施，整理该日内入场活动记录及相关票据副联，确认无误后方可下班。

4.4　游泳池管理

4.4.1　开场前的准备工作

（1）泳池管理员应于开场前半小时到岗。

（2）做好游泳池场地的清洁工作，检查设施完好情况，补充水源，协助专业消毒人员做好泳池消毒工作。

（3）迎接泳客入场。

4.4.2　游泳池入场一般程序

（1）到管理处财务室购票，小区业主可凭"业主证"购买优惠票。

（2）凭票及本人"健康证"进场，泳池管理员必须严格执行"入场须知"的规定，严禁不符合入场条件的人员进入游泳池内。

（3）到物品保管处领取储物牌，将自己随身携带的物品锁入保管柜内。

（4）更衣淋浴，再经消毒池洗脚入池。

4.4.3　游泳池注意事项

（1）必须凭票、凭证入场，严禁强行冲入或爬栏入场。

（2）按时进场和出场。

（3）严禁在池内玩球和打水，影响他人游泳。

（4）下池前应看清池边水深标识，凡身高在1.4米以下或不会游泳者，不得进入大池游泳，游泳不熟练者不得越过分区线进入深水区游泳。

（5）注意公共卫生，不在池内吐痰、大小便和丢杂物，爱护公共设施，节约用水，随手关闭水阀。

（6）入场必须服从工作人员管理，自觉遵守游泳池的一切规章制度。

4.4.4　泳池管理员应于每场结束后清场，统计该场泳客数量及票据。

4.5　儿童活动中心管理

4.5.1　儿童游乐场专供儿童使用，谢绝成人在设施上活动。

4.5.2　小孩活动时，家长或保姆要保护孩子的安全，不要从斜坡往上爬，摇秋千时幅度不要过大。

4.5.3　讲文明礼貌，互敬互让，不在场内争执、吵闹。

4.5.4　保持环境卫生，不乱丢杂物，不玩泥沙，不随地大小便。

4.5.5　爱护场内设施。

4.5.6　社区文化部文化管理员负责儿童活动中心的具体管理，凡进入儿童活动中心的人员必须听从管理员的安排。

4.6　乒乓球、桌球室、棋牌活动室管理

4.6.1　开场前的准备工作

（1）管理员应于每日活动室开放前半小时到岗。
（2）清理活动场地的卫生，摆放好桌椅，清理球具。
（3）迎接活动人员入场。

4.6.2 入室活动一般程序
（1）到管理处财务室购买相应类别活动门票，小区业主凭"业主证"可优惠。
（2）在各活动室开放时间内持票进入活动室内。
（3）管理员根据入场先后顺序，安排好各类活动的时间场次，并负责各类活动的用具配置并监督其使用情况。
（4）每场活动结束后，活动人员应整理好棋牌、球具等，经管理员清点无误后离场。

4.6.3 活动室内注意事项
（1）活动人员必须凭票到相应活动室内活动，不得串岗或到处走动。
（2）室内不得有大声喧哗、随地吐痰、吸烟、乱丢杂物等行为。
（3）爱护室内设施和活动器具，不得将球具、棋牌乱丢，不得在台面、墙面上乱画，损坏设施或器具照价赔偿。
（4）活动人员必须服从管理员的管理，依照排定的时间场次进行活动，不得无理取闹。

4.6.4 管理员于每次活动结束后应清理现场，收拾好球具、棋牌等并摆放好，统计该次活动的门票收入情况。

4.7 图书室管理

4.7.1 小区内图书阅览室是为丰富社区居民业余文化生活，便于小区居民查阅资料、学习而设立的非营利性学习场所，由管理员负责具体管理。

4.7.2 凡欲进入图书阅览室学习的住户需在规定的开放时间内持相关证件进入。

4.7.3 在阅览室要注意卫生，不乱丢杂物、不随地吐痰。

4.7.4 自觉维护室内秩序，不大声喧哗，保持室内安静。

4.7.5 爱护图书及公共财物，不得撕毁、涂改图书，不得将图书带出阅览室。如确有需要欲带至室外的，住户应提前凭有效证件办理借阅证。

4.7.6 管理员负责阅览室的清洁卫生、维护秩序、桌椅及图书的整理等工作，每次开放时间结束后，管理员应将图书归类摆放整齐，清点有无图书丢失。

4.8 社区宣传栏、公告栏管理

4.8.1 社区宣传栏、公告栏是为了向住户宣传有关法规、法令和小区的新人、新事、新风尚而设定的，由管理员具体负责收集宣传资料及定期更换。

4.8.2 管理员应及时收集相关资料，制作图文并茂、形式生动活泼的宣传作品，报管理处经理审定后张贴到宣传栏内。

4.8.3 任何外单位（个人）未经许可不得在小区宣传栏内外张贴宣传品，特别是不良宣传品，违者一经查实将按有关规定予以处罚。

4.8.4　管理员负责每月更换宣传栏内容，保证无陈旧、过期的宣传品，并负责对宣传栏的清洁与养护工作。

4.8.5　管理员必须将每期的宣传内容、版式材料收集汇编好，拍摄照片并归档保存。

4.9　管理处服务人员应遵循以下规则

4.9.1　文明工作，礼貌待人，佩证上岗，仪态端庄，和蔼可亲，勤于打理，创造良好的活动环境。

4.9.2　游泳池的救生员应具备健康的身体和娴熟的游泳技能，熟悉各种救生技术；值班时，必须保持精神高度集中，以保障游泳者的安全和避免事故的发生。

4.9.3　游泳池水质净化员应严格按照国家规定的卫生标准，每天做好详细的净化、消毒工作。

4.9.4　不得利用职权和工作之便进行营私舞弊，私自放人进入有偿活动场所。

4.9.5　不得有与客户发生争执或骂人、打人的行为。

第11章 秩序维护管理制度

11-01 护卫队管理规定

护卫队管理规定

1. 目的
加强护卫员的日常管理,为业主(住户)提供优质服务。
2. 适用范围
本公司全体护卫员。
3. 职责
3.1 护卫员负责本岗位的治安保卫工作及辖区内正常秩序维护。
3.2 护卫班长负责检查监督本班队员的工作及对异常情况的及时报告、处理。
3.3 护卫队长负责工作的安排、检查监督队员的工作、对异常情况的报告与处理。
3.4 管理处经理全面负责护卫员的日常监督、检查、协调工作。
4. 工作规程
4.1 工作时间安排
4.1.1 护卫工作实行24小时轮班制度,护卫员分早、中、晚三班轮流工作,每班为8个小时,具体可参照各小区情况由队长具体落实排班。
4.1.2 早、中、晚三班每十天或一周轮换倒班。
4.1.3 特殊情况下,护卫主管或班长可根据管理范围内的实际情况,适当调整护卫员工作时间,并根据情况给予补休或申请加班。
4.2 值班
4.2.1 值班队员必须按规定着装整齐,佩戴"上岗证",按时到岗。
4.2.2 值班队员执勤时应尽职尽责,坚守岗位。
4.2.3 值班队员要端正工作态度,精神饱满,态度和蔼、礼貌待人,热情为住户服务。
4.2.4 要服从领导安排,听从指挥;要尊重领导,团结同事,执勤时遇到领导检查,应起立敬礼。
4.2.5 值班时不准吸烟、看书、看报、闲聊、会客、睡觉或做其他与工作无关的事。

4.3 日常管理服务工作

4.3.1 护卫队具体实施日常管理服务工作。

4.3.2 护卫队长或班长根据工作需要编写各项工作计划、培训计划、消防演练计划及针对各类突发事件的管理方案，经主任批准后具体组织实施。

4.4 交接班

具体按照"护卫员交接班管理规定"执行。要按时交接班，接班队员应提前到达岗位，如接班人员未到达，值班人员不能离开岗位。向下一班移交"护卫员值班记录表"及装备，交接班人员都要在值班记录上签名。

4.5 检查监督工作

4.5.1 护卫班长

（1）对各岗位队员的值班情况、各项工作记录进行检查，确保所有工作安排、注意事项、有关事宜都已传达并通知相关人员，并采取相应措施。

（2）在交接班时，应确保本班组所有岗位人员安全、准时到位，工作交接清楚，队员着装整洁，仪容仪表符合值勤要求。

（3）监督本班组各岗位队员的工作情况，及时处理队员反映的异常或特殊情况，不能处理的及时向护卫队长或主任反映。

（4）及时向护卫队长汇报本班组值班工作情况。

4.5.2 护卫主管或队长

（1）具体落实护卫员各项规章制度。

（2）巡查各岗位护卫员值班情况，监督各项管理制度的落实，确保所有护卫员按照工作计划进行执勤，并达到规定标准。

（3）每天对护卫员值班记录中发生的情况和问题进行检查和处理，确认护卫员值班报告的情况是否准确详细，听取组长的工作汇报，对异常或特殊情况及时向主任汇报。

（4）在交接班时，应确保所有岗位人员安全、准时到位，并覆盖所有工作区域。

（5）检查所有护卫员是否着装整洁，仪容仪表是否符合值勤要求，不得有损公司形象。

（6）调整、安排各岗位人员班次。

（7）对有关护卫员值班过程中发生的各类事故进行调查处理，对护卫员违规违纪行为按有关规定提出处罚意见，并向主任汇报。

（8）配合主任和护卫队协调处理与当地公安机关的有关事务。

4.5.3 主任

（1）审批护卫主管或班长提出的各项工作计划和报告，以及培训、消防演练计划，并监督落实。

（2）参加每周护卫员班务会，考察各岗位护卫员工作表现，掌握护卫员思想动态和工作态度，审核护卫主管或班长提出的违规违纪处罚意见。

（3）抽查并指导各岗位护卫员值班和工作记录情况，监督各项管理制度的落实。

（4）每天听取护卫主管或班长的工作汇报，对护卫工作中出现的情况和问题的处理结果进行检查，及时指导处理护卫主管或班长不能解决的情况和问题。

11-02　护卫员巡逻规定

护卫员巡逻规定

1. 目的
确保小区治安秩序，防止意外事故的发生。

2. 适用范围
本公司全体护卫员。

3. 巡逻规定

3.1　巡逻岗位护卫员负责检查小区治安，在检查中按照"巡查记录"内容进行检查，如有问题及时进行报告及处理，并在记录上作简洁的描述，如情况正常则划"√"。

3.2　小区巡逻区域分为高层巡逻和多层巡逻，根据各小区的实际情况，管理处可自行规定巡逻路线及巡视签到点。

3.3　巡逻护卫队员对责任区进行不间断的检查，要求做到各个巡视点每班有两次巡视护卫员的签到记录。

11-03　交接班管理规定

交接班管理规定

1. 目的
保证护卫员工作交接正常有序进行，避免出现工作漏洞。

2. 适用范围
护卫员岗位的工作交接。

3. 职责

3.1　护卫队长负责对所属护卫员工作交接进行监督检查。

3.2 护卫员应严格遵照规程进行交接班工作。

4. 工作规程

4.1 着装要求整齐、统一，帽不歪戴、衣扣扣好、衣物平整，目测衣物无污、无油、无破损；接班护卫员要按规定时间提前15分钟上岗接班。

4.2 上岗前15分钟由接班班长进行整队，主持班前会，整理着装、仪容仪表，分配值勤任务，安排岗位，提出要求，并下达上岗指令。

4.3 接班班长下达上岗指令后，将队伍按部队齐步行进标准带到各岗位，交接岗时应互相敬礼，问候"您好"，同时应将值班中需继续注意或处理的问题以及警用器械、工作用品及为业主（客户）代为保管的物品等向接班护卫员交代、移交清楚，认真做好记录，如上级通知、要求、未办事宜等。

4.4 逐一接岗，交班护卫员要与接班护卫员共同对管区巡视一遍，进行验收后才能下班。

4.5 接班护卫员验收时发现的问题，由交班护卫员承担责任；验收完毕，交班护卫员离开岗位后发生的问题由接班护卫员承担责任。

4.6 所有事项交接清楚后，交班护卫员在离开岗位前在值班记录表上记录时间并签名。

4.7 接班护卫员未到达，交班护卫员不得下班，如果此时下班，发生问题，由交班护卫员承担责任，并根据有关规定对接班护卫员做出相应处理。

4.8 交接班工作应快速、有序地进行，不得延长交接班时间，在交接班过程中发生的问题，由交接班人员两人共同负责。

4.9 交接换岗完毕后，下岗队员由组长统一带步，需保持衣帽工整，步伐形态整齐，齐步行进到指定地点，讲评当班工作情况，指出存在问题，并向接班组长移交质量记录表格、警用装备等工作用品，向主任或班长汇报值勤情况后，由交班组长下达"解散"口令后方可解散。

4.10 队长、班长应对本单位的护卫员交接班工作进行监督检查。

11-04 护卫员的仪容及着装规定

护卫员的仪容及着装规定

1. 目的

树立护卫员的美好形象和社会声誉，振奋精神、鼓舞士气。

2. 适用范围

公司全体护卫员。

3. 职责

3.1 各护卫队长负责队员对仪容、着装规定的执行。

3.2 管理处及公司品质督导部负责监督、检查。

4. 规定内容

4.1 护卫员的仪容、仪表

4.1.1 举止文明、大方、端庄。穿着统一制服，佩戴"员工证"，扎武装带，整齐干净，注意检查和保持仪表。

4.1.2 不得披衣、敞怀、挽袖、卷裤腿、戴歪帽、穿拖鞋或赤脚。

4.1.3 头发要整洁，前额发不得遮盖眼眉，鬓角发不得长出耳屏，脑后发不得触及衣领，胡须长不得超过1毫米，女队员不得涂脂抹粉，不涂有色指甲油，护卫员不得留长指甲。

4.1.4 精神振作，姿态良好。抬头挺胸，不准边执勤边吸烟、吃零食，不搭肩挽臂。

4.1.5 值班期间不得佩戴饰物、哼歌曲、吹口哨、玩弄其他物品，不随地吐痰、乱丢杂物。

4.2 护卫员的着装

4.2.1 上班制服应干净、整齐。纽扣要全部扣好，不得敞开外衣，卷起裤脚、衣袖，领带必须结正，扎紧武装带，佩戴工作证。

4.2.2 制服外衣衣袖、衣领处和制服衬衣领口，不得显露个人衣物，制服外不得显有个人物品，如纪念章、笔、纸张等，制服衣袋不得装过大过厚物品。

4.2.3 上班时只准着黑（棕）色皮鞋，禁止着拖鞋、布鞋、旅游鞋，女护卫员只准着长筒肉色袜，禁止穿其他花色的袜子，袜头不得露出裙脚，袜子不得有破洞。

4.2.4 除因公或经批准外，不准穿着或携带制服离开公司。

4.2.5 离职时必须按有关规定进行服装的折算或将服装交回公司，如有遗失或损坏，则需按有关规定赔偿。

11-05 护卫员岗位规范用语

护卫员岗位规范用语

1. 目的

文明待客，体现护卫员的形象和职业道德。

2. 适用范围

公司全体护卫员。

3. 职责

3.1 公司全体护卫员严格按照规定文明值勤、礼貌待客。

3.2 品质督导部和各管理处护卫队长负责监督和检查护卫员的规范用语。

4. 规范内容

4.1 常用语

（1）您好；早上好；您请进；您请坐；您贵姓。

（2）请（您）稍后；请（您）用茶；请（您）谅解；（您）慢走。

（3）请（您）原谅；请（您）留步；请（您）关照；对不起。

（4）很抱歉；打扰了；不客气；谢谢；再见；晚安。

4.2 职业用语

（1）请您出示证件，谢谢。

（2）请问您找谁？

（3）请您使用磁卡。

（4）请您把车停好。

（5）对不起，这是安全制度，请合作。

（6）请您把车锁好。

（7）请您登记，谢谢。

（8）请您交停车费，谢谢。

（9）请您与管理处联系。

（10）请您把门锁好。

11-06　内务管理及请销假管理规定

内务管理及请销假管理规定

1. 目的

规范内部护卫内务标准，加强内部护卫宿舍的日常管理，创造良好的工作、生活环境。

2. 适用范围

公司全体护卫员。

3. 管理规定

3.1 内务管理

3.1.1 保持宿舍清洁卫生，不随地吐痰和乱扔果皮、纸屑、烟头等杂物。宿舍内禁止外来人员留宿。

3.1.2 床位铺面保持干净平整，不摆放杂物，被子按要求折叠方正，床下的鞋子摆放整齐。

3.1.3 帽子、腰带、口杯、水桶等均按指定的位置摆放，保持内务的统一。

3.1.4 室内严禁放置易燃、易爆、剧毒及其他危险品。

3.1.5 室内应保持安静，不得在室内喧哗、打麻将，以免影响其他队员休息。

3.1.6 按时上下班、就寝、参加训练，无特殊情况，不得无故缺席。

3.2 请销假

3.2.1 护卫队员外出必须实行请销假制度，请假人员必须事先填写"护卫员请销假条"。

3.2.2 请假时间在1天以内的由护卫队长批准，超过1天以上的向队长请示，报管理处经理批准，请假到期必须按时归队销假。

3.2.3 休假期间，如发生紧急情况，一经召唤必须立即返回护卫队，听候调遣。

11-07 护卫队考核管理办法

护卫队考核管理办法

1. 目的

加强护卫队伍的自身建设，严肃纪律和工作作风，调动队员的积极性和责任感。

2. 适用范围

管理处全体护卫员。

3. 职责

3.1 护卫班长对本班队员考核。

3.2 护卫队长对护卫班长考核。

3.3 管理处主管对护卫队长考核。

4. 考核细则

4.1 护卫员考核细则

4.1.1 每月护卫班长从值班值勤、学习训练、内务卫生、其他表现等几个方面对本班护卫员进行考核。

4.1.2 奖罚所得分数以每分5元计算，每月统计一次，每月末累计值作为奖罚金额发放依据。

4.1.3 奖罚分值及项目见护卫员奖罚实施细则。

4.1.4 未明确的考核事项，按照有关管理规定参照相应的奖罚分值执行。

4.2 护卫班长职务考核细则

4.2.1 护卫员考核细则，适用于班长。

4.2.2 作为护卫班长，直接受护卫队长的领导，应具有高度的责任感，服从工作安排，带领本班队员履行各项工作职责，在工作中起带头表率作用，提高工作完成的质量。

4.2.3 执行内务管理规定，准时督促队员起床、早操、整理内务、交接班、训练、就寝等，并按规定检查仪容仪表、内务卫生。

4.2.4 主动制止各类违规、违章现象，认真巡查各岗，及时发现、纠正本班队员的违规、违纪行为。

4.2.5 不得滥用职权，处理问题要讲原则，讲方法，把握尺度；工作中遇到难点，及时向主管领导请示汇报，防止简单粗暴地处理问题。

4.2.6 关心、爱护每个队员的工作、生活，经常与队员沟通、交流，掌握每个队员的基本情况，教育队员养成良好的生活习惯，树立爱岗敬业的职业道德风尚。

4.2.7 积极钻研业务技能，提高全班队员的整体素质，带领全班完成上级交代的各项工作。

4.3 考核评分办法

4.3.1 每日班长按护卫员考核奖罚内容，逐一对本班队员进行考核，每发现一次违规或奖励事项，按照奖罚分值扣分或奖分。

4.3.2 除严重违规、违纪行为经管理处依有关规章制度上报公司处理外，队员考评的月末累计值将作为工资发放依据。

4.3.3 对护卫班长、护卫员在工作中因不按规定操作造成损失的，除执行本考核办法扣分外，本人还要负责赔偿。

4.3.4 每月由护卫队长依据护卫班长职务考核细则的七项内容对每个班长进行职务考核，每发现一个不合格就扣除5分。

4.3.5 护卫队长每天依据护卫员考核奖罚内容对每班至少抽查一次，如有奖罚事项就按照奖罚分值奖励或扣除该班分数，每月汇总一次，并结合护卫班长职务考核分数作为该班当月奖罚分，当月罚分以10分为基数，罚分超出部分或奖分作为班长当月工资发放依据。

4.3.6 每季度由护卫队长主持考核工作，班长参加，根据每季度考核情况对每个队员该季度得分进行汇总，汇总结果作为将来职务升降的依据，并将汇总结果告知队员，表彰先进，促进后进。

4.3.7 管理处依据考核细则对护卫队进行季度考核，考核结果作为护卫队长的职务津贴发放依据。

5. 护卫员奖罚实施细则

5.1 护卫员奖罚实施细则（处罚）见下表。

护卫员奖罚实施细则（处罚）

考评项目	考评内容	扣分
值班值勤	1. 不按时交接班或不按程序交接班	5至10分
	2. 不按规定着装或着装不整	2至5分
	3. 值班时间吸烟、看书、看报、打游戏、闲聊、会客、吃零食、嬉笑打闹等做其他与工作无关的事情	5至10分
	4. 值班时间睡觉（当月累计两次做辞退处理）	10至20分
	5. 对当值情况隐瞒事实，弄虚作假	10至20分
	6. 由于工作出差错或服务欠佳，被客户投诉	5至10分
	7. 对来访人员未按规定办理来访检查、咨询、登记手续	5至10分
	8. 护卫员在值勤时未按车辆的放行程序操作	5至10分
	9. 擅离职守，未按规定区域或路线巡逻	5至10分
	10. 损坏装备、设施	10至20分
	11. 不按规定坚守岗位、脱岗	10至20分
	12. 不按礼仪服务标准操作	2至5分
	13. 发现安全隐患、问题未及时排除、制止和向上级汇报	5至10分
	14. 因疏忽职守给公司造成重大经济损失或不良影响	10至40分
学习训练	1. 不按时参加学习、训练，无故缺勤	5分
	2. 学习不认真，敷衍了事，不做笔记	5分
	3. 训练不认真，态度不端正，训练动作不规范	5分
	4. 学习训练考核不及格	5分
	5. 不听从指挥员的指令安排	5至10分
内务卫生	1. 床褥生活用品不按规定摆放整齐	5分
	2. 在宿舍内嬉笑打骂，影响他人正常生活、休息	5分
	3. 擅自留他人住宿或本人夜不归宿	5至10分
	4. 在宿舍内进行赌博或变相赌博	10至20分
	5. 破坏宿舍卫生或设施	5至10分
	6. 宿舍内私自接电源、使用电炉	5分
礼仪形象	1. 与客户发生口角、争吵，态度恶劣，言语不文明	5至10分
	2. 穿制服不严肃，举止粗俗	5分
	3. 未按要求做到有礼有节	5分
	4. 不了解情况，信口开河，损坏公司形象与利益	5分
	5. 未经允许，擅自穿制服离开护卫队	5分

续表

考评项目	考评内容	扣分
其他综合要求	1. 不服从管理、顶撞上级	10分
	2. 本人岗位职责、权利、义务不明确	5分
	3. 业务知识掌握未达到要求	5分
	4. 不参加公司安排的其他工作、活动	5分
	5. 利用职务之便，收取非法利益或在外兼职	10至20分

5.2 护卫员奖罚实施细则（奖励）见下表。

护卫员奖罚实施细则（奖励）

序号	考评内容	奖励分
1	文明礼貌服务，主动为客户排忧解难，受到领导或住户表扬	5至20分
2	提出合理化建议，被采纳	5至10分
3	积极配合管理，工作认真负责	5至10分
4	见义勇为，及时制止恶性事件发生	5至20分
5	拾金不昧，做好事受到住户表扬	5至20分
6	为公司做出特殊贡献，使公司避免了经济及声誉受影响	10至40分
7	配合公安机关发现并设法抓获各种违法犯罪分子	10至20分
8	工作中积极主动，圆满完成规定任务	5至10分

11-08 大厦、小区治安防范规定

大厦、小区治安防范规定

1. 目的

规范大厦、小区的治安管理，确保住户的财产及人身安全。

2. 适用范围

适用于大厦、小区的治安工作。

3. 职责

护卫员根据岗位职责执行公务以及维持大厦、小区的正常秩序。

4. 工作程序

4.1 岗位工作职责

具体参见各岗位的工作职责。

4.2 物品搬迁

4.2.1 当有物品搬出时，住户需要事先向管理处申报，经审核并办好有关手续后凭管理处出具的放行条放行。

4.2.2 护卫员要认真核实搬迁住户的身份及物品名称、数量。

4.2.3 物品搬出大厦、小区时，巡逻人员有权进行盘查。

4.3 突发刑事、治安案件的处理

4.3.1 抢劫的处理。当群众叫喊抢劫，应立即制止和协助公安机关抓获犯罪分子；对掌握的犯罪分子的情况及时报告公安机关。事主或在场群众如有受伤，要立即截车送医院抢救。

4.3.2 盗窃的处理。如盗窃分子正在作案，应立即当场抓获，连同物证送公安机关处理，保护好案发现场，立即报告管理处和公安机关。

4.3.3 打架斗殴的处理。立即劝阻打斗，并及时报告管理处和公安机关。

4.4 火警的处理

4.4.1 发生火警时，应立即拨打报警电话"119"，并报告管理处领导。

4.4.2 参与抢救火场物资，特别要把贵重物资、器材、资料、易燃易爆物品等尽快地转移到安全地带。

4.4.3 协助消防人员维护现场秩序，防止坏人趁火打劫，对群众反映的火灾责任人或重点可疑对象，要报告公安机关。

4.5 值勤工作中处理问题的原则

4.5.1 纠正违章时要先敬礼、态度和蔼、说话和气、以理服人。

4.5.2 发生纠纷时，要沉着冷静，注意掌握政策，若遇到个别业主蛮横无理，打骂护卫人员，可由管理处进行协商妥善处理，其情节严重的可报告公安机关依法处理。

11-09 搬入、搬出物品管理规定

搬入、搬出物品管理规定

1.目的

确保业主（住户）的物品不损坏、丢失，小区（大厦）的公共设施不受损坏。

2.适用范围

小区业主（住户）的物品搬出、搬入的管理。

3.职责

3.1 管理处经理、护卫队长有权开出物品放行条。

3.2 财务出纳负责核查业主（住户）的管理费用等交纳情况，并在放行条上签字。

3.3　房管员、护卫员负责检查物品出入情况，放行条由门岗收回。

4. 工作程序

4.1　"放行条"和"出入证"的使用范围

4.1.1　多层住宅区。业主（住户）搬家离开小区时。

4.1.2　大厦的使用范围

（1）有贵重物品、装修材料搬入搬出时。

（2）业主（住户）搬家进出大厦时。

（3）装修队伍将有价值的物品搬出时。

4.1.3　大厦装修人员必须使用"出入证"，小区不限制。

4.2　管理处规定物品进出限制

4.2.1　禁止上下电梯物品

（1）整块大板或板料尺寸超出电梯轿厢内空间尺寸。

（2）铝合金、不锈钢型材的长度超过2米。

（3）未经包装（指用织袋等装好），用铁丝线捆扎运输的红砖。

（4）未密封的液体材料，如：天那水。

（5）超长超宽的其他物品和不用袋装好的装修垃圾。

注：以上物品允许上下楼梯，但损坏或污染楼梯道者，必须负责赔偿。

4.2.2　禁止进入大厦的物品

（1）瓶装石油液化气。

（2）用于装修的固体沥青，禁止在大厦内熬制。

（3）室内地面装修材料。大理石、花岗岩厚度不超过1厘米。

（4）国家有关部门治安和消防方面禁止在大厦内储存的易燃易爆有毒物品等。

（5）未经许可搬运电焊机和空调架。

4.3　申请"放行条"的规定

4.3.1　搬入申请

（1）不限制申请人。

（2）装修队搬运材料进入时，持"装修许可证"和本人"出入证"。

（3）业主（住户）搬入装修材料时，持本人"出入证"。

（4）搬家进入的申请。必须凭房管员的初验合格证明（装修初验合格后，房管员直接在住户的"搬迁保证金"收据的反面签初验证明）。

4.3.2　搬出申请

（1）搬出贵重物品的申请。必须由业主本人或凭身份证复印件的亲笔委托书和申请人的身份证复印件。

（2）搬家离开的申请。必须凭房管员或管理处经理出具的已结清管理费、水电费等证明。

4.3.3　时间规定

（1）所有搬运行为必须在规定的时间内进行，过期的"放行条"无效。

（2）业主（住户）搬家时，应提前至少一天到管理处护卫队登记，以便管理处提供泊车位和专用电梯服务。

4.4 搬出、搬入程序

4.4.1 搬入程序

（1）到管理处护卫队领取"放行条"。

（2）护卫员查验"放行条"，检查搬入物品中有无禁止搬入的物品，核查无误后放行，收回"放行条"。

（3）当日将"放行条"返回护卫队长处。

4.4.2 搬出程序

（1）凭有效证件到护卫队领取"放行条"，详细列明物品清单。

（2）查验领取人的证件是否与业主（住户）登记相符，杜绝他人冒领行为。

（3）护卫员（道口岗护卫员）核查无误后放行，收回"放行条"。

（4）即日将"放行条"返回护卫队长处。

4.5 搬运行为损坏公共设备的赔偿规定

4.5.1 管理处对公共设施遭受损坏的行为，依据"谁损坏谁赔偿"的原则进行处理。

4.5.2 在搬出搬入物品过程中，发现公共设施被损坏，护卫人员应立即要求当事人在"放行条"上签署损坏公共设施负责赔偿保证，同时通知管理处经理或房管员到现场查看。

4.5.3 根据被损坏的程度和设施情况，由管理处经理或房管员计算赔偿费用。

4.5.4 管理处经理或房管员对被损坏设施应及时进行维修的，要及时安排维修人员限期维修；对楼道等被刮花的情况，若在室内装修高峰期，维修工作应等到高峰期过后再进行。

4.5.5 特殊情况。对当事人提出的自己出人出钱维修的，管理处派房管员或维修人员督促维修工作；验收程序以"维修工作手册"为指导。

11-10 车辆出入管理规定

车辆出入管理规定

1. 目的

为了方便住户机动车辆的停放及管理，预防事故和车辆被盗，保障住户的正常生活秩序。

2.适用范围

公司所管辖的各管理处停车场、停车库。

3.职责

护卫员负责按照有关规定对车辆的出入、停放进行有效管理。

4.工作程序规定

4.1 护卫员的选用

4.1.1 护卫员在本小区护卫队内择优选用。

4.1.2 在护卫队工作满半年以上的护卫员。

4.1.3 护卫员须思想素质好,工作细心、认真,遇事冷静,易与他人沟通。

4.2 护卫员岗位职责

略。

4.3 车辆进场(库)管理

4.3.1 进场车必须按指定位置停放,不得堵塞消防通道,车辆进出不得占用人行道、消防通道、压坏草坪。

4.3.2 严禁运载剧毒、易燃物品及其他不安全物品的车辆进场。

4.3.3 驾驶员必须关好门窗、调好防盗系统,出入卡、身份证等有效证件及车内贵重物品必须随身携带,否则,一切后果自负。

4.3.4 不得在停车场内调试刹车、练习驾车、修车等,停放车辆若有漏油现象,必须及时清洗车场,同时,不允许驾驶员在停车场内清扫车内垃圾。

4.3.5 车主要爱护车场设施,不得损坏停车场设施。

4.3.6 不得刁难、辱骂或以暴力、威胁等手段妨碍车场管理员执行公务。

4.4 车辆放行

4.4.1 本停车场凭"车辆出入卡"放行。

4.4.2 车辆带货出场,必须有相应的证明,属贵重大件物品或搬家时,需到管理处申请,领取放行条,方可放行。

4.4.3 凡丢失车卡(月卡)的车主必须及时到管理处报告并处理,否则护卫员可不予以放行。

4.5 护卫员交接班

4.5.1 护卫员要按时交接班,接班队员应提前到达岗位,如接班队员未达到值勤岗位,当班队员不能离开岗位。

4.5.2 接班队员要详细了解上一班的值勤情况和应注意事项。

4.5.3 交班队员应清点好所收取的费用总金额和剩下的停车票数量,并记录好已使用的起止票号,登记完毕后一起移交给接班队员。

4.5.4 接班队员应将上一班交下的费用总额、剩票的数量、剩余临时卡的数量、对讲机和其他装备清点清楚,确认无误后在接班记录本上签字认可。

11-11 消防管理规定

消防管理规定

1. 目的

为了加强消防管理工作，保护公共财产和业主（住户）生命财产的安全，根据《中华人民共和国消防法》和本市有关消防规定，特制定本规定。

2. 管理规定

2.1 管理职责

贯彻"预防为主、防消结合"的方针，履行防火责任人和义务消防员职责。

2.1.1 认真贯彻执行消防法规和上级有关消防工作批示，开展防火宣传，普及消防知识。

2.1.2 逐级建立防火责任制，落实有关防火措施。

2.1.3 经常检查防火安全工作，纠正消防违章，整改火险隐患。

2.1.4 监护动火作业。

2.1.5 管理消防器材设备设施，定期检查，确保各类器材和装置处于良好状态，安全防火通道要时刻保持畅通。

2.1.6 定人、定时、定措施，组织制定紧急状态下的疏散方案。

2.1.7 接到火灾报警后，在向消防机关准确报警的同时，迅速启用消防设施进行扑救，并协助消防部门查清起火原因。

2.2 业主职责

2.2.1 实行业主（住户）防火责任制，各业主为防火责任人，负责做好各自所属区域的防火安全工作（消防安全责任书另行签订）。

2.2.2 消防区及楼梯走道和出口，必须保持畅通无阻，任何单位或个人不得占用或封堵，严禁在消防通道上停放车辆或堆放家具和其他杂物。

2.2.3 不得损坏消防设备设施，维护楼梯、走道和出口的安全疏散指示、应急照明和通风设施。

2.2.4 业主、用户在辖区内严禁经营和储存烟花爆竹、炸药、雷管、汽油等易燃易爆物品，严禁燃放烟花、爆竹。

2.2.5 遵守安全用电管理规定，使用符合国家标准的家用电器、燃气用具，严禁超负荷使用电器，要经常保持清洁，切勿留有油渍，切勿明火试漏。

2.2.6 按消防规定配备灭火器，并放置于易取用的固定位置。

2.2.7 公共地方不得燃烧香火、纸张及其他废弃物品，烟头及火柴余灰要即时弄熄，教育小孩不要玩火。

2.2.8 业主、用户进行室内装修，需要增设电器线路时，必须先经管理处批准并保证符合安全规定，严禁乱拉、乱接临时用电线路；装修材料应采用不燃或阻燃材料，并按规定配备足量灭火器；如使用易燃或可燃材料的，必须经本市消防管理机关批准，按规定进行防火处理。

2.2.9　需要进行烧焊等动火作业的，应向护卫部门提出申请，经批准并做好防护措施后，在专人监护下方可作业。

2.2.10　发生火警，应立即报告管理处或拨打火警电话"119"，并关闭电器开关、燃气阀门和门窗，迅速离开处所，有序地从楼梯疏散，切勿惊慌拥挤。

2.2.11　各业主、用户必须服从消防机关和物业管理公司人员有关防火方面的管理，如刁难、辱骂或以暴力、威胁等手段妨碍消防监督工作人员依法行使职权的，将报公安消防机关分别情况，对行为人予以相应罚款，直至依法追究刑事责任。

11-12　消防控制中心值班管理办法

消防控制中心值班管理办法

1. 目的

明确值班人员的作业范围和巡查、记录要求，保证消防设备时刻处于正常工作状态。

2. 适用范围

适用于消防控制中心值班工作。

3. 职责

3.1　消防控制中心值班人员负责消防设备的监护和对异常故障报警的处理。

3.2　接收到真实火灾报警时，在向消防机关准确报警的同时，迅速通知管理处领导及所有人员启用消防设施、器材进行火灾扑救。

3.3　消防控制中心工作制度、工作流程等统一挂到墙面上。

3.4　专职或兼职消防员负责对值班工作进行督导和检查。

4. 工作程序

4.1　交接班要求

4.1.1　接班人员

（1）认真听取交班人员对设备运作情况的报告。

（2）查看上一班"消防控制中心值班记录"的情况。

（3）检查设备显示情况是否正常，钥匙及工具、用具是否齐全、完好，并在"消防控制中心值班记录"上签名。

4.1.2　下列情况不准交接班

（1）上一班运行状况未交代清楚、记录不清楚、值班室不清洁及工具、用具不齐，不登记说明。

（2）接班人员未到岗接班，交班人员不准下班。

（3）接班人员有特殊情况而未能找到代班人时。

（4）严禁在处理故障过程中交接班，若在交接班时突然发生故障，应停止交接，由交班人员负责处理，接班人员协助。

4.2 工作要求

4.2.1 值班人员必须熟悉区域各栋大楼的情况，熟记报警控测器显示的各个区域及实际位置。

4.2.2 实行24小时值班制，如特殊情况需要调班时，必须事前报请消防主管或机电主管同意，方可执行。

4.2.3 值班人员遇到无法处理的故障，应及时报告消防主管或机电主管组织处理。

4.2.4 禁止用消防专用电话与朋友通话聊天，杜绝打声讯电话。

4.2.5 禁止在值班室吸烟、生火做饭、喝酒、打闹。禁止非值班人员进入值班室。

4.2.6 禁止在正常情况下关掉主机或利用屏蔽办法将报警控测器进行全区屏蔽，以免不能接收报警。

11-13 临时动火作业安全规定

临时动火作业安全规定

1.目的

为确保消防安全，消除消防隐患，保障业主（住户）的生命与财产安全。

2.范围

适用于物业所辖范围内的临时动火作业的管理。

3.管理规定

3.1 审批规定

3.1.1 收费班负责接待、咨询

3.1.2 管理处消防执行人负责对临时动火作业施工单位进行初审，并与收费班管理员及维修部主管一道进行现场勘查，对是否具备临时动火条件进行审查。

3.1.3 管理处经理负责对临时动火作业的最后审核。

3.1.4 护卫队负责每天对临时动火作业的巡查工作，并将巡查结果记录于"临时动火作业申请表"的"巡查记录"一栏中。

3.2 安全管理规程

3.2.1 动火前"八不"

（1）防火、灭火措施没落实不动火。

（2）周围的杂物和易燃品、危险品未清除不动火。

（3）附近难以移动的易燃结构未采取安全防范措施不动火。

（4）凡装过油类等易燃、可燃液体的容器、管道用后未清洗干净不动火。

（5）储存易燃易爆物品的仓库和场所未采取安全措施，危险性未排除不动火。

（6）在进行高空焊割作业时，未清除地面的可燃物品和采取相应的防护措施不动火。

（7）未配备灭火器材或器材不足不动火。

（8）现场安全负责人不在场不动火。

3.2.2 动火中"四要"

（1）现场安全负责人要坚守岗位。

（2）现场安全负责人和动火作业人员要加强观察、精心操作，发现不安全苗头时，立即停止动火。

（3）一旦发生火灾或爆炸事故，要立即报警和组织扑救。

（4）动火作业人员要严格执行安全操作规程。

3.2.3 动火后"一清"

完成动火作业后，动火人员和现场责任人要彻底清理动火作业现场后，才能离开。

11-14 消防演习管理办法

消防演习管理办法

1. 目的

规范消防演习工作，确保消防演习质量和业主（住户）的生命财产安全，提高义务消防队在报警、灭火、疏散和抢救等方面的快速应变能力。

2. 适用范围

适用于各管理处的消防演习管理。

3. 主要职责

3.1 管理处经理。负责消防演习计划和方案的审核以及消防效果的评估。

3.2 护卫队队长。负责制订"年度消防演习计划"和具体的消防演习预案，并负责对消防演习项目的具体组织实施和现场指挥。

3.3　护卫队（义务消防队）全体员工。负责具体执行消防演习。

3.4　机电维修组。负责保障消防供水，供电。

3.5　客服中心。负责消防演习的各项支持与配合。

4. 程序内容

4.1　年度消防演习计划的制订

4.1.1　护卫队长于每年年底前制订出下一年度的消防演习计划，报管理处经理审批。

4.1.2　制订"年度消防演习计划"的注意事项

（1）结合各管理处消防管理中心器材装备情况和消防设施设备的具体状况。

（2）有具体的组织实施时间。

（3）有标准的"消防演习方案"内容。

（4）有具体的消防演习经费预算。

（5）有每次消防演习的责任人。

4.1.3　"消防演习方案"的内容

（1）演习的目的。

（2）演习的时间。

（3）演习的地点。

（4）演习的总要求。

（5）参加演习的人员及职责。

（6）演习的项目。

4.2　消防演习的步骤

4.2.1　护卫队长把制定好的"消防演习方案"报管理处经理审批。

4.2.2　护卫队长根据批准后的"消防演习方案"的内容确定适当的时间、地点。

4.2.3　准备消防演习所需的器材

（1）模拟着火源（如油桶等）。

（2）水带、水枪、分水器。

（3）水源、灭火器（含干粉、泡沫、二氧化碳等）。

（4）液化气瓶等易燃物质。

（5）战斗服、安全带、头盔、防火服。

（6）安全绳、保险钩、空气呼吸器。

（7）根据消防演习项目需要再增加的消防器材。

4.2.4　由管理处经理向配合参加演习的部门发出演习通知。

4.2.5　演习前护卫队长组织举办一次防火安全知识宣传教育和消防集训。

4.2.6　演习前管理处组织一次消防设备检查确保管理区内现有消防设备的正常使用。

4.2.7 确定演习日期和时间后,管理处提前一周向小区内的业主(住户)发出消防演习通知。

4.3 具体演习

4.3.1 护卫队长组织布置现场,演习准备就绪,其他配合部门和观摩人员列队入场,主持人宣读要求与纪律,管理处经理下达演习开始的命令。

4.3.2 护卫队长按照演习方案的步骤,负责具体的组织指挥。

4.3.3 各岗位人员按照演习方案规定的职责和分工行动。

4.3.4 消防演习过程控制

(1)报警与验证。

(2)紧急集合与灭火器材的携带。

(3)灭火抢险(水带、水枪的抛掷与连接,灭火器的使用操作)。

(4)疏散人员。

(5)安全警戒。

(6)试验消防设施(启动消防栓等)。

(7)救助伤员。

4.3.5 消防演习结束。演习结束后安全员负责迅速将灭火器材整理好,然后整队集合。

4.4 消防演习总结

4.4.1 管理处经理对整个演习效果进行总结。

4.4.2 护卫队长对演习效果进行评估。

4.4.3 护卫队长负责填写"消防演习记录表"存档,并将总结报告上报公司品质部。

11-15 安全事件应急处理方案管理办法

安全事件应急处理方案管理办法

1. 目的

确保在发生紧急情况时能迅速有效地采取措施,减少各种突发事件对人员、财产和环境造成的伤害,特制定本办法。

2. 适用范围

适用于本公司各物业管理处的安全应急处理。

3. 管理规定

3.1 盗窃或匪警应急处理方案

3.1.1 护卫队员在执勤中遇有（接报）公开使用暴力或其他手段（如打、砸、抢、偷等）强行索取、毁坏客户（公司）财物和威胁客户人身安全的犯罪行为时，要切实履行护卫员的职责，迅速制止犯罪。

3.1.2 当发生突发事件时，要保持镇静，设法制服罪犯，同时立即通过通讯设备呼叫支援。

3.1.3 所有持有对讲机的护卫员在听到求援信号后，要立即赶赴现场，同时通知治安消防中心并封锁出事地点附近的出口，然后视情况向有关部门领导汇报。

3.1.4 若犯罪分子逃跑，一时又追捕不上，要看清人数、衣着、相貌、身体特征、所用交通工具及外形特征等，并及时报告管理处，重大案件要立即拨"110"电话报警。

3.1.5 有案发现场的（包括偷盗、抢劫现场）要保护现场，任何人不得擅自移动任何东西，包括罪犯留下的一切手痕、脚印、烟头等，不得让外人进入现场。

3.1.6 记录客户提供的所有情况，记录被抢（盗）的物品及价值，询问客户是否有任何线索、怀疑对象等情况。

3.1.7 若是运动过程中作案，由于没有固定的作案现场，对犯罪分子遗留下的各种物品、作案工具等，应用钳子或其他工具提取，然后放进塑料袋内妥善保存，并交公安机关处理，切不可误将其他人员的指纹痕迹留在物品上。

3.1.8 事发现场如有人受伤，要立即联系医院抢救治疗并报告公安机关。

3.1.9 护卫队长做好现场记录并以书面形式报告上级主管部门。

3.1.10 对抓获的犯罪分子，要严加看管，防止其逃脱或恶意伤人。同时报告并及时移交（送）公安机关。

3.2 发现客户斗殴的应急处理方案

3.2.1 执勤中（以及客户投诉）发现客户之间有争吵、斗殴的现象要及时制止。

3.2.2 制止原则：劝阻双方住手、住口；将争吵或斗殴的双方或一方客户劝离现场；如持有器械斗殴则应先制止持械一方；有伤员则应先送伤员去医院救治；迅速报告管理处领导、主管领导，由管理处出面调解；如个人势单力薄，应请求增援；在制止争吵、斗殴双方时切记不能动粗，不允许恶语相向，以免事态扩大。

3.3 值勤中发现可疑分子的应急处理方案

3.3.1 门岗执勤中如发现可疑分子时，要查验其证件，对持无效证件的人员严禁进入大厦，对证件无误的要严格监控。

3.3.2 巡逻执勤如发现可疑分子时，要查验其证件，并采取监控措施，必要时带到护卫办公室进一步调查。

3.3.3 发现有推销业务和散发广告的坚决制止，并带到护卫办公室查问，如证件齐全则让本人写保证书一份，并把其所有证件进行登记，教育直至其认错。

3.3.4 发现有作案嫌疑人要严格查问，必要时可送到派出所审查。

3.4 发现醉酒闹事者或精神病人等应急处理方案

3.4.1 醉酒者或精神病人失去正常的理智，处于不能自控的状态下，易对自身或其他人员造成伤害，护卫员应及时对其采取控制和监管措施。

3.4.2 及时通知醉酒者或精神病人的家属，让其派人领回。

3.4.3 若醉酒者或精神病人有危害社会公共秩序的行为，可上报主管部门将其强制移送到公安部门处理。

3.5 遇急症病人的应急处理方案

3.5.1 第一时间赶到病人所在现场。

3.5.2 立即通知主管领导。

3.5.3 通知病人的单位及家属。

3.5.4 如情况危急，速打急救电话（120）。

3.6 台风暴雨袭击的应急处理方案

3.6.1 检查应急工具并确定其性能良好。

3.6.2 提醒客户搬离放在窗台及花架上的花盆及各类杂物。

3.6.3 搬离放在围墙顶及其他高处的可移动物件，将安装在挡风处的灯罩、指示牌等固定好或移走，检查天台、平台下水道、雨水口及各沟渠确保其通畅。

3.6.4 紧闭所有门窗，特别是电梯机房及垃圾房等处的门窗，并做好防水措施。

3.6.5 加固所有易倒伏树木，将盆栽移至低处或隐蔽角落。

3.6.6 留意电台播放的有关暴雨、风暴进展消息，及时将最新台风信息张贴于大厦或大堂适当的地方，以便客户及时了解台风的进展情况。

3.6.7 刮八号台风时，非当值人员须与管理处经理或本部门主管保持联系，听候指示。

3.6.8 如风暴持续昼夜不停，员工需轮流值班。

3.6.9 员工参加抢险工作时，要注意人身安全，不能单独行动，要采取适当的安全措施，并保持与其他工作人员的联系。同时，避免逗留在空旷地方。

3.6.10 台风来临后，当值、当班人员要认真负起责任，勤于检查，善于发现问题，及时做好现场督导工作，真正做到"三个关键"，即：在关键的时候，出现在关键的地方，解决关键的问题。同时，加强与各部门的联系和沟通，做好协调配合工作。

3.7 车辆应急处理方案

3.7.1 车库道闸、电动伸缩门故障应急处理方案。发现电动伸缩门不能自动开门，立即人工打开伸缩门，以免造成阻塞，并通知机电维修人员检修，尽快排除故障，恢复运行。

3.7.2 车辆出入刷卡后，进出口道闸不能自动抬起，立即手动升起道闸放行，避免交通阻塞。同时，将选择开关置于常开位置，及时通知机电维修人员检修，尽快排除故障,恢复运行。

3.7.3 如遇车辆不能启动或突然熄火的意外事件,应立即通知护卫队长,及时组织人力将故障车辆推移到空旷地带,以免阻塞交通。

3.7.4 如遇车辆碰撞的交通事故,应协助当事人及时调解,力求避免交通阻塞。

3.8 火灾等突发事件应急处理方案

3.8.1 消防工作应坚持"预防为主,防消结合"的方针,大楼消防中心每天24小时对大楼各区监控,同时管理处认真落实巡逻制度,护卫、清洁、水电人员要勤于检查,在自己的责任区内及时消除火灾隐患,力求把火灾消灭在萌芽状态。一旦发生火灾,力争在火灾发生初期能在短时间内及时阻止火势蔓延,消除火灾对人员疏散的威胁,减少火灾损失,确保大楼人员生命安全。

(1)发生火灾时,立即通知消防有关领导并组织义务消防队员进入着火区域抢险,争取在火灾发生初期,利用大楼内自有的消防器材灭火自救。

(2)应立即向"119"报警并组织人员疏散。消防中心根据着火区域的地点和火情的变化,选择相应的灭火方法和步骤。

——切断火场电源,引导消防车和消防队员,并组织突击队员进入火场。

——消防中心迅速启动水泵,保证消防水压正常,有足够水量灭火,同时启动送风排烟设备,对疏散楼梯间保持正压送风。客用电梯全部降至底层锁好,禁止使用。相关责任人进入配电室随时做好备用电源的转送工作。

——开启消防广播,通知引导人群迅速撤离火区。首先应通知着火层人员立即疏散,接着通知着火层以上人员,最后是火灾有可能蔓延到的着火层以下人员有序疏散,火场指挥员应保持与消防中心联系。消防队员做好警戒,侦查火情,随时向消防中心报告。

——灭火时,应将主力用于直接灭火上,同时以一小部分力量用在火灾可能蔓延的地方,防止火势乘隙扩大,若着火区域没有扑救的可能,就应立即将主力用于可能蔓延或可能造成更大灾害的方面。

——积极抢救受火灾威胁的客户和群众,是灭火工作的首要任务,因此,抢险应本着先救人,后救物的原则,在管理处灭火总指挥的具体组织下,把引(导)、(护)送、查(看)、接(应)的责任落实到参加灭火救灾的消防人员。引导、护送、接应受困人员从标有疏导指示灯的各个楼梯口、消防电梯疏散。在着火层以上的人员,还可以从各个通往楼顶的楼梯口疏散,登上天面,等待营救。消防人员还应查找抢救受伤人员,帮助其安全撤离火区。

——消防中心应熟练地根据各楼层上的疏导路线图准确指挥消防队员做好疏导工作,指导着火层内的人员从各个消防通道疏散。在冲过烟雾区时,严禁直立行走,须弯腰或爬行。对于一些被困在火层内冲不过烟雾区的人员,应通过广播、室内电话等通讯工具,鼓励其增强自救信心,引导启发他们就地取材选择自救方法脱险，可采用把窗帘、台布连接起来作救生绳，把一头紧固在窗框部位，沿绳降落到下一层的自救方法。

3.8.2 对在着火层以下的人员，要做好安抚工作，稳定他们的情绪，告诫他们不要随便乱跑，更不能返回着火层，同时组织医务人员抢救受伤人员。物业管理处要配合疏通所有消防通道，紧密配合消防队的灭火工作，并做好后勤增援力量，保证必需的水电供应不间断和有足够的灭火器材及运输车辆。对抢救出来的贵重物品要严加保存，并做好记录，扑灭火灾后，协助维持秩序。对使用过的消防器材和设备进行复位、检查和修理，并写出书面报告呈交上级主管部门。

第12章　工程管理制度

12-01　工程部值班、交接班管理规定

工程部值班、交接班管理规定

1. 目的
规范值班与交接班管理，确保值班质量。

2. 适用范围
适用各管理处工程部值班人员。

3. 职责
3.1　工程部负责收集、登记和维修设备设施。
3.2　公司工程部经理负责监督各社区物业管理处工程维修职责的履行。
3.3　管理处经理和主任助理负责制定管理处下属各类工程维修人员的岗位职责，并监督其履行。

4. 管理制度
4.1　值班制度
　4.1.1　值班人员在值班期间必须坚守岗位，不得擅自离岗、干私事、酗酒、聊天等。
　4.1.2　值班人员应处理好本班报修工作，不能处理的应注明原因。发现设备故障应马上排除，如无法处理应及时向主任或值班总负责人反映。
　4.1.3　应按规定巡查设备运行情况，并巡查其他设备、设施状况，发现设备故障应马上排除，如无法处理应及时向主任或值班总负责人汇报。
　4.1.4　认真填写好各"机电设备运行日志"和"工程部值班交接班记录表"及其他相关记录。
　4.1.5　值班人员不得私自调班，因特殊情况要调班，必须向主任申请。
　4.1.6　严禁无关人员进入值班室和机电设备房及检查各类工具和钥匙等。
4.2　接班制度
　4.2.1　认真听取交班人员的值班和设备运行情况报告。
　4.2.2　查看上一班的值班日志和运行日志及巡查记录等。
　4.2.3　检查仪器、工具等物品是否齐全、完好，各机房是否干净整洁。
　4.2.4　巡视各设备的运行情况，检查各参数是否正常。

4.3 交班制度

4.3.1 交接班人员必须当面交接并签名。

4.3.2 交班人员必须整理好本班的各种运行巡查记录和值班资料等。

4.3.3 交班人员必须详细介绍其值班情况、机器运行情况及存在的未处理问题。

4.3.4 所有问题记录须现场交代清楚，等接班人员确认。

4.4 不能交接班的情况

4.4.1 上一班运行情况未交代清楚或记录不规范、操作间不整洁。

4.4.2 正在进行倒闸操作或事故处理过程中。

4.4.3 交接过程中发生故障，应停止交接，由交班人员负责处理事故，接班人员协助事故处理。

4.4.4 交班人隐瞒问题不报，经查证确系其责任的。

12-02　标牌、标识管理规定

标牌、标识管理规定

1. 目的

公共物业标识进行规范管理，增强其可识别性和美观度。

2. 适用范围

适用于本公司内部及所管辖公共物业的标识。

3. 职责

3.1 分管副总经理负责批准标识的制作。

3.2 品质部负责公共物业标识的统一制作，及对标识制作商的控制。

3.3 各部门负责公共物业标识制作的申请及对标识系统的维护管理。

4. 工作程序

4.1 标识范围

（1）采购的硬件产品。

（2）设备和设施。

（3）物业必要的指示标识。

（4）各项服务过程必要的标识。

4.2 采购硬件产品标识

各管理处对所采购的硬件产品验收入库后，应对每类产品进行标识。

4.3 设备、设施标识

4.3.1 各管理处应对下述设备和设施进行必要的标识。

（1）消防设备和设施。

（2）供配电系统。

（3）给排水系统。

（4）保卫设施设备。

（5）通风空调系统。

（6）电梯设备。

4.3.2 对各类设备设施的标识可使用下述方式进行标识。

（1）标识牌。

（2）涂刷不同颜色。

（3）记录。

4.3.3 在对设备和设施使用标识牌进行标识时，应在标识牌中标明设备和设施的名称、型号和编号。

4.4 物业指示标识

4.4.1 管理处应根据本管理处物业的具体环境特点，明确物业的指示标识。物业的指示标识一般包括以下几类。

（1）物业名称、编号、楼层、房号标识。

（2）道路交通指引标识。

（3）停车场车位标识。

（4）紧急疏散指示图。

（5）警示标识。

（6）大型物业的平面示意图。

4.4.2 对管理处所设置的指示标识可通过下述方式进行标识。

（1）设置指示牌。

（2）直接在规定部位作出标识指示。

4.5 服务过程标识

4.5.1 管理处负责对物业管理服务过程进行标识，大致的物业管理服务过程包括以下几个方面。

（1）入伙管理。

（2）环境绿化、清洁卫生管理。

（3）消防管理。

（4）治安管理。

（5）设备、设施管理。

（6）车辆管理。

（7）顾客服务。

4.5.2 对上述各项服务过程主要通过相关的记录进行标识，在各项管理活动中所必须形成的记录在上述服务过程的书面程序中已进行了明确规定。

4.6 可追溯性要求

4.6.1 本公司的物业管理活动要求在下述方面达到可追溯性。

（1）消防管理活动。

（2）设备运行、设备维护保养及设备故障维修处理。

（3）护卫管理。

（4）车辆管理。

（5）客户服务（维修安装服务）。

（6）客户投诉处理。

4.6.2 对上述活动根据各程序中规定的记录进行追溯。

4.7 标识制作流程

标识制作流程见下表。

标识制作流程

流程图	负责人部门	过程描述	支持性文件及记录
标识制作申请	各部门管理员	1. 各部门管理员根据本部门的需求情况填写"物品需求计划"交品质部（写明标识名称、规格、色彩、数量、制作用途等） 2. 标识的样式尽量采用统一格式（各部门有特殊要求的除外）	"物品采购与管理程序" "物品需求计划"
标识制作	品质部	1. 联系标识制作商，根据批准后的"物品采购计划"进行标识制作 2. 建立档案登记各部门制作标识情况，详见"各部门标识制作登记表"	"物品采购计划"
对标识制作商的控制	品质部	1. 固定长期制作商按"物品采购与管理程序"进行控制 2. 临时制作商要求提供的物品合乎质量要求	"物品采购与管理程序"
标识验收	品质部负责人	1. 参见"物品验收规定"（见作业指导书） 2. 不合格退货重新制作，两次不合格，取消合格供应商资格	"物品验收规定"
标识的出入库	品质部管理员	1. 标识验收合格，品质部管理员根据"库房管理规定"进行出入库 2. 管理员对入库的标识及时通知申请制作部门领用，相关部门领用详见"库房管理规定"	"库房管理规定"

12-03　公共物品（工具）管理规定

公共物品（工具）管理规定

1. 目的

规范公共物品（工具）的管理工作，确保公共物品（工具）的完整及各项性能完好。

2. 适用范围

各管理处工程部的公共物品（工具）管理。

3. 职责

3.1　工程部负责收集、登记和维修设备设施。

3.2　公司工程部经理负责监督各社区物业管理处工程维修职责的履行。

3.3　管理处经理和主任助理负责制定管理处下属各类工程维修人员的岗位职责，并监督其履行。

4. 管理规定

公共物品（工具）是我们正常工作所必备的，保持公共物品（工具）的齐备和正常使用，能提高我们的工作效率，爱护公物是我们每个员工必须具备的品德，为促进公共物品（工具）的管理，特制定如下制度。

4.1　公共物品包括部门公用工具、个人配备工具和劳动保护用品。

4.2　公用工具归工程部共同使用，由主任统一保管，并由仓管员填写"公用工具登记表"，同时指定保管责任人，领用时在"公用工具领用登记表"上签名领用。

4.3　公用工具不得随意外借，确有需要时要经主任同意，并负责追回。

4.4　工具使用时，注意保管爱护，不得乱丢乱扔，不得随意损坏。

4.5　个人随身配备的工具由个人保管，领用时须登记签名，如属个人责任丢失或损坏须自行负责赔偿。

4.6　属于个人使用的劳保性用品，如服装等，在限定使用期后以旧换新，离职前须上交。

4.7　个人配备的工具因工作调迁、辞工或解雇时，由主任和仓管员共同进行盘点，如有丢失或损坏，必须照价赔偿。

12-04　工程部日常工作管理规定

工程部日常工作管理规定

1. 目的

规范工程部内部管理工作，确保内部管理高效有序，为客户提供高效优质的服务。

2. 适用范围

物业公司各管理处工程部全体员工。

3. 职责

3.1 工程部负责收集、登记和维修设备设施。

3.2 公司工程部经理负责监督各社区物业管理处工程维修职责的履行。

3.3 管理处经理和主任助理负责制定管理处下属各类工程维修人员的岗位职责，并监督其履行。

4. 工作内容

4.1 按时上下班，上午11:30分和下午的17:30分前不能提前下班或吃饭，中午上班不能迟到。

4.2 上班时间内无具体工作时，原则上在办公室等候，需外出巡查设备情况时须告知主任，不得办私事。

4.3 上班时须佩戴工作证，穿着整齐，不得穿拖鞋。

4.4 及时处理维修申请单，不得积压。上午11:10和下午的17:10以前的维修单，必须及时处理完毕，有些维修如情况紧急或业主有特殊要求的，不管加班与否，都必须在当天处理完毕。当天无法处理的都必须在"维修情况"栏内注明原因，每个维修单处理完毕后须业主与维修人员签名。

4.5 上门维修时须带工具袋（箱），必备工具都放在里面，以节省时间，增加工作效率，少跑路，多干活。

4.6 服从主任安排，每天上班后先到办公室报到，等候分配一些重点的突出的或需多人合作的工作，如无特殊情况处理，各人分头工作。

4.7 紧急情况时工程人员（接到通知）须立即赶到现场，等候分配工作或作应急处理，直到事故处理完毕才能离开。

4.8 服务态度作为上门维修服务的一部分，每个工作人员必须提高自身素质，工作时认真负责，树立良好的敬业精神，不断提高业务水平。

4.9 工作时务必注意人身安全和设备安全，讲科学、多商量、不蛮干，配电房、水泵房或高空作业等须严格按照操作规程和相关注意事项工作。

4.10 团结务实，努力工作，遵守本部门之制度。

4.11 工程部主任（副主任），每天至少巡查各设备设施一次，检查各班值班巡查情况，每星期的不定时抽查不少于1次，抽查内容见"工程部抽查表"。

4.12 主任（副主任）综合考虑各种情况（含领导交代事项、机电设备是否已到检修时间等），将当天工作安排下去。

4.13 各当班维修人员原则上（除值班人员外）无维修单时应在值班室等候待命。

4.14 各当班维修人员出去维修（含有偿服务和公共维修），应注明时间，回来交单时应注明完成时间，并且尽量让业主写上业主意见，以备查单考核，具体见

"维修单"。

4.15 关于机电设备大型的水电系统等的更换,由主任(副主任)安排填写维修单,其余参照第4.4条的办法。

4.16 土建人员的维修工作,主任(副主任)应以抽查的办法,检查完成的工效。

4.17 所有的维修,主任(副主任)及维修人员应根据事情的轻重缓急来随机处理。

12-05 物业装修管理规定

物业装修管理规定

1. 目的

对所辖物业装修管理实施控制,确保建筑物的结构安全和装修的协调、统一、美观,并符合消防要求,以便客户合理、安全地使用物业。

2. 适用范围

适用于公司目前所承接物业管理项目的装修管理。

3. 职责

3.1 公司各管理处负责物业装修管理中的主要事务。

3.2 管理处经理负责装修管理中的有关项目审查。

3.3 小区财务室负责向装修客户收取各文件规定的费用和退还装修押金。

3.4 工程部协助业主对行政办公大楼的装修进行严格监督和验收。

4. 工作程序

4.1 装修管理流程见下表。

装修管理流程

流程图	负责部门/人	过程描述	支持性文件及记录
制定装修管理规定	管理处综合管理部	详见作业指导书《装修管理规定》	《装修管理规定》
审批	审核人/批准人	详见程序文件《文件和资料控制程序》	《文件和资料控制程序》
发放	品质部	详见程序文件《文件和资料控制程序》	
申请	装修客户负责人	根据《装修管理规定》填写《装修申请审批表》	"装修申请审批表"

续表

流程图	负责部门/人	过程描述	支持性文件及记录
审批	管理处负责人	1. 三个工作日内审批《装修申请审批表》 2. 与装修客户、施工方一起签订《装修责任协议书》（一式三份，管理处、装修客户和施工方各执一份）	《装修责任协议书》
收费	管理处收款员	根据《装修管理规定》收取装修押金，施工负责人根据施工人员情况办理出入证，交纳管理费用	
实施	施工单位 管理处各责任人	1. 所有装修人员凭管理处签发的出入证进出辖区，由值班保安员进行检查 2. 根据《装修管理规定》进行装修施工，如需动火作业，按《消防管理程序》执行 3. 综合管理部建立辖区所有装修客户及装修人员档案，并登记到《装修登记表》及《装修人员登记表》上，以便查阅	《消防管理程序》、"装修登记表""装修人员登记表"
监督检查	管理处负责人 房管员	1. 房管员为装修施工监督责任人，管理处其他人员协助，每天至少巡检一次，填写《监督检查记录表》 2. 巡查中发现违反《装修管理规定》的行为，应立即制止，经部门负责人批准后向装修申请方发出《整改通知》，责令其停工整改，同时在《监督检查记录表》中注明其整改通知编号	"监督检查记录表"、《整改通知》
验收	管理处负责人 工程部	1. 工程竣工后，管理处组织工程部会同客户、施工方一同进行验收，并在《装修申请审批表》上签署意见 2. 验收不合格再次发《整改通知》进行整改，并根据《装修责任协议书》相关条款进行处罚 3. 管理处负责人审批验收情况 4. 验收合格后，综合管理部在《装修登记表》上记录	
退款	管理处收款员	收款员根据审批合格的《装修申请审批表》退还装修押金，并收回押金票据	

4.2 行政办公大楼的装修管理，不适用于4.1程序，在装修期间由综合管理部房管员每天对装修巡检一次，并填写"监督检查记录表"，同时复印一份副本交业主。装修施工结束后，综合管理部和工程部协助业主进行工程验收。

12-06　物业维修服务管理规定

物业维修服务管理规定

1.目的

尽快处理客户的报修，控制服务过程，确保为客户提供满意的服务。

2.适用范围

本公司所辖物业的报修服务管理。

3.职责

3.1　客服部负责报修信息的接收、记录、回访工作，并及时将信息传达到工程部。

3.2　工程部负责报修内容的确认及维修，并填写相关记录。

3.3　各相关负责人负责批准和验收服务内容。

4.工作程序

工作程序见下表。

维修服务工作程序

流程图	负责部门/人	过程描述	支持性文件及记录
信息接收	客服部接待员管理处员工	1.管理处设立报修服务电话，并向客户公开 2.客户需要管理处提供服务时，使用报修服务电话或在各种现场向物业管理人员提出服务要求 3.对客户现场提出的服务内容，接收信息人员能处理的现场处理，不能处理的上报管理部 4.客服部接待员接收信息后在《报修登记表》上登记，各物业管理人员接收信息时需要问清楚服务的时间、项目等内容 5.接到的服务内容，如属于有偿服务项目，执行《有偿服务管理规定》	"服务电话标签""报修登记表"、《有偿服务管理规定》

续表

流程图	负责部门/人	过程描述	支持性文件及记录
分派工作	客服部接待员 各部门负责人	客服部接待员进行信息登记，同时通知相关责任人执行	
执行维修	相关责任人	1.所有服务项目在维修前执行人均应做好准备（材料、工具配备等），填写《服务工作单》，经上级负责人批准后进行维修，物资采购及领用参见《物品采购与管理程序》 2.责任人员的维修要达到《服务承诺》的要求，对因材料紧缺或工作量大而不能在承诺的时间内完成工作的，需向客户当面说明；属责任区内的报告上级负责人 3.各责任人根据责任分工对巡视发现接收到的公共部分的维修工作，直接填写《服务工作单》进行维修，并在《维修登记表》（登记报修的所有项目）上进行记录	"维修登记表""服务工作单"、《服务承诺》《物品采购与管理程序》
验收	相关责任人	1.客户验收自己报修的内容，因特殊原因客户不能验收的，与公共部位的维修一样，由维修责任人的上级负责人验收；对不能现场验收的项目等服务完结待观察时间后及时交相关人员进行验收 2.对所有"服务工作单"单据均应由管理处及报修部门各留存一张	
回访是否满意 是 否	客服部接待员	责任人根据《回访制度》定期对维修人员的服务质量和服务态度进行回访，并填写"回访记录"	《回访制度》、"回访记录表"
结束 投诉	相关部门责任人	对回访及现场服务不满意的项目视为投诉，并按《客户投诉处理程序》进行处理	

12-07　工程部水电管理制度

工程部水电管理制度

1. 目的

加强对水电管理，堵住漏洞。

2. 适用范围

物业公司各管理处工程部。

3. 管理规定

3.1　总要求

3.1.1　所有工程部人员都有责任和义务对本管理处所管水电进行认真管理。

3.1.2　所有员工必须以身作则，凡与人串通偷水偷电者，一经查出将作严肃处理。

3.1.3　确保水电设备、设施正常运行，水电正常、安全供给。

3.1.4　随时巡查，所有公共用水、用电须装表并有完整记录资料，发现漏水、电现象，随时维修，节约用水、用电

3.1.5　定期检查各用户水电使用情况，防止偷水偷电现象发生。

3.1.6　按时抄送水电表，并力求抄表正确、准时，每月将水电使用情况汇总报公司领导。

3.1.7　严禁私拉乱接、水电线路的更改。水电表的安装要经主任以上同意方可。

3.1.8　随时向各水电用户讲解水电使用要求方法、注意事项，对出现的问题多做解释工作。

3.1.9　抄表人员施行轮换制，由副主任带队，最少2人抄表，除副主任为固定外，协助人员每月更换，轮流抄表。

3.2　停电（水）管理规定

3.2.1　工程维修人员必须确保管辖范围内的水、电正常平稳供应。

3.2.2　正常的维修保养应尽量避免停电（水），必须停电（水）时，需按如下步骤操作。

（1）填写停水停电通知单，注明原因、停电的时间等，报公司领导批准。

（2）将停水停电的通知提前一天公告各相关部门和用户，以期做好相应准备。

（3）准时开展工作，按时完成任务，随时汇报工作进展。

3.2.3　常规维保应尽量避开使用高峰期，且不超过半天。

3.2.4　正常停电（水）时（应急抢修），应迅速判明原因，将情况向领导汇报。及时通过办公室前台和其他公示方式向用户公告解释停电（水）原因，恢复供电（水）的大概时间等。

3.2.5　市政停电（水）时，如接获通知则应按照3.2.2条进行，如未接获通知，工程主任应迅速致电供电（水）部门查询原因，同时按3.2.3进行。

3.2.6　停电（水）超过8小时，工程部门要组织人员尽量采取补救措施，内部

系统应急抢修期间，工程人员须全部参加。恢复供电（水）按"配电房操作管理规程"和"水泵房操作管理规程"进行。

3.2.7 停电（水）应由值班人员详细记录，故障（内部系统）停电（水）分清责任人，将事故处理结果报告公司领导。

3.3 消防管理规定

3.3.1 消防工作是物业管理的重点，每一个员工都要加强责任心，防患于未然。

3.3.2 各管理处应建立健全消防现场抢救小组，各小组成员每月培训一次，掌握消防灭火知识和消防器具的使用。

3.3.3 工程维修人员应每月对消防监控设备设施进行维修保养，每日按班巡查，确保运行正常。消防监控应保持24小时由专业人员监控，随时记录监控情况。

3.3.4 安管人员要每两小时巡查一次，确保各处消火点设备齐全，各消防通道等畅通无阻，随时发现隐患，把事故处理在萌芽状态，安管及消防工程人员每月对物业内消防系统及消防存在的问题隐患提出总结报告给管理处主任。

3.3.5 消防抢救小组成员由总指挥和十名左右队员组成，分工明确，责任到人，并对外公布消防抢救小组成员名单。

3.3.6 消防事故必须记录在案，事后应组织人员总结，对事故责任人进行追究。

3.3.7 消防应急措施参见《火警应急办法》（略）。

3.4 消火栓（水）、喷淋系统（水）设施管理规定

3.4.1 消火栓（水）、喷淋系统（水）为消防专用设施，不得挪作他用。市政消防总阀非消防时严禁开启。

3.4.2 消火栓（水）的使用按如下步骤进行。

（1）使用人填《消防栓动用申请单》或《喷淋系统（水）停用审批单》。

（2）安管部门审批。

（3）工程部门审批。

（4）公司领导审核签字。

3.4.3 安管部门设立消防栓、喷淋系统管理责任人，管理责任人每月至少对其配置设备检查一次，并签名确认，由每日值班之安管巡逻人员每天定时巡检。

3.4.4 工程部门每星期维保一次，确保消防栓（水）、喷淋系统（水）的正常使用功能。

3.4.5 工程部应在消防栓、喷淋系统的位置设立明显标志，并标明水系统的走向。

3.5 公共用水管理规定

3.5.1 公共用水以满足需求和节约用水为原则。

3.5.2 公共用水包括办公用水、卫生清洁用水、绿化用水和其他工程维修用水。

3.5.3 公共用水设备的维修由工程部门按日常维修和计划养护进行。公共用水的监管由工程部、安管部及物业部巡查人员负责。

3.5.4 各公共用水的部门负责人须对本部门强调节水意识，制定用水、节水方

案，掌握节水方法。对浪费水资源的直接责任人和部门负责人处以十倍水费的处罚。

3.5.5　凡非公共用水使用人偷用公共用水的，处以五十倍水费的罚款。

3.5.6　公共用水点全部装设水表，由工程部每月底抄表统计一次，汇报公司领导。

3.6　公共用电管理规定

3.6.1　公共用电以方便业主、有利形象、满足需要和节约用电相结合。

3.6.2　公共用电由工程部门综合各方面意见，根据不同季节制定适当的开关时间报公司领导批准后执行。

3.6.3　公共用电的开关需明确责任人一名或两名，责任人由有电工操作证或经过类似培训的人员担任。

3.6.4　公共用电应装设准确的计量仪表，每月抄表统计一次向领导汇报。

3.6.5　临时性的公共用电（如节假日等）须经部门主管同意并向公司领导汇报，同时由值班人员做好记录。

3.6.6　公共用电设备、设施应按维保计划进行维修保养，确保安全。

3.7　生活用水管理规定

3.7.1　生活用水由市政直供和2次加压两种形式供给。生活用水设管理责任人一名，该责任人应具备相应专业知识和卫生知识。

3.7.2　水电工应每周对加压水泵及管道系统检修一次，当日值班员每两小时巡查一次，确保水源供应不停顿。市政停水或维修确需停水时须提前24小时以公告形式通知用户做好储水准备。

3.7.3　整个系统应采取封闭式，以防受到污染，各水池清洗入口须加盖加锁，以确保安全，并防止非管理人员接近水源。各透气管口要采取倒口式并加网，整个系统外围应保持干净整洁，机房每星期清洁一次，水池外部每两星期清洁一次。

3.7.4　按照本市二次供水的有关规定，对各水池进行每年两次定期清洗消毒，并由水质检测单位对水质采样化验并出具化验单，资料应齐全并由工程部主管妥善保存。

3.7.5　生活水系统要与排水系统、污水系统隔离。

3.7.6　每年对管道系统进行除锈刷漆一次，生活水系统管内的防锈除锈每年一次。

3.7.7　二次供水由专门管理责任人定期巡查记录，每月底向上级汇报供水系统和水质状况。

3.8　跑水事故应急处理规定

3.8.1　水系统跑水事故为紧急事件，所有工程人员同为参与处理责任人，工程部主管为事故现场负责人。

3.8.2　发现跑水的第一责任人（工程部人员）应立即以最快的方式通知工程部其他人员，并迅速查明跑水原因。

3.8.3　现场工程人员应在第一时间关闭跑水位置前的阀门，断绝水源。

3.8.4　如果跑水对机电设备设施造成危险时应将机电设备设施转移（如果能转移，如电梯）到安全位置，如果不能转移则应先采取措施堵截或疏导水流，使之不影响机电设备安全。

3.8.5 如果水已进入强电系统,则应先断掉本系统电源,要特别注意人身安全,防止触电事故发生。

3.8.6 处理事件的负责人随时将现场情况向上级领导汇报,以便确定最佳处理方案。

3.8.7 事故处理完毕,事故责任人、负责人24小时内将整个事件写出总结备案,并上报公司领导。

3.8.8 跑水事件应急处理人员安排见下图。

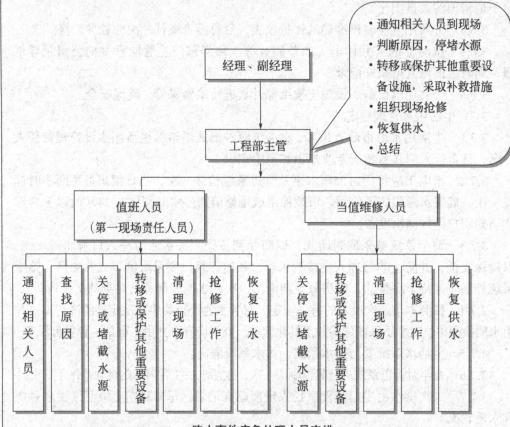

跑水事件应急处理人员安排

3.9 工程部停电应急处理规定

3.9.1 值班人员或第一时间发现停电人员应立即用对讲机或其他方式通知其他工程部人员和办公室前台及监控中心,工程部全体人员在得知停电后应立即赶往配电房。

3.9.2 当日值班人员应迅速判断停电原因(市政停电或机房故障停电),启动应急发电机并网工作,应急发电机常规情况下应处于自动启动和并电位置,同时检查应急发电机各运行参数是否正常,各油水位等是否正常。

3.9.3 值班人员以外的其他维修人员应首先启动电梯应急救人程序放出被困人员，然后协助值班人员检查配电房情况。

3.9.4 工程部主管接到停电报告后，应立即赶往现场，检查停电和发电情况。判明停电原因，证实电梯困人解救情况，通知监控中心向业主广播停电情况。如果是市政停电，致电供电部门了解停电原因和恢复供电时间，如果是配电房内故障停电，应立即组织人员抢修，同时将大体情况向领导汇报。

3.9.5 应急发电机运行期间，值班人员应随时检查发电供电情况，并抄表记录。

3.9.6 市政（或故障）停电恢复供电时，值班人员应按照配电房操作规程逐个合闸供电，同时检查应急发电机停机情况并记录停机时间。

3.9.7 由工程部主管和值班人员同时确认恢复供电各处正常无误后离开现场，填写停电（或故障）处理记录。

3.9.8 停电应急处理人员安排见下图。

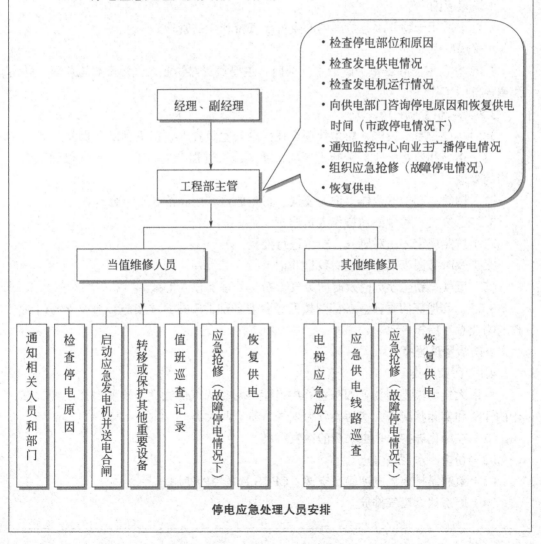

停电应急处理人员安排

第13章 环境管理制度

13-01 大气污染防治作业指导书

大气污染防治作业指导书

1. 目的

以明确指定物业服务过程中发生的废气及粉尘对大气污染防治的控制管理办法。

2. 适用范围

本标准适用于物业服务范围内产生的废气及粉尘的管理。

3. 管理职责

3.1 办公室。办公室为防治主管部门,主要负责对物业大气污染实施监督,并协调各部门工作。

3.2 各部门责任

3.2.1 办公室。废气、粉尘处理责任为办公室负责人,担负有以下职责。

(1) 指导和监督绿化养护施工现场,使在施工过程产生的废气、粉尘得到正确妥当的处理。

(2) 调动本部门的全体力量为废气、粉尘的再利用和控制不断努力。

3.2.2 废气、粉尘处理操作人员职责

(1) 按照规定方法对废气、粉尘进行处置。

(2) 及时掌握废气、粉尘的数量并记录。

(3) 废气、粉尘超标时及时向废气、粉尘处理责任人汇报。

3.2.3 其他部门责任。各部门按照经营业务部的安排具体实施,协调本部门工作与物业总目标相一致。

4. 防治管理程序

4.1 污染分类

所谓大气污染是指物业服务过程中产生的污染大气的物质。物业根据废气、粉尘的性质和实际状况将大气污染分为烟气、粉尘两大类。

(1) 在绿化养护中杀虫农药的散发污染。

(2) 粉尘。水泥、尘土。

(3) 氟利昂排放。电冰箱、空调、CFCS氯氟烃的使用。

(4) 厨房油烟废气排放。

4.2 大气污染检测及监测委托

4.2.1 本物业有能力自行监测的项目,由物业进行监测并记录。

4.2.2 监测委托。物业对大气污染监测部门进行调查,挑选具备资格的环保监测站对物业的大气污染进行定期监测。

4.3 目标与指标及管理方案制定

4.3.1 办公室应依据《中华人民共和国大气污染防治法》《环境空气排放标准》等国家和地方有关标准,结合物业实际情况,制定大气污染排放目标指标,并经管理者代表批准。

4.3.2 应根据确定的目标指标,制定具体的管理方案或管理改进方案,该方案应经广泛讨论研究,结合实际,并征求当地环保部门意见,最后经环境管理者代表批准,必要时由经理批准。

4.3.3 通过实施测量和改进,不断提高和改善管理方案,实现大气的达标排放。

4.4 废气、粉尘的防治及处理

物业应对绿化养护产生的废气担负管理处置责任,主要实施以下事项。

4.4.1 办公室要加强职工的正规操作教育和环境意识的教育,操作工人应严格遵守操作程序,防止人为粉尘飞扬造成的污染。

4.4.2 对物业中新产生的尘土、施工垃圾要集中堆放并及时运离工地,减少尘土飞扬。

4.4.3 绿化养护现场要对可能产生粉尘、尘粒的污染源经常洒水,必要时用棚布遮盖,防止尘土飞扬。

4.4.4 在绿化养护中,严格控制使用杀虫农药,减少对空气和土地的污染,严格操作规程,用无毒、弱毒农药替代有害农药。

4.4.5 厨房中产生的油烟废气要通过吸油过滤后才能排放。

13-02 固体废弃物污染防治办法

固体废弃物污染防治办法

1.目的

对于公司管理服务范围内可以控制或能施加影响的固体废弃物排放行为进行预防和治理。

2.适用范围

公司管理服务范围内固体废弃物排放管理。

3. 职责

3.1 管理者代表。批准对各部门主要固体废弃物污染的治理方案及技术改造工程。负责组织对公司新建或对原有设施改建和扩建中环境保护"三同时"工作实施情况的监督检查。

3.2 品质管理部。对有关部门固体废弃物排放管理及相关治理设施的运行进行监督检查；对各部门主要固体废弃物污染治理方案及技术改造工程的审核；负责本部门新建或对原有设施改建和扩建中环境保护"三同时"方案的制定和实施。

3.2 相关部门。负责本部门固体废弃物管理及相关治理设施管理、维护、保养和维修；对产生固体废弃物的服务方法、流程和有关设备设施进行整改；提出本部门主要固体废弃物污染的治理方案。

4. 过程和实施要求

4.1 本公司管理服务范围内固体废弃物的产生

4.1.1 管理服务区域（住宅区及其他物业）内产生的生活固体废弃物。

4.1.2 洗车服务过程中产生的固体废弃物。

4.1.3 各类设备设施修理与更新的固体废弃物。

4.1.4 工业区内各工厂产生的工业固体废弃物。

4.2 固体废弃物的分类（包括但不限于以下分类）

4.2.1 可回收类的固体废弃物。纸类（纸箱、纸板、办公用纸、包装纸、各类办公废纸、废报纸、废印刷纸、废便写纸、饮料杯等）、塑料类（塑料袋、包装袋、塑料条、塑料管、PE袋等）、金属类（废文件柜、废金属文具、废电线、废端子、旧铁设备、废金属容器等）、木头类（废木板子、加工板、废旧木箱）等可以回收利用的物品。

4.2.2 不可回收类固体废弃物。主要是废扫把、地拖、吸尘袋、破垃圾袋等没有回收利用价值的物品。

4.2.3 特殊类固体废弃物（危险固体废弃物）。硒鼓、碳粉、废电池、废荧光灯管、玻璃瓶（化学品、油类）、电脑及其配件等在处理过程中会造成对环境二次污染的物品，需交由供应商或有资质的固体废弃物回收站进行处理。

4.3 固体废弃物产生的预防

4.3.1 各部门在制定服务流程时，应在不影响服务质量的前提下，考虑固体废弃物管理与处理的环保要求，并在相关的规章制度和作业流程中予以体现和明确。

4.3.2 在新建或对原有设施进行改建和扩建时，应考虑对环境的影响并贯彻"三同时"制度。

4.4 固体废弃物的存放

4.4.1 产生固体废弃物的各部门应对固体废弃物分类并按规定场所存放。

4.4.2 各部门固体废弃物仓库或集中区域应指定专人管理，进行严格标识，分类存放，防止废弃物乱堆乱放及撒落现象，保持地面清洁。

4.5 固体废弃物的处置

4.5.1 废弃物的处置应以下列原则为基础。

（1）优先考虑资源的再利用问题，减少对环境的污染。

（2）分类处理，在处置过程中，不应对环境造成二次污染。

（3）产生或处置情况要建立台账，分别加以记录和统计。

4.5.2 对于可回收的金属废料、废纸、废纸箱、废塑料等废弃物由各部门自行回收利用，或及时处理给有资质的废旧物资回收处理方，并将处理情况记录于《固体废弃物跟踪处理记录表》上。

4.5.3 对服务提供、办公过程中产生的特殊类固体废弃物应集中回收，交由供应商或有资质的固体废弃物回收站进行回收运输和处理，相关情况记录于"固体废弃物跟踪处理记录表"上；不得将其随便乱丢弃或投入生活垃圾箱中。

4.6 各部门应根据有关法律法规要求，结合本部门具体情况制定有关固体废弃物排放的规章制度和作业流程，在日常工作中严格按照有关规定进行作业，严禁有超出作业标准的行为。

4.7 对环境清洁绿化供方及其他服务分包方，各部门相应的管理人员应根据双方的合同与本文件要求，对供方在分包服务中使用和涉及的危险化学品、固体废弃物及服务过程中的环境管理措施在分包服务合同中进行约定，并在日常工作中予以监督控制。有关固体废弃物的处理情况记录于"固体废弃物跟踪处理记录表"。

4.8 对于不在我方可以完全管理和控制的范围内的违规现象，我方应进行告知（含对违规者和政府部门的双向告知），并通过持续的施加影响，如在小区宣传栏或板报上张贴固体废弃物的分类处理等环保常识等方式，不断促进对方（含业主和住户）的改进。必要时，将有关流程形成管理规章制度或作业指导书。

4.9 对需要集中处理的固体废弃物进行管理应制定应急预案。

4.10 对固体废弃物排放的监测按《环境监测和测量管理程序》的要求实施。

13-03 保洁工作操作规程

保洁工作操作规程

1.目的

规范各项保洁操作程序，使保洁工作标准化、规范化。

2.适用范围

适用于本公司下属物业项目的保洁工作。

3.清洁保养操作标准

3.1 灯具清洁保养操作标准

3.1.1　保养范围。小区内的路灯、楼道灯、走廊灯、办公室的灯具。
3.1.2　作业程序
（1）准备梯子、螺丝刀、抹布、胶桶等工具。
（2）关闭电源，架好梯子，人站在梯子上，一手托起灯罩，一手拿螺丝刀，拧松灯罩的固定螺丝，取下灯罩。
（3）先用湿抹布擦抹掉灯罩内外的污迹和虫子，再用干抹布抹干水分。
（4）将抹干净的灯罩装回原位，并用螺丝刀拧紧固定螺丝。
（5）清洁日光灯具时，应先将电源关闭，再取下盖板，取下灯管，然后用抹布分别擦抹灯管和灯具及盖板，重新装好。
3.1.3　清洁保养标准。清洁后的灯具、灯管无灰尘，灯具内无蚊虫，灯盖、灯罩明亮清洁。
3.1.4　安全注意事项
（1）在梯子上作业时应注意安全，防止摔伤。
（2）清洁前应首先关闭灯具电源，以防触电。
（3）人在梯子上作业时，应注意防止灯具和工具掉下砸伤他人。
（4）用螺丝刀拧紧螺钉、固定灯罩时，应将螺钉固定到位，但不要用力过大，防止损坏灯罩

3.2　公共卫生间清洁操作标准
3.2.1　清洁范围。客用卫生间及物管卫生间。
3.2.2　清洁作业程序
（1）每天的6:30至8:30，13:30至14:00分两次重点清理公用卫生间。
（2）用水冲洗大、小便器，用夹子夹出小便器内的烟头等杂物。
（3）清扫地面垃圾，清倒垃圾篓，换新垃圾袋后放回原位。
（4）将洁厕水倒入水勺内，用厕刷沾洁厕水刷洗大、小便器，然后用清水冲净。
（5）用湿毛巾和洗洁精擦洗面盆、大理石台面、墙面、门窗标牌。
（6）先将湿毛巾拧干擦镜面，然后再用干毛巾擦净。
（7）用湿拖把拖干净地面，然后用干拖把拖干。
（8）喷适量香水或空气清新剂，小便斗内放入樟脑丸。
（9）每15分钟进行保洁一次，清理地面垃圾、积水等。
（10）每周用干毛巾擦灯具一次，清扫天花板一次。
3.2.3　清洁标准
（1）天花板、墙角、灯具目视无灰尘、蜘蛛网。
（2）目视墙壁干净，便器洁净无黄渍。
（3）室内无异味、臭味。
（4）地面无烟头、污渍、积水、纸屑、果皮。
3.2.4　工作过程中应注意事项

（1）禁止使用碱性清洁剂，以免损伤瓷面。
（2）用洁厕水时，应戴胶手套防止损伤皮肤。
（3）下水道如有堵塞现象，及时疏通。

3.3　房屋天面、雨篷清洁操作标准

3.3.1　清洁范围。小区内房屋的天面、平台、雨篷。

3.3.2　清洁作业标准

（1）备梯子一个，编织袋一只，扫把、垃圾铲各一把，铁杆一条。
（2）将梯子放稳，人沿梯子爬上雨篷，先将雨篷或天面的垃圾打扫清理装入编织袋，将袋提下倒入垃圾车内，将较大的杂物一并搬运上垃圾车。
（3）用铁杆将雨篷、天面的排水口（管）疏通，使之不积水。

3.3.3　清洁标准

（1）每周清扫一次。
（2）目视天面、雨篷无垃圾、无积水、无青苔、无杂物、无花盆（组合艺术盆景和屋顶花园除外）。

3.3.4　安全事项

（1）梯子必须放稳，清洁人员上下时应注意安全。
（2）杂物、垃圾袋和工具不要往下丢，以免砸伤行人，损坏工具。

3.4　大堂清洁操作标准

3.4.1　清洁范围。大堂的地面、墙面、台阶、天棚、宣传牌、信报箱、垃圾桶、消防设施、风口、灯具、装饰柱、门口不锈钢宣传栏。

3.4.2　清洁作业程序

（1）每天 6:30 和 13:00 分两次重点清理大堂，平时每半小时保洁一次，重点清理地面的垃圾杂物。
（2）用扫把清扫大堂地面垃圾，用长柄刷沾洗洁精清除掉污渍、口香糖。
（3）清倒不锈钢垃圾桶，洗净后放回原处。
（4）用尘拖或拖把拖掉大堂地面尘土和污迹后，将垃圾运至垃圾屋。
（5）用干毛巾轻抹大堂内各种不锈钢制品，包括门柱、镶字、宣传栏、电梯厅门、轿厢。
（6）用湿毛巾拧干后，擦抹大堂门窗框、防火门、消防栓柜、指示牌、信报箱、内墙面等公共设施。
（7）先用湿拖把拖两遍台阶，再将干净的湿拖把用力拧干后再拖一遍。
（8）用干净毛巾擦拭玻璃门，并每周清刮一次。
（9）出入口的台阶每周用洗洁精冲刷一次。
（10）每月擦抹灯具、风口、烟感器、消防指示灯一次。
（11）每两个月对大理石地面打蜡一次，每周抛光一次；地砖地面和水磨地面，每月用去污粉、长柄手刷彻底刷洗一次。

3.4.3 清洁标准
（1）地面无烟头、纸屑、果皮等杂物，无污渍，大理石地面墙身有光泽。
（2）公共设施表面用纸巾擦拭，无明显灰尘。
（3）不锈钢表面光亮无污迹。
（4）玻璃门无水迹、手印、污迹。
（5）天棚、风口目视无污迹、灰尘。

3.4.4 安全及注意事项
（1）擦拭电器开关、灯具要用干毛巾，以防触电。
（2）大理石打蜡抛光由班长组织会操作的人员统一进行操作。
（3）拖地时不要弄湿电梯厅门，以免腐蚀。

3.5 地毯吸尘清洁操作标准
3.5.1 所需清洁用具
（1）吸尘器与配件。
（2）地毯用硬刷。
（3）手提刷子和簸箕。
（4）刮刀。
（5）告示牌。

3.5.2 清洁方法与步骤
（1）将所需用具备齐，同时检查用具是否完好。检查吸尘器电插头、电线和储尘袋。
（2）将告示牌放置在显眼的地方。
（3）用刮刀将地毯上的口香糖、粘纸等去除。
（4）将地毯上较大件的尖硬物体（如夹子等）取起。
（5）调整吸尘器的刷毛高度，若用桶型吸尘器，装上适当的配件。
（6）工作须有次序，注意行走频率较高的地方，如角头和墙边。
（7）吸尘器所不能吸的地方，如家具底等，则用手提刷子和畚斗将灰尘除去。
（8）用硬刷刷去较顽固的污迹。
（9）将所有用具收齐，清理后放回储存室。

3.5.3 安全注意事项
（1）检查吸尘器电插头、电线和储尘袋。
（2）将吸尘器的各个配件装好后，才能将电源插头插入插座。

3.5.4 用具保养
（1）用后清除吸尘器内的灰尘，储尘袋装满后须更换或清洗。
（2）将刷子和畚斗抹干净。

3.6 喷水池清洁操作标准
3.6.1 清洁范围。物业管辖区内的喷水池。

3.6.2 作业程序
（1）平时保养。地面清洁工每天用捞筛对喷水池水面漂浮物打捞保洁。
（2）定期清洁
——打开喷水池排水阀门放水。
——待池水放去三分之一时，清洁工入池清洁。
——用长柄手刷加适量的清洁剂由上而下刷洗水池瓷砖。
——用毛巾抹洗池内的灯饰、水泵、水管、喷头及电线表层的青苔、污垢。
——排尽池内污水并对池底进行拖抹。
——注入新水，投入适量的硫酸铜以净化水质，并清洗水池周围地面污迹。
3.6.3 清洁标准。眼看水池清澈见底，水面无杂物，池底洗净后无沉淀物，池边无污迹。
3.6.4 安全注意事项
（1）清洗时应断开电源。
（2）擦洗电线、灯饰不可用力过大，以免损坏。
（3）清洁时，不要摆动喷头，以免影响喷水观赏效果。
（4）注意防滑，小心跌倒。
3.7 地下雨、污水管井疏通操作标准
3.7.1 工作范围。物业管辖区内所有地下管道和检查井。
3.7.2 作业程序
（1）用铁钩打开检查井盖，人下到管段两边检查井的井底。
（2）用长竹片捅捣管内的黏附物。
（3）用压力水枪冲刷管道内壁。
（4）用铁铲把粘在检查井内壁的杂物清理干净。
（5）用捞筛捞起检查井内的悬浮物，防止其下流时造成堵塞。
（6）把垃圾用竹筐或桶清运至垃圾中转站。
（7）放回检查井盖，用水冲洗地面。
（8）雨、污水检查井每月清理一次。
（9）雨、污水管道每半年彻底疏通清理一次。
3.7.3 清洁标准。清理后，眼看检查井内壁无黏附物，井底无沉淀物，水流畅通，井盖上无污渍污物。
3.7.4 安全注意事项
（1）掀开井盖后，地面要竖警示牌，并有专人负责监护以防行人跌入。
（2）掀开或盖上井盖时应注意防止用于减震的单车轮胎掉入井内。
（3）如发现管道堵塞、污水外溢时，应立即组织人员进行疏通。
（4）作业时穿全身制连身裤，戴胶手套。
3.8 垃圾中转站清洁操作标准

3.8.1 工作范围

物业管辖区内的垃圾中转站。

3.8.2 作业程序

（1）时间：每天上午9:30和下午18:00开始清运工作，将垃圾运至垃圾中转站清倒垃圾。

（2）两人配合将手推车推上作业平台，将垃圾倒入垃圾压缩车内，然后就地冲洗垃圾车。

（3）清扫散落在地面上的垃圾并装回垃圾压缩车。

（4）用洗洁精冲洗垃圾中转站内的地面和墙面。

（5）每周用喷雾器喷"敌敌畏"药水对垃圾中转站周围5米内消杀一次。

3.8.3 清洁标准

（1）目视垃圾站内无杂物、污水、污垢。

（2）垃圾站内无臭味。

（3）垃圾日产日清。

（4）垃圾车外无垃圾黏附物，垃圾车停用时摆放整齐。

3.9 化粪池清洁

3.9.1 租用一部吸粪车及长竹竿一根，并放警示牌。

3.9.2 用铁钩打开化粪池的盖板，敞开20分钟，让沼气散发后再用竹竿搅化粪池内杂物结块层。

3.9.3 把吸粪车开到工作现场。

3.9.4 把吸粪管放入池内与车连接，开动机器。

3.9.5 直到池内结块吸干净后，用铁钩把化粪池盖盖好。

3.9.6 用干净水把化粪池盖洗刷干净。

3.10 玻璃、镜面清洁

3.10.1 发现玻璃沾有污迹时，用玻璃铲刀铲除污物。

3.10.2 把清洁毛头套在伸缩杆上。

3.10.3 按比例兑好玻璃水1:30。

3.10.4 将毛头浸入玻璃水中。

3.10.5 将浸有玻璃水的毛头按在玻璃上来回推擦。

3.10.6 用伸缩杆套好玻璃刮，从上至下刮去玻璃上的水迹。

3.10.7 最后用干毛巾抹去玻璃脚上和玻璃上的水迹。

3.11 梯、地面的清洁

3.11.1 清扫地面与阶梯上的杂物，倒入垃圾箱内。

3.11.2 在待清洁的地板放置告示牌"工作进行中"。

3.11.3 按比例正确配制地面清洁剂（1：100），将配制好的清洁剂均匀洒在地面、阶梯上，用拖布拖一遍，较脏处应反复清洁至干净。

3.11.4 用清水冲洗阶梯、地面，并排尽污水。

3.11.5 用干净拖布拖地面、阶梯至干净无渣。
3.11.6 收回告示牌,收拾好工具及未用完的清洁剂。
3.12 垃圾桶的清洁
3.12.1 把垃圾桶放上推车运至垃圾集中点。
3.12.2 取下桶盖,倒出垃圾,用刷子刷出污物,用清水洗净。
3.12.3 用抹布醮洗洁剂把外部盖子擦拭干净,无污迹。
3.12.4 用清水把外部盖子冲洗干净,直至现本色。
3.12.5 把垃圾桶放回原处盖好盖子,做好收尾工作。

13-04 保洁工作质量检查办法

保洁工作质量检查办法

1. 目的

规范清洁工作质量检查标准,确保小区环境清洁卫生,对清洁工作质量作出客观评价。

2. 适用范围

适用于公司各项目物业管理中心的保洁工作质量检查。

3. 职责

3.1 保洁主管、班长负责依照本办法对清洁工作进行质量检查、卫生评比工作。

3.2 保洁员负责依照本办法进行清洁卫生的自查。

4. 作业规程

4.1 室外公共区域的检查方法与质量标准见下表。

室外公共区域的检查方法与质量标准

序号	项目	检查方法	质量标准
1	道路	每区抽查三处,目视检查,取平均值	无明显泥沙、污垢,每100平方米内烟头、纸屑半均不超过两个、无直径1厘米以上的石子
2	绿化带	每区抽查三处,目视检查,取平均值	(1)无明显大片树叶、纸屑、垃圾胶袋等物,地上无直径3厘米以上石子 (2)房屋阳台下每100平方米内烟头或棉签等杂物在5个以内,其他绿化带100平方米内杂物在1个以内
3	排水沟	抽查两栋房屋的排水沟,目视检查,取平均值	无明显泥沙、污垢,每100平方米内烟头、棉签或纸屑在两个以内

续表

序号	项目	检查方法	质量标准
4	垃圾箱垃圾中转站	每责任区抽查1个,清洁后全面检查	地面无散落垃圾、无污水、无明显污迹
5	地面墙面	每天清洁后目视检查	(1)地面无黏附物、无明显污迹 (2)墙面无黏附物、无明显污迹
6	果皮箱	每责任区抽查两个,全面检查	内部垃圾及时清理,外表无污迹、黏附物
7	标识宣传牌、雕塑	全面检查	目视表面无明显积尘、无污迹、无乱张贴
8	沙井和污水、雨水井	每责任区抽查3个,目视检查	底部无沉淀物,内壁无黏附物,井盖无污迹
9	游乐场	目视检查	目视地面无垃圾、纸屑,设施完好无污迹
10	化粪池	目视检查	进排畅通、无污水外溢
11	喷水池	目视检查	目视无纸屑、杂物、青苔,水无变色或有异味
12	天台、雨篷	每责任区抽查一栋楼宇,目视检查	无杂物、垃圾、纸屑,排水口畅通,水沟无污垢

4.2 室内公共区域的检查方法与质量标准见下表。

室内公共区域的检查方法与质量标准

序号	项目	检查方法	质量标准
1	地面	每责任区抽查5处,目视检查	(1)无垃圾杂物,无泥沙、污渍 (2)大理石地面打蜡、抛光后光泽均匀 (3)地毯无明显灰尘、无污渍
2	墙面	每责任区抽查5处,全面检查	(1)大理石、瓷片、喷涂等墙面用纸巾擦拭100厘米无明显灰尘 (2)乳胶漆墙面无污渍,目视无明显灰尘 (3)墙面、墙纸干净无污渍
3	楼道梯间、走廊地面	目视检查,每责任区抽查两个单元,50平方米走廊3处	目视无纸屑、杂物、污迹,每个单元梯级烟头不超过两个,走廊100平方米内烟头不超过1个,目视天花板无明显灰尘、蜘蛛网
4	墙面、窗、扶手、电子门、消防栓管、电表箱、信报箱、宣传栏、楼道灯开关等	每责任区抽查两处,全面检查	无张贴广告、蜘蛛网,无痰迹、积尘,用纸巾擦拭100厘米,无明显污染

续表

序号	项目	检查方法	质量标准
5	电梯	全面检查	电梯轿厢四壁干净无尘、无污迹、手印，电梯门轨槽、显示屏干净无尘，轿厢干净无杂物、污渍
6	办公室	全面检查	整洁、无杂物，墙面无灰尘、蜘蛛网，地面无污迹；桌椅、沙发、柜无灰尘，空气清新
7	公用卫生间	全面检查	（1）地面干净无异味、无积水、无污渍、无杂物 （2）墙面瓷片、门、窗用纸巾擦拭无明显灰尘，便器无污渍，墙上无涂画 （3）设施完好、用品齐全 （4）天花、灯具目视无明显灰尘 （5）玻璃、镜面无灰尘、无污迹、无手印
8	灯罩、烟感器、出风口、指示灯	每责任区抽查3处，目视检查	目视无明显灰尘、无污迹
9	玻璃门窗、镜面	每责任区抽查3处，全面检查	玻璃表面无污迹、手印，清刮后用纸巾擦拭无明显灰尘
10	地下室、地下车库	每责任区抽查3处，目视检查	（1）地下室地面无垃圾、杂物，无积水、泥沙、油迹 （2）车库、地下室墙面目视无污渍、无明显灰尘 （3）车库的标识牌、消防栓、公用门等设施目视无污渍、无明显灰尘

4.3 保洁主管会同班长等管理人员对各责任区域进行卫生评比检查，每周进行一次，并将检查情况记录在"卫生检查评分表"中。该表由相关部门归档保存一年，评比结果作为个人绩效考评的依据之一。

13-05 绿化工作管理办法

绿化工作管理办法

1. 目的

加强小区绿化管理工作，保护和改善小区生态环境，促进小区绿地养护与管理工作的规范化、制度化，提高小区绿化水平。

2. 适用范围

适用于在本物业管理公司（以下简称公司）所管辖的小区内从事绿化规划、建设、保护和管理的单位和个人。

3. 管理职责与权限

3.1 物业管理部

3.1.1 负责对物业管理分公司、绿化专业公司、物业管理处的日常管理工作进行指导帮助、监督管理与考核。

3.1.2 负责制定绿化管理工作的规章制度、工作标准和工作记录。

3.1.3 负责小区绿化养护计划的审批工作。

3.1.4 负责小区绿化管理工作中重大问题的协调工作。

3.1.5 负责新增绿化项目方案的评审、设计和验收工作。

3.1.6 参与新建、改造绿化项目的设计、评审、验收和签证；参与绿化合格供方的推荐、评审和管理工作。

3.1.7 负责绿化工作责任事故的调查工作。

3.1.8 遇有重大事宜应及时向公司领导汇报。

3.2 经营计划部

3.2.1 负责小区绿化工作的招标工作。

3.2.2 负责绿化合同的制定、审批与管理工作。

3.2.3 负责绿化合格供方的评审工作。

3.2.4 负责绿化资金计划的落实工作。

3.3 财务资产部

依据合同规定及管理部门考核结果支付绿化费用。

3.4 工程维修部

负责新建、改造绿化项目方案的评审、设计、监理、现场管理和验收工作。

3.5 物业管理分公司

3.5.1 负责对物业管理处绿化管理工作进行指导帮助、监督管理与考核，及时解决管理职责内绿化工作存在的问题。

3.5.2 负责上报绿化工作周报、月报。

3.5.3 负责物业管理处绿化用水的统计分析工作。

3.5.4 负责统计上报小区绿化养护计划的实施和承包单位工作质量评价情况。

3.5.5 参与绿化合格供方的评审工作；参与新建、改造绿化项目的评审、验收和签证工作；参与新增绿化项目方案的评审、现场管理和验收工作。

3.5.6 遇有重大事宜应及时向物业管理部汇报。

3.6 物业管理处

3.6.1 负责建立健全小区绿化基础工作记录；每日对小区内的绿地、绿化设施进行检查。

3.6.2 依据绿化合同、相关标准和绿化养护计划的要求进行现场管理与检查验收，及时解决管理职责内绿化工作存在的问题，及时制止小区内发生的违章违法行为，每周向物业管理分公司汇报小区绿化工作情况。

3.6.3 负责小区内绿化用水的计量、统计分析和管理工作。

3.6.4 负责小区物业管理信息系统中有关绿化工作的数据录入和维护工作。

3.6.5 负责对承包单位的绿化养护工作质量进行评价。

3.6.6 负责绿化管网维修后的验收签证工作；参与新建、改造绿化项目的验收和签证工作；参与新增绿化项目方案的评审、现场管理和验收工作。

3.6.7 遇有重大事宜应及时向分公司汇报。

3.7 绿化公司

3.7.1 负责对小区绿化工作的技术指导、培训和监管工作；参与公司有关绿化规章制度和工作标准的制定工作。

3.7.2 负责审核承包单位制定的各项工作计划与方案，并对承包单位的工作计划进行分解、汇总，及时上报物管科审批。

3.7.3 对承包单位出现浪费绿化用水的行为，依据合同条款进行处理。

3.7.4 参与绿化合同的制定和评审工作；参与新建、改造绿化项目的设计、评审、验收和签证工作；参与绿化养护合格供方的评审工作；参与新增绿化项目方案的评审、现场管理和验收工作。

3.7.5 负责绿化用水的计量、统计分析和管理工作。

3.7.6 遇有重大事宜应及时向物业管理部汇报。

3.8 维修公司。

负责绿化管网的维修工作。

4. 管理规定

4.1 规划建设与保护管理

4.1.1 小区公共绿地面积和绿化覆盖率等规划指标，应符合本市《城市绿化管理办法》的相关规定。应当根据当地的特点，利用原有的地形、地貌、水体、植被和历史文化遗址等自然、人文条件，以方便群众为原则，合理设置公共绿地、居住区绿地、防护绿地和风景林地等。

4.1.2 新建绿化工程的设计，应当委托持有相应资格证书的设计单位承担。工程建设项目的附属绿化工程设计方案，按照基本建设程序审批时，必须有市人民政府绿化行政主管部门参加审查。

（1）绿化面积在1000平方米以上或者绿化费用在5万元以上的绿化工程设计，应当委托持有相应资格证书的单位承担。

（2）绿化工程面积在2000平方米以上或者绿化费用在10万元以上的设计方案，应经市绿化行政主管部门审批，其中对建设有重要影响的绿化工程须报上级绿化行政主管部门审批。

（3）建设单位应按照批准的设计方案进行建设，设计方案需要改变时须经原批准机关审批。

（4）绿化用地面积在1000平方米以上或者绿化工程费用在3万元以上的绿化工

程竣工后，须报请市绿化行政主管部门验收合格后，方可交付使用。

4.1.3 新区建设和旧区改造绿地不得低于下列标准。

（1）新建区的绿化用地，应不低于总用地面积的30%。

（2）公共绿地中绿化用地所占比率不低于总用地比率70%。

（3）旧区改造的绿化面积，可按前款（1）项规定的指标降低5个百分点。

4.1.4 任何单位和个人都不得擅自改变小区绿化规划用地性质或者破坏绿化规划用地的地形、地貌、水体和植被。

4.1.5 任何单位及个人都不得擅自占用绿化用地。因建设或者其他特殊需要临时占用绿地的，应当经绿化行政主管部门审查同意，并按有关规定办理临时用地手续。占用期满后，占用单位应当恢复原状。

经批准永久性占用绿地的，该土地使用者应向公司交纳相应的绿化损失费。

4.1.6 禁止任何单位和个人擅自砍伐、移植、损毁小区树木、绿篱。确需砍伐、移植小区树木、绿篱的，应当按下列规定办理审批手续。

（1）一次砍伐或者移植乔木五株、灌木五丛、绿篱50米以下的，由市绿化行政主管部门审批。

（2）超过前款限定的，由市绿化行政主管部门审核，报市人民政府批准。经批准砍伐树木的，应当在市绿化行政主管部门指定的区域内补植同类树木。补植树木的胸径一般不小于5厘米，补植树木胸径面积之和为砍伐树木所围胸径面积之和的2~10倍。

如当时补植有困难，应向公司交纳相应的绿化补植费。

4.1.7 各级管理人员或承包单位对于小区绿地内的植物应妥善保护与管理，如发现有本市《城市绿化管理办法》和《城市绿化管理实施细则》中所不允许的行为，应依据这两个办法的要求对其进行劝阻，不听劝阻的，报请执法部门或城市绿化行政主管部门处理。

4.1.8 树木生长影响管线安全或者交通设施正常使用确需修剪的，经绿化行政主管部门批准，按照兼顾管线、交通设施使用和树木正常生长的原则进行修剪。修剪费用除市人民政府已有明确规定外，可按下列原则分担：先有树木，后建管线、设施的，费用由管线、设施管理单位承担；先有管线设施，后植树木的，费用由树木所有人承担；树木和管线、设施分不清先后的双方平均承担。

4.1.9 小区内绿化地下管网、阀井由公司新建、维修和管理，地面管网由承包单位新建、维修和管理。严禁任何单位和个人擅自拆除、堵塞、填埋绿化用水的管线和阀井，不得损坏阀门和随意接阀门。

4.1.10 公司各级管理部门或单位严格按照《小区施工恢复工作管理办法》的要求，加强对影响绿化工作的施工行为的管理。

4.2 小区绿化交接工作的管理

4.2.1 物业管理部组织物业分公司、物业管理处、绿化公司、原承包单位、新承包单位的交接工作，现场交接人员应具备签字认可的权力。交接内容包括：小区植被生长情况、地面设施、地下设施、阀井、水表、水表计量数据、乔灌木数量、花卉数量、藤本植物数量、草坪面积、养护工作记录、小区绿化管网图、小区绿化分布图等。

4.2.2 原承包单位应根据当时接管小区绿化的情况准备好交接前的各项工作，与原来接管不相符的应及时整改、恢复；新承包单位在承包期结束后不再承包时，也应保持接管时的状况和各项资料。对原承包单位拒不按要求执行的，公司从养护回访费中扣除损失，并安排恢复工作。

4.2.3 参与交接工作的单位检查核实所交接的内容无误，在交接记录上签字后，物业管理分公司安排物业管理处正式接管该小区的绿化管理工作，新承包单位正式接管该小区的养护工作。各项交接资料一式五份，物业管理部、物业分公司、物业管理处、绿化公司、新承包单位各留存一份。

4.2.4 现场交接存在争议时，由物业管理部组织相关单位共同商议解决方案。原承包单位与新承包单位不服从安排的，可以通过其他途径解决。

4.3 绿化养护计划

4.3.1 每月的25日前，绿化公司通知承包单位提前制订下一个月的绿化养护月计划和周计划，审核后上报物业管理部；物业管理部将批准后的养护计划于每月28日下发物业管理分公司；物业管理分公司应及时将养护计划下发至物业管理处。

4.3.2 物业管理部、绿化公司监督计划执行情况，计划需要变更时，应及时调整。

4.4 春季绿化养护与管理

4.4.1 春季气温回升，地表层无冻土，绿化公司及时安排承包单位对绿化管网进行试水。发现管网破损，及时通知相关单位处理。

4.4.2 绿化公司在确认气温不会降至5℃以下，通知承包单位安装地面节水灌溉设施。在未安装前由承包单位用地面软管浇水，确保春灌工作顺利进行。

4.4.3 绿化公司应及时安排承包单位的春季修剪、树木涂白和闸阀保养工作，并要求绿化养护人员开始上午到物业管理处报到，下午到物业管理处汇报当天的工作情况。

4.4.4 绿化公司、物业管理处、承包单位开始监控小区绿化病虫害的情况，做到"早发现、早控制、早治理"。打药人员应严格按照相关安全工作的要求打药，并做好打药现场的安全防护和小区居民人身安全工作。

4.5 日常绿化养护与管理

4.5.1 物业管理处根据养护计划对承包单位的绿化养护工作进行现场检查验收，及时处理发现的问题，每周将工作情况上报物业管理分公司，并录入到辖区物业管理信息系统。

4.5.2 物业管理分公司每周统计汇总各物业管理处的工作情况，报物业管理部；物业管理部统计汇总后在公司简报上公布。

4.6 秋冬季绿化养护与管理

4.6.1 养护单位按照养护计划认真做好树木涂白、病虫害防治、冬灌、闸阀保养、管网排空扫线工作，工作结束后应及时将地面管线回收保管。绿化公司、物业管理分公司、物业管理处对上述工作进行检查验收。

4.6.2 物业管理处冬季也应对小区内的绿地、绿化设施进行巡检，发现问题及时处理。

4.7 小区绿地认养的养护与管理

4.7.1 公司制定小区绿地认养协议，有意认养小区绿地的居民可到物业管理分公司办理手续，并根据协议的要求进行养护。物业管理处指导帮助、监督检查小区居民的养护工作，及时发现、制止超出养护协议范围的行为。

4.7.2 公司制作统一的小区绿地认养公示牌，安放在小区绿地。

4.8 考核

公司管理部门或单位依据养护合同条款和相关标准对承包单位进行考核，依据公司绿化工作考核办法对内部绿化管理工作进行考核。

13-06 小区卫生消杀管理办法

小区卫生消杀管理办法

1. 目的

规范卫生消杀工作程序，净化小区环境。

2. 适用范围

适用于物业管理公司各小区卫生消杀工作的管理。

3. 职责

3.1 保洁部主管负责卫生消杀工作计划的制定，并组织实施和质量监控。

3.2 保洁部领班负责协助主管组织实施、检查卫生消杀工作。

3.3 清洁工（消杀工作人员）负责依照本办法进行具体卫生消杀工作。

4. 程序要点

4.1 卫生消杀工作计划的制订

4.1.1 保洁部主管应根据季节的变化制订出卫生消杀工作计划。

4.1.2 消杀工作计划应包括以下内容。

（1）消杀对象。

（2）消杀区域。

（3）消杀方式选择与药物计划。
（4）消杀费用预算。
4.2 灭蚊、蝇、蟑螂工作
4.2.1 每年的1~4、11~12月份中，每天应进行一次灭虫消杀工作。其他月份具体参照各标准作业规程的要求进行消杀。
4.2.2 消杀区域
（1）各楼宇的梯口、梯间及楼宇周围。
（2）别墅住宅的四周。
（3）会所及配套的娱乐场所。
（4）各部门办公室。
（5）公厕、沙井、化粪池、垃圾箱、垃圾周转箱等室外公共区域。
（6）员工宿舍和食堂。
4.2.3 消杀药物一般用敌敌畏、灭害灵、敌百虫、菊酯类药喷洒剂等。
4.2.4 消杀方式以喷药触杀为主。
4.2.5 喷杀操作要点
（1）穿戴好防护衣帽。
（2）将喷杀药品按要求进行稀释注入喷雾器里。
（3）对上述区域进行喷杀。
4.2.6 喷杀时应注意
（1）梯间喷杀时不要将药液喷在扶手或住户的门面上。
（2）员工宿舍喷杀时不要将药液喷在餐具及生活用品上。
（3）食堂喷杀时不要将药液喷在食品和器具上。
（4）不要在客户出入高峰期喷药。
4.2.7 办公室、会所娱乐配套设施应在下班或营业结束后进行，并注意以下两点。
（1）关闭门窗。
（2）将药液喷在墙角、桌下或壁面上，禁止喷在桌面、食品和器具上。
4.3 灭鼠
4.3.1 灭鼠工作每月应进行两次。
4.3.2 灭鼠区域
（1）别墅、楼宇四周。
（2）员工宿舍内。
（3）食堂和会所的娱乐配套设施。
（4）小区中常有老鼠出没的区域。
4.3.3 灭鼠方法主要采取投放拌有鼠药的饵料和粘鼠胶。
4.3.4 饵料的制作

(1)将米或碾碎的油炸花生米等放一专用容器内。
(2)将鼠药按说明剂量均匀撒在饵料上。
(3)制作饵料时作业人员必须戴上口罩、胶手套,禁止裸手作业。

4.3.5　在灭鼠区域投放饵料应注意
(1)先放一张写有"灭鼠专用"的纸片。
(2)将鼠药成堆状放在纸片上。
(3)尽量放在隐蔽处或角落、小孩拿不到的地方。
(4)禁止成片或随意撒放。

4.3.6　投放鼠药必须在保证安全的前提下进行,必要时挂上明显的标识。

4.3.7　一周后,撤回饵料,期间注意捡拾死鼠,并将数量记录在"消杀服务记录表"中。

4.4　消杀作业完毕,应将器具、药具统一清洗保管。

4.5　消杀工作标准

4.5.1　检查仓库或地下室,目视无明显蚊虫在飞。

4.5.2　检查商场酒楼和办公室,目视无苍蝇滋生地。

4.5.3　检查室内和污雨井,每处蟑螂数不超过5只。

4.5.4　抽检楼道、住户家无明显鼠迹,用布粉法检查老鼠密度,不超过1%,鼠洞每2万平方米不超过1个。

4.6　消杀工作的管理与检查

4.6.1　消杀工作前,保洁部主管必须详尽地告诉作业人员应注意的安全事项。

4.6.2　保洁部主管应每次检查消杀工作的进行情况并将工作情况记录于每天工作日记中。

4.6.3　保洁部领班现场跟踪检查,确保操作正确。

4.6.4　保洁部主管应每月会同有关人员对消杀工作按检验方法和标准进行检查,并填写"消杀服务质量检验表"。上述资料由部门归档保存一年。

4.6.5　本办法执行情况作为保洁部相关员工绩效考评的依据之一。

第14章 财务管理制度

14-01 物业公司全面预算管理办法

物业公司全面预算管理办法

1. 目的

使预算成为企业经营与财务活动的基础依据，做到事前有预算、事中有控制、事后有检查和反馈，从而保证现金流量的动态平衡，使企业的经济活动达到规范、有序、高效的运行状态。

2. 适用范围

适用于物业公司的预算管理。

3. 管理规定

3.1 预算组织

3.1.1 为了更有效地实施全面预算管理，公司成立预算管理委员会。财务部为预算管理委员会常设机构，各部门负责人为预算管理委员会成员；总经理为公司预算管理工作的第一责任人，各部门领导为本部门的预算管理负责人，各部门核算员、班组长为预算责任人。实行一级对一级负责，切实加强领导，明确责任，落实措施。

3.1.2 预算管理是企业对未来总体经营的规划安排，与企业的年度生产经营计划目标是一致的，但其涵盖的范围更广，侧重于企业的资金、成本、财务管理指标预算，并实施控制与考核的全过程管理。企业在编制与实施预算时要与生产经营计划结合起来进行。

3.2 预算编制

3.2.1 预算编制要根据公司确定的年度经营目标，编制收入、利润、成本、费用预算；根据正常生产经营周转需用现金存量编制现金收支平衡预算；根据生产经营、投资、筹资活动中的现金流量编制现金流量预算；根据财务管理目标编制资产负债预算，资产负债预算制约其他预算，主要体现为财务管理指标，如：变现能力比率、资产管理比率、负债比率、盈利能力比率。

3.2.2 建立全面预算体系。全面预算体系包括利润预算、现金收支平衡预算、资产负债预算、现金流量预算等。其中利润预算包括销售收入预算、成本预算、销售费用预算、管理费用预算、财务费用预算等。其中收支预算实行月报并于下月对上月的收支预算执行情况统计分析。

3.2.3 各项预算首先由基层单位按照要求进行编制，由财务部进行汇总，由预算管理的第一责任人总经理负责协调、平衡和审批，年度预算须报董事会进行确定，预算一经确定就不得随意进行调整，如遇特殊不可控因素，由基层单位提出申请，每年的7月份由总经理组织研究，决定是否进行调整。

3.2.4 按全面预算管理工作要求填报的年度表格（主表4张，分别是资产负债、利润、现金流量、现金收支预算表；附表6张，分别是销售收入、成本、销售费用、管理费用、财务费用及财务指标预算）之外还增加月度的收支预算表和月度的收支预算执行情况表。

3.3 预算执行

3.3.1 要认真落实提高预算的控制力和约束力。预算一经确定，在企业内部具有强制效力，各单位在生产营销及相关活动中必须严格执行。

3.3.2 确定预算责任中心，各部门在对预算细化的同时，要细化预算责任，确定每一类预算的执行班组的预算责任中心，实行预算归口管理，做到层层分解、层层负责。

3.3.3 各责任中心要严格执行预算，除因不可控因素变化导致预算超支并经研究同意的才可以调整预算外，原则上不予调整，调整预算必须严格按调整程序执行。

3.3.4 财务部及时跟踪记录预算执行情况，每季度终了，将填报的执行情况表反馈给公司领导班子和各责任中心，对当期实际发生数和预算数之间的差异，不论是有利还是不利，都要认真分析其成因，责任中心查找出预算执行中的问题，并提出改进措施。

3.4 预算考核

3.4.1 财务部、拓展部负责组织对预算执行情况进行考核，采取评分法：基础为100分，实际完成数每超过或低于预算数一定的百分比则给予一定分数的加分或扣分，根据最后总分划分不同的档次，相应给予一定的罚款或奖励，考核结果与奖金挂钩。

3.4.2 预算考评内容及分数见下表。

预算考评内容及分数

序号	考评项目及分数	内容	分数
1	预算组织建立情况（20分）	成立全面预算管理机构，明确责任人和责任中心，层层分解预算管理责任	20分
2	预算编制情况（25分）	按照全面预算管理的各项要求及时编报预算	10分
		预算编制是否有依据、数字准确、客观严谨、科学	15分

续表

序号	考评项目及分数	内容	分数
3	预算执行情况（40分）	财务部和拓展部每季末20天内（年度1个月内）跟踪、检查、反馈预算执行情况，各基层预算责任中心要分析差异产生的原因，提出解决措施，以保证目标预算的实现	15分
		预算完成情况良好率（预算指标完成率在95%～105%之间），超过或少于预算10%～20%的，超过加1分，少于扣10分，超过或少于预算20%以上的，超过加2分，少于扣20分	25分
4	预算考核情况（15分）	定期对预算执行情况进行考核，对考核结果实施奖惩	15分

3.5 计分办法

逐项计分，即每一项内容完成情况单独计分。

3.6 考评时间和考评机构

（1）考评将每年进行4次，每年的4月、7月、10月对预算单位进行检查和评分，第二年元月份根据年终报表和前3次的考评结果进行总评，对总分在80分以下的预算单位再复查一次。

（2）考评机构，由预算委员会行使考评权，考评结果经公司领导审定后，反馈给各预算单位。

3.7 奖惩办法

对预算管理考评的结果进行奖罚，得分在95分以上的预算单位奖励现金2000元，其中第一责任人奖励1000元，其余奖励给预算管理的责任人员；得分在80分以下的预算单位予以罚款现金2000元，其中第一责任人罚款1000元，其余由预算管理的责任人员承担。预算奖励列入各单位成本，罚款从奖金或浮动工资中扣除。

14-02 物业管理服务费收缴规定

物业管理服务费收缴规定

1. 目的

为规范服务费用的收缴工作，确保如数、及时、安全收回各项费用，特制定本规定。

2. 适用范围

物业管理服务费及其他各项有偿服务费的收缴工作。

3. 职责

3.1 出纳员或收费员负责按本规定办理各项费用的银行托收及现金收取工作。

3.2 各部门主管负责对本部门相关有偿服务项目计费与审核。

3.3 财务部会计负责对各项有偿服务费用进行计算及填制收费通知单。

3.4 管理处管理员负责通知单的派发及催缴工作。

3.5 财务部主管负责费用收缴工作的监督。

4. 管理规定

4.1 费用收取的范围

4.1.1 管理服务费

4.1.2 机电维修、清洁、绿化等各项特约服务费。

4.1.3 代收代缴的水、电、煤气、电话等费用。

4.1.4 兼营的餐饮、娱乐等各项服务收费。

4.1.5 其他各项多种经营服务费用。

4.2 滞纳金的计算方法

4.2.1 对每月银行的第二次托收未果,也未到物业管理处用现金交纳管理服务费的业主(住户),公司财务部应自每月1日起按0.1%计收延期滞纳金。

4.2.2 滞纳金的计算公式。本金 × (1+0.1%) × n (n 为滞纳天数)。

4.3 管理费的收取标准

(1) 多层带电梯_____元/(月·平方米)。

(2) 多层不带电梯_____元/(月·平方米)。

(3) 别墅_____元/(月·平方米)。

(4) 商铺_____元/(月·平方米)。

(5) 写字楼_____元/(月·平方米)。

(6) 公寓_____元/(月·平方米)。

4.4 管理费的收缴程序

4.4.1 物业服务费

(1) 管理处每月28日前出具各业主(住户)用水用电的原始依据。

(2) 收费员每月2日前根据收费项目计算出各项费用应收额,交主任审核。

(3) 收费员应于每月5日前通知业主(住户)缴费。

(4) 收费员应于每月18日和25日分两次到银行划款托收,对无账号的业主(住户)应通知其于当月5日至次月5日到管理处交费。

(5) 如18日银行扣款不成功的,收费员应电话通知业主(住户),业主(住户)在25日前可以通过银行存款进行第二次托收。

(6) 如在25日仍未扣款成功,收费员于26日至30日通知未缴清费用的业主(住户),要求其在当月26日至次月5日可以用现金方式到管理处缴纳。

(7) 如到次月5日前仍未缴清费用的,管理处开始计收滞纳金,对连续六个月不交费的业主（住户），执行《物业管理条例》相关条款。

4.4.2 有偿服务收费

（1）管理处根据小区公布的《有偿服务收费标准》中的有偿服务价格收取有偿服务费用。

（2）管理处派人进行维修并由客户在"任务分派单"上确认价格，收费员根据确认的费用向业主（住户）收费并开具票据。

4.4.3 停车费

（1）管理处根据小区公布的停车场收费公告栏中的价格收取停车场管理费。

（2）需办理月卡的车主到管理处收费员处交费办理月卡，对特殊情况（免费或按比例交费等情况）须经管理处负责人批准后执行，并在"未收费车辆登记表"上记录。

（3）办理月卡的所有车主在"停车场管理日报表"上登记。

（4）对临时停车的车主，由停车场车管员按规定收取费用，并提供收费票据给车主，部门主管及负责人应定期进行检查。

（5）车场管理员应每天做好收费统计，并按时交管理处出纳入库保管。

4.4.4 收费统计与汇总

（1）收费员应每天做好费用收取统计工作，填写"管理处收费日报表"，交负责人审核。

（2）管理处出纳应每天在下班前将收取的现金及时存入相关银行，并做好相关票据的保管工作。

（3）收费员每月5日前将上月收费情况汇总，报负责人审核。

（4）收费员或出纳应及时将费用的收缴情况进行登记，并定期将有关收据、发票和收费汇总情况交公司计财部审核做账。

（5）每季度由公司计财部统一编制"物业管理费收支季度公布表""管理处本体维修基金收支情况公布表"，经管理处负责人及业主（住户）委员会主任或委托人确认签章后向业主（住户）公布本辖区财务收支情况。

14-03 物业公司各小区财务收支管理办法

物业公司各小区财务收支管理办法
1.目的 做好各小区财务收支管理工作。 **2.适用范围** 适用于本公司所辖各物业小区。

3. 管理规定

3.1 预算管理

3.1.1 各小区物业部所有收支以预算管理为基础,没有预算不得开支。

3.1.2 每月末各小区物业部根据年度经济指标及下月预计情况,编制、上报下月收支预算。

3.1.3 收支预算由小区会计负责编制,经小区物业经理初审后,报物业公司、财务部审核,经总经理批准后执行。

3.1.4 各月度支出计划的编制应以各小区年度经济指标为依据,可在各月之间调节,但各月总和不得超过年度指标。

3.1.5 每月初各小区物业会计对上月预算执行情况进行总结,编制上月收支预算与执行情况比较表,由物业公司汇总后报公司相关领导。

3.1.6 预算内支出按公司规定流程由小区物业部审核支付,超预算支出报物业公司总经理审批后由各小区支付。

3.2 收支规定

3.2.1 收据、发票及公章使用规定

(1)收据、定额停车费发票,由物业公司统一印制(或购买)、统一管理,设专人负责,建立专门的备查簿登记收据的购、存、领、销数量及号码。

(2)物业各小区设专人负责收据及定额停车费发票的领用、保管和缴销。领用收据时检查无缺联、缺号后加盖物业公司财务专用章,并在登记簿上登记领用时间、数量、起止号码及领用人,同时交回前期已使用收据的存根联,以备查对。

(3)收据的保管必须专人负责,如有遗失,追究保管人员责任。领用收据的小区,如果人员变动,需在变动前到物业公司财务部交回收据并结清核销。

(4)各小区使用的发票,为便于管理,应到物业公司财务部统一开具。一般情况下应以收据(第二联)换发票,所换发票的内容应与收据项目、金额完全一致,用以换取发票的收据作为发票记账联的附件,留物业公司统一保管。对于需要先开发票后付款的业主,出纳(或物业管理员)根据收费通知单开具发票,并在财务部做好登记,款项入账后核销。

(5)收据填写要求

——据实填写。即必须按实收金额、项目、日期如实填写,不得弄虚作假,做到准确无误。

——字迹清楚,不得涂改。如有错误,全部联次盖"作废"章或写明"作废"字样,再另行开具。

——全部联次一次填开,上下联的内容金额一致。

(6)各小区的收费通知专用章只能用于催款通知,不能用作其他用途;除此公章外,小区不得再有其他公章。

3.2.2 收款规定

（1）各小区收款必须使用从物业公司领用、加盖物业公司财务专用章的统一票据。其他任何票据或未加盖财务专用章的票据不得使用。

（2）已收现金款项必须在当天交由出纳核对、办理相关手续妥善保管，并及时入账。

（3）以转账方式收款应及时与物业公司财务部办理进账、转账相关手续，并及时做账务处理。

（4）物业公司财务部可随时检查使用票据的人员是否及时将所收款项按规定上交，并定期对整本已使用完的收据核查是否交纳入账，并进行核销。

3.2.3　支出规定

（1）工资费用。各小区财务人员根据本小区当月考勤表，计算本月员工的应付工资，填制工资卡，交小区经理签字后，报物业公司人事部门审核，人事部门在对员工的出勤及人员变动核对无误后，报物业公司总经理审批，总经理同意后方可发放。

（2）员工福利费。对于员工福利品的发放，如：防暑降温品、节日礼品等，各小区根据自己实际情况，本着节约原则，自行拟订方案并将其与所需资金等情况呈报物业公司，总经理同意后方可实施。

（3）维修费用。小区工程维修费用，审批程序是：小区经理→财务部→物业公司总经理。

（4）差旅费、办公费、电话费、清洁卫生费、护卫费、业务招待费、绿化费、社会保险费等以各小区所报支出预算为依据，预算内的此类费用由经办人填制费用报销单，小区经理批准即可报销。会计人员应在原始票据审核方面严格把关，用于报销的原始票据应符合国家有关法律法规的规定，除特殊情况外必须是发票，单据项目必须填写齐全，特别是本公司全称、地点、费用项目等必须准确无误，票据应整洁，无涂抹修改。对于不符合上述规定的票据，财务人员应拒收。对于超出预算的上述费用项目，应呈报物业公司，说明情况，阐明超支原因，经物业公司总经理同意后方可实施。

（5）水电费。水电费属于小区的代收代缴项目，应遵循专款专用原则，即本月收取的水电费必须首先用于保证该期水电费的支付。小区不得以此类收款支付日常的费用开支，以免影响水电费的正常支付。

（6）对于各小区需要转账结算的各项支出，经小区经理核准签字，送物业公司财务部审核后，在支票签发登记本上进行登记，加盖财务专用章及法人章进行支付。

3.2.4　资金报表

（1）每天由各小区出纳报资金表给物业公司财务部，由物业公司财务部汇总后报公司领导。

（2）报表需注明当天款项的增加、减少情况。

3.3 会计核算

3.3.1 统一设置以下会计科目

（1）主营业务收入。主要核算小区向业主（或物业使用人）收取的物业管理费。

（2）其他业务收入。主要核算小区收取的停车费、装修管理费、宽网费、摊位费、特约维修费等。

（3）主营业务成本。主要核算物业水电维修、保洁及绿化等部门发生的费用；下设明细科目：工资、福利费、维修费、电话费、保洁费、劳动保护费、护卫费、社保费及其他。

（4）管理费用。主要核算行政管理部门发生的费用。下设明细科目：工资、福利费、差旅费、办公费、电话费、业务招待费、社会保险费及其他。

（5）其他应收（应付）款。主要核算代收代缴款项及装修期间的保证金等。

3.3.2 会计报表

（1）各小区财务结账日期为月末最后一天。

（2）小区会计人员应于次月的3日以前将各小区的会计报表经小区经理签字后报物业公司财务部，有个人所得税的小区应将其扣缴的个人所得税的明细单附后，以便公司统一申报。

（3）小区会计每月25日前根据年度指标上报下月费用预算，次月10日前编报上月预算执行情况报表。

3.4 档案保管

3.4.1 已使用的收据记账联由各小区财务保管，存根联缴销后交由物业公司财务部进行保管。

3.4.2 小区财务档案应按财政部《会计档案管理办法》规范要求进行整理、装订、归档。

3.4.3 当年会计档案由小区会计负责保管，次年建立新账后应将上年全部财务档案移交物业公司财务部负责保管。

3.5 检查控制

3.5.1 各小区会计每月须对小区出纳的财务工作进行检查，包括收据的填开、领用、缴销；原始单据的归档、保管；账簿登记、账证相符情况；现场盘点库存现金，账实相符情况。并对检查内容以书面形式经双方签字确认后上报物业公司财务。

3.5.2 各小区出纳应对物业管理员的收费工作进行检查监督，对于有不符合"收据发票使用规定"及"收款规定"的行为，应及时上报。

3.5.3 各小区会计每月须与集团公司核对往来款，并签署对账单，确保双方账务清楚。

3.5.4 物业公司财务应对各小区领用、缴销票据及时核检，发现问题应及时上报有关领导。

3.5.5 物业公司财务应对各小区财务收支情况进行不定期联合检查或抽查。

3.5.6 根据公司领导安排，聘请外部的会计师事务所对物业公司各小区财务收支执行情况进行年度专项审计。

3.6 相关责任

3.6.1 物业小区各出纳对现金的收支负有直接责任，小区会计负有监管责任，小区物业经理负有管理责任。

3.6.2 禁止私设账外账、收款不入账等，禁止不使用统一规定票据收款、私刻公章等，否则一经发现直接上报总经理严肃处理。

3.6.3 会计档案灭失追究保管会计责任。

3.6.4 由于不按本管理办法操作给公司造成经济损失的，由相关责任人全额赔偿。

14-04 物业维修基金管理制度

物业维修基金管理制度

1. 目的

规范物业本体维修基金的收取、管理、使用。

2. 适用范围

各管理处辖区内房屋本体。

3. 管理规定

3.1 维修基金的筹集

3.1.1 动迁房维修基金筹集，按规定从房租收入的60%中提取，并专项管理。

3.1.2 商品房维修基金筹集，按规定由开发商和业主在办理产证时交入政府主管部门指定账户或业主管理委员会开设的维修基金专户提取。

3.1.3 按规定，维修基金利息及停车管理净收益应归入维修基金专户。

3.1.4 维修基金不足时，可由管理处编制筹集方案报业主管理委员会，由业主管理委员会征集。

3.2 维修基金的使用

3.2.1 本体维修基金按照"取之于民，用之于民"的原则，用于房屋本体共用部分的维修养护，以每栋房屋为单位进行记账管理。

3.2.2 共用部位的维修养护由管理处组织实施，其费用从本体维修基金中支出。共用部位是指结构相连或具有共有、共用性质的部位、设施和设备，包括：房屋的承重结构部位（包括基础、上盖、梁、柱、墙体等）、抗震结构部位（包括构造柱、梁、墙等）、外墙面、楼梯间、公共通道、门厅、公共屋面、本体共用排烟道（管）、电梯、机电设备、本体消防设施、本体上下水主管道、共用防盗监控设施等。

3.2.3 使用和程序审批权限

（1）每栋每次使用本体维修基金1000元以下的维修项目，由管理处经理审批。

（2）每栋每次使用本体维修基金1000～2000元的维修项目，由楼长进行审批。

（3）每栋每次使用本体维修基金2000元以上的工程项目，需得到业主管理委员会或该栋50%以上的业主书面同意（业主代表书面同意）。

（4）业主申请维修时，由申请人填写申请表经楼长审批签字后（超过2000元由业主管理委员会主任审批）交管理处组织实施；工程完成后由申请人签字确认。

3.2.4 根据本体维修基金使用审批权限，由最后审批人对工程进行验收（或指定工程技术人员验收）签字。

3.2.5 管理处使用本体维修基金完成房屋本体共用部位维修养护项目后，日常维修和零星小修由管理处经理签字，中修以上工程出具施工项目清单由该栋楼长或业主管理委员会主任签字，每半年由业主管理委员会主任对住宅区使用本体维修基金施工账单签字。

3.2.6 管理处每半年提出使用本体维修基金的计划，提交业主管理委员会审议通过。

3.3 维修基金核算

3.3.1 按规定，维修基金应按幢、按门牌号立账，按单元立分户账。

3.3.2 维修费用由管理处或物业管理公司按政府有关规定分摊到户；如政府机关部门实行会计电算化的，则由管理处进行分摊，并报维修基金管理中心核算。

3.3.3 维修基金的收、支、结余情况，按规定每半年公布一次。

3.3.4 管理处应将每年的维修基金筹集、使用及分摊情况在年终结算后归档。

Part 3　物业公司管理表格

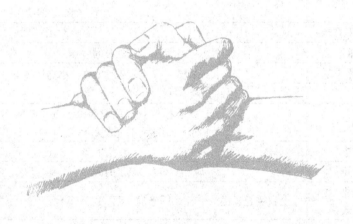

第15章 市场拓展常用表格

15-01 物业管理项目调查表

物业管理项目调查表

物业名称：

坐落位置					
发展商					
物业公司名称		资质等级		成立时间	
公司其他情况					
物业类型					
总建筑面积/平方米		一期（　　　　）平方米、二期（　　　　）平方米 三期（　　　　）平方米、四期（　　　　）平方米			
占地面积/平方米					
开工时间			开盘时间		
住宅面积/平方米		多层（　　　　）栋、小高层（　　　　）栋 高层（　　　　）栋			
户数					
写字楼	（　　　　）平方米 （　　　　）栋		商业面积/平方米		
停车位					
入伙时间			竣工时间		
委托物业管理方式	全权委托 □　　　顾问管理 □　　　其他 □				
管理期限					
需要常驻的顾问人员	驻场经理 □　名　　机电顾问 □　名 安保顾问 □　名　　不派人员 □				
管理目标：					
对人员培训的要求（针对顾问管理方式）： 1.派骨干人员来我公司接受培训 2.派教员去现场培训 其他情况					
联系人			联系电话		

敬请您填写此表后，传真至×××物业管理有限公司商务部 ＿＿＿＿＿＿ 收。
传真号码：＿＿＿＿＿＿＿　电话号码：＿＿＿＿＿＿＿

15-02　物业信息搜集表

信息搜集表

日期	开发商	项目名称	地址	联系人	联系电话	结果

15-03　物业项目有效联络与洽谈记录表

项目有效联络与洽谈记录表

项目名称：　　　　　　　　　　项目负责人：

项目概况					
发展商		联系人		联系电话	
建筑面积		物业类型		坐落位置	
开工时间		竣工时间		开盘时间		入伙时间	
项目来源					
情况备注					
合同/方案评审	序号	时间	内容	序号	时间	内容
	（1）			（3）		
	（2）			（4）		
有效洽谈记录					
次数/日期	洽谈内容				

15-04　全委项目合同评审记录

全委项目合同评审记录

合同名称							
总建筑面积		住宅		商业		写字楼	
物业类型			坐落位置				
评审依据： 1.市建设局要求使用的标准委托管理合同。 2.市建设局物业管理条例。 3.××市物业管理条例细则。							
注：因建设局要求使用由其拟定的合同文本，故本合同除根据此具体项目提出的一些牵涉我公司能力和利益的具体事项评审外，其余均按标准合同要求拟定，在此不做评审，需评审内容如下。							
评审项目	一、物业管理方式：						
	二、管理期限：						
	三、管理用房：						
	四、管理目标：						
	五、管理服务费标准、空置费及开办费：						
评审人签字							
		签　字			评审时间		
	部门经理						
	主管领导						
	财务审计部						

15-05　顾问项目合同评审记录

顾问项目合同评审记录

合同名称							
总建筑面积		住宅		写字楼		商业	
坐落位置				物业类型			
评审依据：1.市建设局要求使用的标准委托管理合同。 2.市建设局物业管理条例。 3.××市物业管理条例细则。							

续表

注：因建设局要求使用由其拟定的合同文本，故本合同除根据此具体项目所提出的一些牵涉我公司能力和利益的具体事项评审外，其余均按标准合同要求拟定，在此不做评审，需评审内容见下。 1. 对合同中要求甲方积极配合乙方开展工作的相关条款在此一同进行评审。 2. 对合同中所涉及我公司能力和利益的问题在此一同进行评审。	
评审项目	

评审人签字		
	签字	评审时间
主管领导		
部门经理		
财务审计部		

15-06　签约项目工作交接函（全委项目发展商）

签约项目工作交接函（全委项目发展商）

关于 _____ 全委项目工作交接的函〈全委项目发展商〉：

　　我公司已于____年____月____日完成了与贵公司签订_____事宜，双方物管合作将进入前期管理阶段，本合同的具体执行由我公司全委项目主管领导负责，执行本合同过程中的有关协调、沟通事宜，请与我公司全委项目主管领导联系。

　　另提供我公司银行账号及财务审计部联络方式，以方便贵公司依合同约定按时支付顾问费用。

　　　　全委项目主管领导：×××
　　　　　　联系电话：×××××××
　　　　　　履约负责人：×××
　　　　　　联系电话：×××××××
　　　　财务审计部负责人：×××
　　　　　　联系电话：×××××××
　　　　××物业管理有限公司银行账号：
　　　　　　×××××××××××
　　　　××××××银行××分理处

　　特此函告

　　　　　　　　　　　　　　　　　　　×××物业管理有限公司
　　　　　　　　　　　　　　　　　　　　　商　务　部
　　　　　　　　　　　　　　　　　　　　　年　月　日

15-07　签约项目工作交接函（顾问项目发展商）

签约项目工作交接函（顾问项目发展商）

关于 _____ 顾问项目工作交接函〈顾问项目发展商〉：

　　我公司已于___年___月___日完成了与贵公司签订_____事宜，双方物管合作将进入前期管理阶段，本合同的具体执行由我公司顾问管理部负责，执行本合同过程中的有关协调、沟通事宜，请与我公司顾问管理部联系。

　　另提供我公司银行账号及财务审计部联络方式，以方便贵公司依合同约定按时支付顾问费用。

　　　　顾问管理部负责人：×××
　　　　　　　联系电话：×××××××
　　　　　　　履约负责人：×××
　　　　　　　联系电话：×××××××
　　　　财务审计部负责人：×××
　　　　　　　联系电话：×××××××
　　××物业管理有限公司银行账号：
　　×××××××××××××××
　　××××××银行××分理处

　　特此函告

×××物业管理有限公司
商　务　部
年　月　日

15-08　签约项目资料移交记录

签约项目资料移交记录

合同名称					
签约时间			移交资料		
发展商 联系人		职务		电话	
		职务		电话	
备注：					
移交单位		移交人		时间	
接收单位		接收人		时间	
主管领导					
办公室					
全权委托项目主管领导					
顾问管理部					
财务审计部					
品质管理部					
……					

15-09　签约项目资料移交存档记录

签约项目资料移交存档记录

项目名称：　　　　　方式：　　　　　项目负责人：

序号	文件名称	归档	移交人	页数	存档人	备注
1	物业管理合同原件（含附件）					
2	（1）发展商营业执照（复印件）					
	（2）法人代表证明书					
	（3）法人代表授权委托书					
3	项目有效联络与洽谈记录					
4	物业情况调查表					
5	管理方案/标书					
6	（1）传真来往函					
	（2）前期管理费用测算表					
	（3）全权委托开办费用测算表					
	（4）物业管理成本明细表（管理费测算表）					
	（5）顾问服务费用测算表					
7	标书评审记录					
8	合同评审记录					
9	（1）发展商					
	（2）项目交接会议记录					
	（3）签约资料移交记录					
10	（1）发展商相关人员名片					
	（2）项目楼书、图纸广告					

15-10 项目跟踪调研表

项目跟踪调研表

物业名称					
开发商					
地址					
联系人		联系电话		传真	
总建筑面积		物业类型		竣工时间	
业务意向		竞争对手		联系时间	
调研情况：					
备注					

15-11 项目顾问建议函

项目顾问建议函

编号：

目前存在问题	顾问人： 日期：
顾问建议改进措施	顾问人： 日期：
物业管理公司审核意见	负责人： 日期：
改进措施执行情况	跟单人： 日期：

备注：此表保存年限为5年。

15-12 物业管理项目交接记录

物业管理项目交接记录

日期	交接内容	移交人	接收人	交接日期	备注
1	物业资料——详见"验收资料交接记录表"				
2	公共设施、设备——详见"设备验收交接记录表"				
3	建筑物本体、附属设施——详见"物业整体移交验收表"				
4	应移交的办公用品（附清单）				
5	其他应移交内容（附清单）				

交接方（项目负责人）：
交接日期：
被交接方（项目负责人）：
交接日期：

15-13 市场拓展月工作总结

市场拓展月工作总结

制表人：　　　　　　　　　　　　　　制表日期：

本月在谈项目共计＿＿＿＿个。其中：全委＿＿＿＿个；顾问＿＿＿＿个；其他＿＿＿＿

已签约项目共计：＿＿＿＿个

已签约项目名称	项目所在城市	合作方式	建筑面积	合同金额	信息来源

已确定终止洽谈项目数量＿＿＿＿个，并请分别予以说明及分析：

对本月工作的分析总结及建议					

下月可洽谈项目共计＿＿＿＿个。其中：全委＿＿＿＿个；顾问＿＿＿＿个；其他＿＿＿＿个

预计下月可签约项目共计＿＿＿个。其中　全委＿＿＿个；顾问＿＿＿个；其他＿＿＿个

附《本月在谈项目清单》

下月其他工作安排（如出差、参加房展会、培训等）

第16章 客户服务常用表格

16-01 业主信息统计表

业主信息统计表

编号:　　　　　　　　　　　管理处:

序号	房屋地址	业主姓名	联系电话	层数	占地面积/平方米	建筑面积/平方米	备注

16-02 租住人员信息登记表

租住人员信息登记表

房号	业主及联系方式	租住人姓名	身份证地址及号码	联系方式	入住日期	租住期限	备注

16-03 产权清册

产权清册

编号:＿＿＿＿＿＿＿　　　　　　　　　　　＿＿＿＿年＿＿月＿＿日

序号	产权人	地址	房屋类型	建筑面积/平方米	使用情况		附属设施情况	车位租用情况	非机动车库使用情况
					入伙日期	入住日期			

　　　　　　　　　　　　　　　　　　　　　　　　＿＿＿＿＿物业管理有限公司
　　　　　　　　　　　　　　　　　　　　　　　　　　　＿＿＿＿＿管理处

16-04　与顾客沟通登记表

与顾客沟通登记表

单位：　　　　　　　　　　　年　　月

序号	顾客基本信息 业主/住户/其他	沟通内容	沟通方式	事项性质	处理结果	负责人	日期

备注：1.顾客基本信息为姓名、住址等。沟通方式填写或登记为来访、电话、传真、信件、网络及其他。

2.事件性质为报修、求助、建议、问询、质疑、投诉及其他。对有相关表格支撑的内容，在本记录上可以简略登记，主要内容在相关表格上登记。

16-05　顾客投诉处理单

顾客投诉处理单

单位：

投诉人名		住址及联系电话	
投诉时间	年　月　日　时　分	接待人姓名及所在单位	
投诉事由及要求：			
记录人签字：　　　　年　月　日			
接待单位处理结果或拟办意见：			
接待单位：　　　负责人签字：　　　年　月　日			
公司领导批示：			
签字：　　　　　　年　月　日			
承办单位处理情况及结果：			
承办部门：　　　负责人签字：　　　年　月　日			
顾客期望及建议：			
顾客签字：　　　　　年　月　日			

16-06　客户意见调查表（小区物业）

客户意见调查表（小区物业）

住宅小区名称：　　　　　　　客户所在房号：＿＿＿栋＿＿＿＿号

> 真诚欢迎您对我们的服务工作作出评价并提出您宝贵的意见和建议，请您在以下相应项目的"□"内打"√"，同时，请您对不满意项目说明具体的不满意之处，以便我们进一步改进工作。谢谢您的合作与支持！
>
> 1. 安全防范：　优秀 □　　良好 □　　合格 □　　不满意 □
> 2. 车辆管理：　优秀 □　　良好 □　　合格 □　　不满意 □
> 3. 客户服务：　优秀 □　　良好 □　　合格 □　　不满意 □
> 4. 维修处理：　优秀 □　　良好 □　　合格 □　　不满意 □
> 5. 清洁保洁：　优秀 □　　良好 □　　合格 □　　不满意 □
> 6. 园林绿化：　优秀 □　　良好 □　　合格 □　　不满意 □
> 7. 社区文化：　优秀 □　　良好 □　　合格 □　　不满意 □
> 8. 费用管理：　优秀 □　　良好 □　　合格 □　　不满意 □
>
> 您对我们服务的综合评价是：优秀 □　　良好 □　　合格 □　　不满意 □
>
> 您对我们服务不满意之处是：
>
> 您的其他意见或建议是：
>
> 客户签名：

调查方式：　　　　　调查人：　　　　　日期：　　年　　月　　日

16-07 客户意见调查表（机关、写字楼物业）

客户意见调查表（机关、写字楼物业）

物业名称：　　　　　　　　年　　半年

姓　名	性别	工作部门	职务

真诚欢迎您对我们的服务工作作出评价并提出您宝贵的意见和建议，您认为满意的打"√"；不满意的请打"×"，同时，请您对不满意项目说明具体的不满意原因，谢谢您的合作与支持！

1. 供　　电（　　）　　9. 社区文化（　　）
2. 供　　水（　　）　　10. 保安执勤（　　）
3. 投诉接待（　　）　　11. 园林绿化（　　）
4. 维修速度（　　）　　12. 空调管理（　　）
5. 维修质量（　　）　　13. 电梯管理（　　）
6. 服务态度（　　）
7. 公共卫生（　　）
8. 公共设施（　　）

客户签名：

意见或建议	提议者	
		年　月　日
投诉	提议者	
		年　月　日

物业公司相关部门处理意见：

　　　　　　　　　　　　　签　名：　　　　　　年　月　日

处理结果验证：　　□已处理　　　□未处理完成，继续跟踪

　　　　　　　　　　　　　验证人：　　　　　　年　月　日

备注：

　　　　　　　　　　　　　　　　　　　　　　　　　　　调查人：

16-08 客户意见调查统计表

客户意见调查统计表

部门：　　　　　　　　　　　　　　　　　　　　____年　____半年

单位＼结果	1	2	3	4	5	6	7	8	9	10	11	12	13	14	15	16
合计																
备注	表中的编号与"客户意见调查表"中的调查项目编号一一对应。															

统计人：　　　　日期：　　　　　　归档：　　　　　　日期：

16-09 客户意见调查分析报告

客户意见调查分析报告

部门：　　　　　　　　　　　　　　　　　　　　____年　____半年

序号	项目名称	各项满意率统计	备注
1	供　电	(____／总数____)×100%=	
2	供　水	(____／总数____)×100%=	
3	投诉接待	(____／总数____)×100%=	
4	维修速度	(____／总数____)×100%=	
5	维修质量	(____／总数____)×100%=	
6	服务态度	(____／总数____)×100%=	
7	公共卫生	(____／总数____)×100%=	
8	公共设施	(____／总数____)×100%=	
9	社区文化	(____／总数____)×100%=	
10	保安执勤	(____／总数____)×100%=	
11	园林绿化	(____／总数____)×100%=	

续表

序号	项目名称	各项满意率统计	备注
12	空调管理	(＿＿＿＿＿／总数＿＿＿)×100%=	
13	电梯管理	(＿＿＿＿＿／总数＿＿＿)×100%=	
14			
15			
16			
17		综合满意率=$\dfrac{各项满意率之和}{项目总数}$×100%	

统计分析方法：
调查表共有（　　　）项调查内容，每项有＿＿＿＿＿种答复。统计分析计算每项及其综合满意率（各项计算公式为：该项＿＿＿＿＿满意数/回收的调查表总数×100%=该项满意率）。根据各分项满意率进行总结分析。

分析结果（附统计表，本页不够填写时可另附页）：
分析人：　　　　　　　日　期：

质量管理部：　　　　　　部门负责人：
日　　　期：　　　　　　日　　　期：

16-10　社区文化活动实施计划

社区文化活动实施计划

部门：＿＿＿＿＿＿＿＿＿＿

活动名称				
活动时间		活动地点		
组织单位/人				
参加单位/人				
具体内容	（本栏不够填写时可另附页）			
经费测算	（本栏不够填写时可另附页） 测算：　　　　　　　日期：			
审批意见	签名：　　　　　　　日期：			
备注				

拟制：　　　　　日期：　　　　　归档：　　　　　日期：

16-11　社区文化活动记录表

社区文化活动记录表

部门：＿＿＿＿＿＿＿＿＿＿

活动名称		活动地点	
活动时间		组织单位/人	
参加单位/人			
活动举办情况： 　　　　　　　　　　　　　　　　　记录人：　　　　　　　日期：			
效果评估	评估人：　　　　　　　日期：		
备注			

归档：　　　　　　日期：

第17章　秩序维护管理常用表格

17-01　值班安排表

值班安排表

部门：_____　　　____年____月　　　编号：_____

类别：护卫□　消防□　水电□　管理处□

周	日	班次	岗位					
周一		早班						
		中班						
		晚班						
周二		早班						
		中班						
		晚班						
周三		早班						
		中班						
		晚班						
周四		早班						
		中班						
		晚班						
周五		早班						
		中班						
		晚班						
周六		早班						
		中班						
		晚班						
周日		早班						
		中班						
		晚班						
说明	1.表中每日下的栏目中，一个栏目可填写多个日期，但要与周相对应 2.值班时间：早班07:00～15:00；中班15:00～23:00；晚班23:00～07:00 3.遇重大活动，临时增派的人员不在本表体现 4.本表的页数可根据各部门的值班安排情况进行增加							

审批：　　　　　　　　　拟制：　　　　　　　　　归档：

日期：　　　　　　　　　日期：　　　　　　　　　日期：

17-02　值班记录表

值班记录表

＿＿年＿月＿日

员工签到记录		值班情况记录（早班）
姓　名	时　间	
		交班人：＿＿＿＿＿＿＿＿＿＿接班人：
		值班情况记录（中班）
		交班人：＿＿＿＿＿＿＿＿＿＿接班人：
		值班情况记录（晚班）
		交班人：＿＿＿＿＿＿＿＿＿＿接班人：

17-03　护卫训练计划表

护卫训练计划表

部门：＿＿＿＿＿＿＿＿＿＿　　　　　＿＿年＿月

内容＼时间＼星期	6:00～7:00	18:10～19:20	备注
星期一			
星期二			
星期三			
星期四			
星期五			
星期六			
星期日			
备注	1.本计划表为保安班的日常训练计划，每天照计划进行，除值班人员外，无特殊情况不得缺席，有特殊原因需有请假单 2.每次训练前，参加训练人员均需签到，训练结束后由训练员进行总结		

批准：　　　　　　　　拟制：　　　　　　　　归档：
日期：　　　　　　　　日期：　　　　　　　　日期：

17-04　护卫训练记录表

护卫训练记录表

部门：_____　　　　　____年__月

训练内容						
教练员				训练时间		
训练人员签到	姓名	时间	姓名	时间	姓名	时间
训练小结						
应到人数		缺席人数及原因				
实到人数						
备注						

审核：　　　　　日期：　　　　　归档：　　　　　日期：

17-05　来访人员登记表

来访人员登记表

_____年____月

日期	来访人	来访人单位、证件、号码	被访人	来访事由	来访时间	离开时间	值班人

17-06　巡逻记录表

巡逻记录表

部门：_____　　　　　　　___年__月

日期	班次	巡逻人员	巡逻结果	备注（相关处理情况记录）

17-07　放行条

放行条

房号：　　　　　　　　　　　　　　　　　　　　　　　年　月　日

物品名称（大件）	型号	数量	业主或经办人姓名：
			证件号：
			联系电话：
			搬运车辆车牌号： （护卫员填写）
			护卫员：
费用缴纳情况：			签发人：

注：此条由大堂护卫员检查，无大堂的花园由巡逻护卫员或车管员检查。

17-08　重点安全防火部位登记表

重点安全防火部位登记表

部门：_____　　　　　　　___年__月

序号	安全防火位置	所属单位	单位负责人联系电话	重点防火原因	备注
说明	本表根据部门实际情况，及时调整物业的重点防火部位					

审核：　　　　　　日期：　　　　　　拟制：　　　　　　日期：

17-09 客户主要联系人名单

客户主要联系人名单

部门：_____

序号	确定日期	客户姓名（名称）	物业所在位置	联系人	联系电话	变更记录	备注
说明	本表根据各区域联系人的变更情况，及时更新此表						

审核：　　　　　　　日期：　　　　　　　拟制：　　　　　　　日期：

17-10 临时动火作业申请表

临时动火作业申请表

单位		地址		动火负责人	
动火作业起止时间			动火部位		
动火作业安全措施：					
施工单位负责人意见：					
消防执行人意见：					
管理处主任意见：					
巡查记录：					

17-11　紧急事件处理记录表

紧急事件处理记录表

部　　门			
事件主题		发生时间	
事件概述： 　　　　　　　　　记录：　　　　年　　月　　日			
处理办法： 　　　　　　　　　拟制：　　　　年　　月　　日			
执行人		完成时间	
处理结果： 　　　　　　　　部门负责人：　　　年　　月　　日			
支持性单据（附后面）			
分管领导审核意见	签名：		日期：
备　　注			

归档：　　　　　　　　日期：

第18章　工程管理常用表格

18-01　装修申请审批表

装修申请审批表

客户姓名		装修地点		联系电话	
施工单位名称			施工方负责人及联系电话		
施工起止日期					
申请内容（包括装修项目、范围、标准等）					
客户和施工单位保证装修不超过以上范围，按期完成，并严格遵守《××市家庭居室装修管理规定》及相关法律规章。					
装修客户签名： （或盖章）日期：			施工单位负责人签名： 日期：		
审批意见		签名：　　　　　日期：			
管理处验收意见			管理处验收人员签名		
			装修客户签名		
	部门负责人：　　　日期：		施工负责人签名		
附　件	装修施工单位施工人员身份证复印件、营业执照等复印件，整改通知单。				
备注：1.装修期为三个月，如需延期，需重新办理申请手续，装修完毕后，由管理处、装修客户、施工方共同现场验收，合格后经三方签字方可退回装修保证金。 2.商业装修客户及需改变房屋使用功能、用途的需先到相关政府主管部门办理申请手续，经批准后再按管理处程序办理申报手续。验收也由相关主管部门验收。					
归档：			日期：		

18-02　装修监督检查记录表

装修监督检查记录表

类别：_____　　　　　　　部门：_____

序号	检查点及存在问题	检查人及日期	责任人签名	整改情况复查人/日期	备注（注明对应日期的工作记录）
备注	表中类别主要是针对质量体系文件中对应的程序文件，以各程序文件不同内容作为监督检查的类别，存档时分类存放于不同的程序文件目录下。				

18-03　装修申请汇总表

装修申请汇总表

序号	装修客户姓名	装修客户地点（楼层、房号或门牌号等）	联系电话	施工单位名称	施工单位负责人及联系电话	装修申报日期	竣工日期	备注

归档：_____　　　　　　　日期：_____

18-04　装修人员登记表

装修人员登记表

部门：_____

项目＼照片					
姓名					
性别					
出生日期					
籍贯					
身份证住址					
身份证号码					
装修地点					
装修队责任人					
装修队名称					
联系电话					
备注					

登记人：　　　　日期：　　　　归档：　　　　日期：

18-05　工程部有偿服务登记表

工程部有偿服务登记表

序号	时间	位置	维修内容	维修材料及人工费用	维修人

18-06　零修及时率统计表

零修及时率统计表

编号：

内容＼月份	1月	2月	3月	4月	5月	6月	7月	8月	9月	10月	11月	12月
实际零修项目报修总数												
维修及时的单据数												
零修及时率												
维修合格的单据数												
实施维修的单据数												
零修合格率												
统计人												

注：

$$零修及时率 = \frac{维修及时的单据数}{实际零修项目报修总数} \times 100\%$$

$$零修合格率 = \frac{维修合格的单据数}{实施维修的单据数} \times 100\%$$

18-07　工程部公共维修登记表

工程部公共维修登记表

编号：

序号	时间	位置	维修内容	维修材料	维修人

18-08　机电设备设施维修报批表

机电设备设施维修报批表

编号：

时间		地点	
维修人员			
维修内容			
维修方案（包括时间、人工、材料等）			
工程部主管：			
管理处经理：			

18-09　报修登记表

报修登记表

编号：　　　　　　　　　___年__月

序号	报修时间	报修项目（内容）	报修人/联系电话	记录人	执行单位	备注（注明相关记录）

18-10 服务工作单

服务工作单

编号：　　　　　　　　　　　　　　___年___月___日

维修地点			接单人		
联系人及联系电话			接单时间		
情况描述					
工作单位		工作审批		类别	A类□ B类□
工作开始日期及时间		工作完成日期及时间			
工作说明及结果			执行人		
			验收人		
材　料	数量	材　料	数量	材　料	数量
备注	单中A类表示"零修急修"项目，B类代表其他服务项目，由审批人界定。				

注：此单一式二份，第一联是原件存根（工作单位）、第二联是复写件（验收人）。

18-11 回访记录表

回访记录表

编号：　　　顺序号：[　　]年第　　号

回访时间		回访人	
回访形式	上门回访□ 电话回访□	相关的单据号 （记录或依据）	
回访内容			
客户意见		客户签名	
		日期	
备注			

归档：　　　　　　　　日期：

18-12　房屋完好率统计表

房屋完好率统计表

编号：

统计时间/月	1	2	3	4	5	6	7	8	9	10	11	12
总建筑面积/平方米												
基本完好房面积/平方米												
一般损坏房面积/平方米												
严重损坏房面积/平方米												
危险房面积/平方米												
房屋完好率/%												
统计结果												
统计人签名												

注：

$$房屋完好率 = \frac{完好房屋面积 + 基本完好面积}{总建筑面积} \times 100\%$$

制表：　　　　审核：　　　　批准：

18-13　房屋设施零星小修记录表

房屋设施零星小修记录表

年　　月　　日　　　　　　　　　　　　　　　编号：

年/月/日	用户名称（楼号）	养护内容（更换使用材料处理方式）	养护单位（人）	确认

拟制：　　　　　　　　核准：

18-14　房屋设施维修养护记录表

房屋设施维修养护记录表

编号：

序号	维保时间	维保项目	维保情况	维保人	备注

制表：　　　　　审核：　　　　　批准：

18-15　房屋设施维修养护计划表

房屋设施维修养护计划表

编号：

外墙瓷片		外墙防漏	
外墙清洗		楼顶防水	
楼顶隔热层		楼道内踏步	
楼道内涂料		单元门	
楼梯扶手		管道除锈刷漆	
防火门			
停车场设施			

制表：　　　　　审核：　　　　　批准：

18-16　房屋中（大）修工程计划表

房屋中（大）修工程计划表

编号：

工程名称	
计划时间	
计划维修人员	
工程内容（包括维修内容和材料预算等）	
工程主管意见：	
相关部门意见：	
管理处经理意见：	
公司总经理意见：	

18-17　喷淋系统（水）停用审批单

喷淋系统（水）停用审批单

编号：

日期	
停用时间	
停用位置	
停用申请人	
停用原因	
工程部意见	
公司领导意见	

18-18 消防水动用申请单

消防水动用申请单

日期	
动用时间	
动用消防水理由	
动用消防水申请责任人	
工程部意见	
安管部意见	
公司领导意见	

18-19 工程部值班交接记录表

工程部值班交接记录表

编号：

日期		值班时段		值班人	
值班内容				处理结果或建议：	
接班人员意见：					
日期		接班时间		接班人员	

18-20 工程部抽查表

工程部抽查表

年　　月　　日

位置	内容	抽查质量结果	问题记录	整改情况	抽查人
电梯	环境卫生				
	维保情况				
	记录资料				
	操作情况				
配电房	环境卫生				
	维保情况				
	记录资料				
	操作情况				
发电机房	环境卫生				
	维保情况				
	记录资料				
	操作情况				
中央空调	环境卫生				
	维保情况				
	记录资料				
	操作情况				
水泵房	环境卫生				
	维保情况				
	记录资料				
	操作情况				
联动系统	环境卫生				
	维保情况				
	记录资料				
	操作情况				
风机房	环境卫生				
	维保情况				
	记录资料				
	操作情况				

第19章　环境管理常用表格

19-01　垃圾（固体废弃物）清运登记表

垃圾（固体废弃物）清运登记表

部门：　　　　　　　　　　　　　　　　　　　　　　　　　　年　　月

日期	清运时间		固体废弃物清运数量/车			清运合计	清运效果	检查人	备注
	早上	下午	一般垃圾	可回收垃圾	有害垃圾				

19-02　工具、药品领用登记表

工具、药品领用登记表

工具/药品名称	领用人	领用日期	领用人签名	备注

19-03　消杀服务记录表

消杀服务记录表

年　　　月　　　日

地点＼记录＼项目	灭蚊蝇、蟑螂		灭鼠		死鼠数量	消杀人	监督人	备注
	喷药	投药	放药	堵洞				
垃圾池								
垃圾中转站								
污雨水井								
化粪池内								
管道、管井								
沉沙井								
绿地								
楼道								
车库								
食堂、宿舍								
地下室								
设备房								
仓库								
商业网点								
会所								

制表：

19-04　消杀服务质量检验表

消杀服务质量检验表

年　　　月　　　日

地点＼项目	灭蚊	灭蝇	灭鼠	灭蟑螂	不合格处理结果
垃圾池					
垃圾中转站					
污雨水井					
化粪池内					
管道、管井					

续表

项目 地点	灭蚊	灭蝇	灭鼠	灭蟑螂	不合格处理结果
沉沙井					
绿地					
楼道					
车库					
食堂、宿舍					
地下室					
设备房					
仓库					
商业网点					
会所					

审核：　　　　　　　　　　　　制表：

19-05　保洁员质量检查表

保洁员质量检查表

检查项目	检查细则	等级			
		优	良	中	差
服务规格	1.对进入大厦的客人是否问候、表示欢迎？				
	2.迎接客人是否使用敬语？				
	3.使用敬语时是否点头致意？				
	4.在通行道上行走是否妨碍客人？				
	5.回答客户提问是否清脆、流利、悦耳？				
	6.跟宾客讲话是否先说："对不起，麻烦您了"？				
	7.发生疏忽或不妥时，是否向宾客道歉？				
	8.客人跟你讲话时，是否仔细聆听并复述？				
	9.能否正确解释客人提问？				
	10.招呼领导或客人时，是否站立问候或点头致意？				
	11.在工作时，是否发生过大声响？				
	12.是否及时、正确地更换烟灰缸？				
	13.是否检查会所桌椅和大堂桌椅及地面有无客人失落的物件？				
	14.与客人谈话是否点头行礼？				

续表

检查项目	检查细则	等级			
		优	良	中	差
服务规格	15.各岗位工作时的站立、行走、操作等服务姿态是否合乎规程?				
卫生环境	1.玻璃门窗及镜面是否清洁、无灰尘、无裂痕?				
	2.窗框、工作台、桌椅有无灰尘和污斑?				
	3.地面有无碎屑及污痕?				
	4.墙面有无污痕或破损?				
	5.盆景花卉有无枯萎带灰尘现象?				
	6.墙面装饰物有无破损?				
	7.天花板有无破损、漏水现象?				
	8.天花板是否清洁,通风是否正常?				
	9.通风口是否清洁,通风是否正常?				
	10.灯泡灯管灯罩有无脱落、破损、污痕?				
	11.吊灯是否照明正常,是否完整无损?				
	12.各种通道有无障碍物?				
	13.所有桌椅是否无破损、无灰尘、无污痕?				
	14.广告宣传品有无破损、灰尘及污痕?				
	15.总的卫生环境是否能吸引客人?				
仪表仪容	1.保洁员是否按规定着装并穿戴整齐?				
	2.工作服是否合体、清洁,无破损油污?				
	3.工作牌是否端正地挂在左胸前?				
	4.保洁员打扮是否过分?				
	5.保洁员是否留有怪异发型?				
	6.男保洁员是否蓄胡须,留大鬓角?				
	7.女保洁员头发是否清洁、清爽?				
	8.外衣是否烫平、挺括,无污边皱褶?				
	9.指甲是否修剪整齐,不露出指头之外?				
	10.牙齿是否清洁?				
	11.口中是否发出异味?				
	12.衣裤口袋中是否放有杂物?				
	13.女保洁员是否涂有彩色指甲油?				
	14.女保洁员发(式)样是否过于花哨?				
	15.除手表戒指外,是否还戴有其他首饰?				
	16.是否有浓妆艳抹现象?				
	17.使用香水是否过浓?				

续表

检查项目	检查细则	等级			
		优	良	中	差
仪表仪容	18.衬衫领口是否清洁并扣好？				
	19.男保洁员是否穿深色鞋袜？				
	20.女保洁员是否穿肉色袜？				
工作纪律	1.工作时间是否相聚闲谈或窃窃私语？				
	2.工作时间是否大声喧哗？				
	3.是否有人放下手中工作？				
	4.是否有人上班打私人电话？				
	5.是否在别的岗位（串岗）随意走动？				
	6.有无交手抱臂或手插入口袋的现象？				
	7.有无在工作区吸烟、喝水、吃东西的现象？				
	8.有无在上班时看书、干私事的行为？				
	9.有无在客人面前打哈欠、伸懒腰的行为？				
	10.上班时是否倚、靠、趴在工作台或工具上？				
	11.有无随背景音乐哼唱现象？				
	12.有无对宾客指指点点的动作？				
	13.有无嘲笑客人失慎的现象？				
	14.有无在宾客投诉时作辩解的？				
	15.有无不理会客人询问的？				
	16.有无在态度上、动作上向客人撒气？				
	17.有无对客人过分亲热的现象？				
	18.有无对熟客过分随便的现象？				
	19.对客人能否做到既一视同仁，同时又开展个性化服务？				
	20.有没有对老、幼、残顾客提供服务或对特殊情况提供针对性服务？				
备注：					

19-06 绿化养护作业记录

绿化养护作业记录

时间		地点	作业项目（工作内容）	签字	备注
月 日至	月 日				
月 日至	月 日				
月 日至	月 日				
月 日至	月 日				

19-07　绿化现场工作周记录表

绿化现场工作周记录表

管理处：　　　　　　岗位责任人：　　　　　　岗位范围：

检查项目		日期	月　日	月　日	月　日	月　日	月　日	月　日	月　日
绿化工工作（此格由绿化班长填写绿化每天工作，无绿化班长的由绿化工填写）									
绿化工着装整洁，符合要求									
草坪	修剪平整，在2~8厘米								
	无黄土裸露								
	无杂草、病虫和枯黄								
乔灌木	无枯枝残叶和死株								
	修剪整齐，有造型								
	无明显病虫和粉尘污染								
绿篱	无断层缺株现象								
	修剪整齐，有造型								
	无明显病虫和粉尘污染								
花卉	无病虫								
	无杂草，花期花开正常								
	修剪整齐								
藤本	枝蔓无黄叶长势良好								
	蔓叶分布均匀								
	无明显病虫和粉尘污染								
浇水施肥	是否及时								
	方法是否正确								
	有无浪费现象								
	是否按时查病虫								
园艺设施	护栏、护树架、水管、龙头是否良好								
	供水设施、喷灌等是否完好								
	园艺设施维修是否及时								
绿化药剂是否符合标准									
作业过程是否佩戴安全防护用具									
是否通知住户并做相应标志									
管理处环境组									
管理处经理									
其他各级督导									

备注：1.此表使用完后由管理处环境组负责更换保存，填写管理处名称、岗位责任人、岗位范围及日期。

2.各级督导发现无不合格在格内打"√"，发现不合格在格内打"×"，并在相应位置签名。

19-08 绿化工作周、月检查表

表绿化工作周、月检查表

检查人：　　　　　　　　年　月　日　　　　　　编号：

检查项目	不合格原因	责任人	处理结果	备注
除杂草				
松　土				
清理枯枝落叶				
清理绿地石块				
树木草地浇水				
叶面清洁度				
树木施肥				
乔木整枝				
灌木整枝				
绿篱修缮				
防寒工作				
防台风工作				
草坪修整				
草坪补缺				
草坪填平				

第20章 财务管理常用表格

20-01 物业管理收支预测汇总表

物业管理收支预测汇总表

项目		金额/年
物业管理综合收入总计		
1	物业管理费收入	
2	停车场收入	
3	有偿服务收入	
物业管理成本总计		
1	人工费（××人计）	
2	行政办公费	
3	公共设备设施维护保养费	
4	公共秩序费（俗称护卫）	
5	公共水电费	
6	绿化养护费	
7	清洁卫生费	
8	社区文化活动费	
9	保险费	
10	业委会活动经费	
11	律师顾问费	
12	不可预见费	
管理者酬金		
税金及附加		
物业管理支出总计		
物业管理服务费收支差额		

20-02　小区管理成本预测明细表

小区管理成本预测明细表

1. 综合收入预测表

项目		测算公式	金额/（元/年）
一、物业管理收入			
1	住宅管理费		
2	超市管理费		
3	商铺管理费		
二、停车场收入			
1	汽车月保		
2	汽车临停过夜		
3	摩托车月保		
4	摩托车临停过夜		
三、有偿服务收入			
1	日常维修		
2	家政服务		
收入合计			

2. 人工费（××人计）预测明细表

项目		测算公式	金额/（元/年）
1	员工工资		
2	工作餐费		
3	交通及通信补贴		
4	福利费		
5	社会保险费		
6	法定假日加班费		
7	教育和工会经费		
合计			

3.行政办公费预测明细表

序号	项目	测算公式	金额/（元/年）
1	固定电话费		
2	行业交流、接待及差旅费		
3	办公文具费		
4	办公设备维护费		
5	电脑耗材		
6	饮水费		
7	书报费		
8	固定资产折旧费		
9	办公水费		
10	办公电费		
11	服装费		
	合计		

4.公共设备设施维修养护费预测明细表

序号	项目	测算公式	金额/（元/年）
1	公共房屋场所维护费		
2	围墙维护费（三年一次）		
3	内墙翻新费（三年一次）		
4	外墙清洗费（三年一次）		
5	道路维护		
6	栏杆翻新		
7	电梯维护保养		
8	电梯年检费		
9	给排水系统维护费		
10	排污管道清理费		
11	泵房电机维护费		
12	污水处理系统维护费		
13	水景水泵维护费		
14	水景景观灯维护费		
15	路灯翻新及其维护费		
16	路灯招募材料费		
17	草地灯维护材料费		
18	草坪灯招募更换费		

续表

	项目	测算公式	金额/（元/年）
19	楼梯灯招募材料费		
20	监控系统维护费		
21	消防设施保养费		
22	室外消防主管道保养维护费		
23	消防风机维护费		
24	消防栓保养维护费		
25	避雷系统维护费		
26	智能抄表系统维护费		
27	停车系统维护费		
28	视角识别系统维护费		
29	大屏幕保养维护费		
30	运动设施维护费		
31	配电房维护费		
32	发电机燃料及维护费		
33	线槽维护费		
34	对讲门维护费		
35	景观水族生物养护费		
	合计		

5.公共水电费预测明细表

	项目	测算公式	金额/（元/年）
公共水费			
1	景观用水		
2	人工湖泊		
3	绿化用水		
4	清洁用水		
公共电费			
1	电梯		
2	生活水泵		
3	梯间照明		
4	消防水泵		
5	地下排污泵		
6	通风机		

续表

项目		测算公式	金额/(元/年)
7	污水处理站		
8	江边堤岸灯		
9	入口处景观灯		
10	草坪及其他灯		
11	小区路灯		
12	小区庭院灯		
13	射树灯		
14	景观喷泉		
15	地下室照明		
16	泳池设备		
17	标志性入口		
	合计		

6.绿化养护费预测明细表

项目		测算公式	金额/(元/年)
1	绿化费		
2	补苗费		
	合计		

7.公共秩序费（护卫）预测明细表

项目		测算公式	金额/(元/年)
1	日常装备消耗		
2	治安联防费		
3	消防器材补药费		
	合计		

8.清洁卫生费预测明细表

项目		测算公式	金额/(元/年)
1	公共场所清洁费		
2	消杀费		
3	垃圾清运费		
4	生活水池杀毒		
5	沙井清理费		
	合计		

9. 社区文化活动费预测明细表

	项目	测算公式	金额/（元/年）
1	日常文化活动		
2	重大节日活动布置费		
	合计		

10. 保险费预测明细表

	项目	测算公式	金额/（元/年）
1	公众责任险		
2	车辆险		
3	设施设备险		
	合计		

11. 其他费用预测明细表

	项目	测算公式	金额/（元/年）
1	业委会活动经费		
2	律师顾问费		
3	不可预见费		
4	管理者酬金		
5	税金及附加		
	合计		

20-03　管理费用预算分配表

管理费用预算分配表

单位：元

一、支出项目	行次	住宅	停车场	合计金额	备注
1.薪金福利					
（1）员工工资	1				
（2）工资附加费	2				
2.系统维修及保养					
（1）电梯	3				
（2）空调	4				
（3）电信系统	5				

续表

一、支出项目	行次	住宅	停车场	合计金额	备注
（4）房屋工程	6				
（5）给排水系统	7				
（6）消防系统	8				
（7）电气设备	9				
（8）发电机系统	10				
3.管理费用					
（1）电费	11				
（2）水费	12				
（3）排污费	13				
（4）保险费	14				
（5）绿化费	15				
（6）清洁消杀	16				
（7）储备金	17				
4.财务费用	18				
5.行政费用	19				
6.税金	20				
支出合计	21				
二、收入	22				
三、管理费结余	23				

审核： 制表：

20-04　维修基金缴纳情况表

维修基金缴纳情况表

房号	业主名称	缴纳时间	面积/平方米	应缴基金金额/元	实缴基金金额/元	备注

20-05　未入伙空置房欠缴管理费及维修基金清单

未入伙空置房欠缴管理费及维修基金清单

单位：元

业主名称	房号	面积/平方米	管理费单价/元	合计	本体维修基金	合计	小计

20-06　维修基金使用情况表

维修基金使用情况表

月份：　　　　　　　　　　　　　　　　　　　　　　　　　　单位：元

项目	本期发生额	累计金额	转固定资产	余　额
应收基金				
已收基金				
未收基金				
基金结余				
基金支出				
其中：工具				
家具				
办公设备				
通信设备				
办公费				
管理人员工资				
员工工资				
工程费				
税金				
……				
合计				

审核：　　　　　　　　　　　　　　　　制表：

20-07　每月应收管理费明细表

每月应收管理费明细表

所在小区：

楼栋	房号	姓名	面积/平方米	管理费/元

20-08　××花园__月未交款住户费用清单

××花园__月未交款住户费用清单

住户代码	住户名称	水费/元	管理费/元	欠__月费用/元	滞纳金/元	费用汇总
总计扣款户数						

20-09　停车场收费每日汇总表

停车场收费每日汇总表

　　　　　　　　　　　　　　　　　　　　　　　　　年　　月　　日

收费类型	车牌号码	入场时间	出场时间	收费金额/元	备注
汇总情况	1.月卡车共_____辆 2.储值卡车共_____辆 3.临时保管车共_____辆 4.免费车共_____辆 5.实收金额_____元				

审核：　　　　　　　　　　　　　　　　制表：

20-10 装修、多种经营费用明细表

装修、多种经营费用明细表

单位:元

序号	日期	住址	姓名	装修押金	出入证工本费	装修垃圾清运费	垃圾管理费	中介费	工程维修费	代办费	其他收入	小计

Part 4　物业公司管理文本

第21章 物业接管验收类文本

21-01 物业接管验收方案

物业接管验收方案

为保证_____花园管理处交接验收工作顺利进行，本着维护业主的利益，减少业主投诉，保证入住交接时房屋和公共设施的合格率达到业主满意，保障_____地产与_____物业工程和服务质量及品牌知名度，制定_____花园物业接管验收方案。

一、验收时间

____年____月____日~____年____月____日

二、验收项目

对预交竣工工程分批分项进行交接验收。

（1）交接验收房屋本体。按幢整体交接，每幢预交楼体室（幢）内各专业全部竣工。

（2）交接验收公共设备设施。按系统整体交接。供水系统、电话系统、电视接收系统、宽带系统、排水系统、公共照明、道路、水景观等项目。

（3）交接验收园林绿化、天然气设施、安防监控系统、消防系统、锅炉房及供热管道系统等项目。

（4）交接验收车库、会所、其他附属设施、一期园区总体规划等项目，同时交接验收政府或行业垄断的部门和公共设备设施供方资料、园区标志。

三、接管验收准备

（1）《接管验收方案》。
（2）《房屋交接验收标准》。
（3）《公共设备设施验收标准》。
（4）《竣工资料清单》。
（5）《供方资料交接清单》。
（6）《工程质量问题处理程序》。

四、验收范围及内容

各项目、各系统交接范围和内容如下。

（1）接管验收应提交验收的资料（"竣工资料清单"）。

（2）给水设备的验收。电源控制箱、直饮水泵、水泵、给水管网以及相关设备、相关图纸。

（3）排水设施的验收。包括室外排水管道、沟、渠、池、井、排污系统、交接设备的相关图纸等。

（4）卫生设备的验收。包括冷热水龙头、马桶、面盆、水龙头及其他附属性卫生设备。

（5）厨房设备的验收。包括洗菜盆、洗菜盆龙头、管道煤气、煤气灶具等以及说明书。

（6）供热设施的验收。包括热力管网、开关室、各种阀门、设备说明书、图纸、合格证等相关设备或资料。

（7）供电设备的验收。包括电表、各类开关、灯座、各类配电箱、供电线路、插座、照明器具、灯杆、高压柜、电力变压器、主电力电缆、发电机组、设备说明书、图纸、合格证等相关设备或资料。

（8）弱电系统的验收。包括卫星地面站、电视天线系统、监控系统、安防系统及其设备说明书。

（9）空调系统的验收。包括空调机组、风机盘管、循环泵、自控系统等。

（10）燃气系统的验收。包括管线、燃气表、气截门、设备说明书、图纸、合格证等相关设备或资料。

（11）电话系统的验收。包括交换机线路、插座、设备说明书、图纸、合格证等相关设备或资料。

（12）土建工程的验收。包括各类材料构成的墙面、地面、门窗、厨卫设施及其他各种室内外建筑配套设施。

（13）消防设施的验收。包括烟感、温感、喷淋头、消火栓、应急灯、警钟玻璃按钮、防火门、消防管道、控制主机、联动柜、煤气管道、切断阀以及接合器、水龙带等相关设备的说明书、图纸、合格证。

（14）隐蔽工程的验收。包括防水、预埋管线以及其图纸等各项目各专业的隐蔽工程。

（15）电梯的验收。包括电梯轿厢、曳引机、钢丝绳、道轨、扳手和设备说明书、图纸、合格证等相关设备或资料。

（16）交接车库、会所、商业街、小区内等各种标志。

（17）公共设备设施供方资料及市政供方资料协议交接，并对供方的保养维护期限、费用、保养服务范围、负责人、联系电话等交接记录，对已产生的费用应经物业确认。

五、预交接工程接管验收条件

接管验收的房屋建筑及公共设备设施应具备以下条件。

（1）各幢预交接房屋建筑，正常施工必须全部结束；外围设施在入住以前必须竣工交接。

（2）各项预交接公共设备设施系统整体竣工。

（3）电梯、锅炉、水质、消防、避雷、防汛、人防等经相关主管部门检验合格。

六、交接验收组织计划

由项目部应提前一周提出预交接项目交接验收通知，明确预交接验收项目及详细内容，并提供交房标准及竣工图纸资料。管理处接到项目部交接验收通知后，根据预交项目具体内容制定交接验收实施计划。

（一）成立交接验收小组（每组4~5人）（预定如下）

（1）组长1名（可兼任）：_____。

（2）水暖1名：_____，负责水暖专业。

（3）电气1名：_____，负责电气专业。

（4）土建1名：_____，负责结构、土建专业。

（5）文秘1名：_____，负责房屋钥匙交接、记录。

（二）交接前工作计划

（1）正式交接前，对交接验收人员进行培训，并进行实地模拟演练。

（2）结合实地模拟演练，每户型抽五六户检查验收，收集房屋普遍存在的问题，作为正式验收时重点核查项目。

（3）准备正式交接验收。

（三）验收检查方法

通过与设计图纸、验收标准、法律规范核对并以下列方式对检验不合格项登记记录，反馈至项目部，按照返修流程进行。

（1）对运转设备进行试运转，通过一看二听三摸查验，看设备状态是否齐全良好，运转平稳；听是否有杂音、异声、噪声；摸设备温度是否超标。条件允许，也可通过测量仪器检测。

（2）静态设备逐台（个）或随机抽查，现场检查试验。也可根据实际情况，以交接方出具的合格证明为依据。

（3）对电气、电信设施进行观测、检测工具检测和试送电运行检验，接线端子试紧固，空气开关试合闸等方法。

（4）对上下水设施进行通水试验，附件进行功能性试验。

（5）对房屋进行观测、丈量、工具检测等方式进行检验。

（6）对卫生间防水进行闭水试验，厨卫设施进行观测和通水试验。

（7）对给水、采暖、燃气管网及压力容器进行观测检查以外，还要进行强度试验和气密性试验。

（8）钥匙交接分房屋、设备及设备房钥匙。提前准备好口取纸，在现场采取逐个测试、逐个标志的方法验收。完成后，进行钥匙交接记录，填写"钥匙交接记录表"，双方签字确认，贴验讫封条。

七、交接验收流程

交接验收程序见下图。

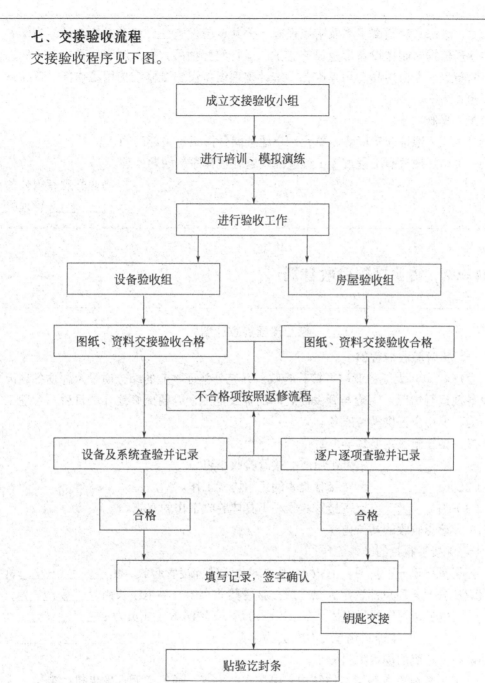

交接验收程序

八、接管验收期间工作安排

（1）安全。由项目部委托进行监管，对进出施工人员和成品状态进行管理，准备正式接收后的人员配备和岗位设计准备。

（2）维修。对预交房屋及附属设施、公共设备设施完好状态进行统计，为保安提供管理依据。制作设备房及设施维护、运行配套物品，规章制度、指导书、标志等上墙布置，办公用品、用具准备。统计整理设备设施维修维护用易损件、备品备件、相关物资。

九、其他

（1）社区地址和房屋幢、单元、户地址编号得到有关部门确认。

（2）如发现遗漏工程按《工程遗漏问题处理程序》问题处理。

_____物业管理有限公司
_____管理处

21-02 物业接管验收计划

物业接管验收计划

一、接管验收的目的

通过对××大厦物业进行接管验收，并充分验证物业的综合质量及评估各项设施设备现运行情况，明确与开发商之间的责任范围，以便更好地开展日后的管理工作，为广大用户提供满意服务。

二、接管验收主要领导职责

（1）由_____负责组织成立接管验收小组。

（2）由_____负责接管验收的组织协调工作。

（3）由_____负责接管验收小组具体验收工作的实施。

三、接管验收的具体内容

（一）接管验收的准备工作

公司现已确定____月__日开始对××大厦进行接管验收，由_____、_____负责组织从公司各项目部选定人员，成立接管验收小组，小组组长由_____、_____、_____三位公司领导共同担任，并按专业分设工程组4人（成员为：_____、_____、_____、_____）和资料组5人（成员为：_____、_____、_____、_____、_____），并明确各专业组的职责项目分工。

（1）工程组负责房屋本体结构、给排水、电气、通风空调、发电机、电梯、变配电、消防及智能化等系统的验收。

（2）资料组负责一切工程资料、业主资料及费用收缴票据等相关资料的清点、交接工作。

（二）接管验收工作

（1）准备工作就绪后，由接管验收小组联系开发建设单位，约定每项验收时间。

（2）接管验收小组按专业分工，对_____大厦进行检查验收，核实_____大厦物业现状资料，并将检查结果记录在"物业接管验收表"中。

（三）验收问题的处理

（1）验收结束，接管验收小组对"物业接管验收表"中存在的问题进行整理并向验收小组组长汇报，由验收小组组长与开发建设单位协商原管理单位落实整改期限，并要求开发建设单位与原管理单位在"物业接管验收表"中签字确认。

（2）如验收中发现的问题属于开发建设单位的责任且不影响接管的情况下，可与开发建设单位商定尾项接管，之后按约定对尾项进行验收。

（四）物业接管后遗留尾项工程处理

_____大厦接管后前期，相关物业的遗留问题及尾项工程的处理工作，将由_____大厦管理处负责与开发建设单位进行接口解决。如管理处与开发商在协商解决过程中出现棘手事项，需及时向公司总部申请援助，由公司总部出面来协调处理。

（五）质量记录的保存

所有接管验收的质量记录，由接管验收小组资料组负责整理、分类，移交公司总部存档。

_____大厦物业管理处
___年___月___日

第22章 入伙手续文本

22-01 新楼入伙管理方案

新楼入伙管理方案

××花园首期入伙已定于20××年6月下旬，入伙准备工作严重滞后。由于时间紧，任务重，工作量大，开发商对物业管理要求严、标准高，为做到有计划、按步骤地完成大厦的入伙准备工作，保证首期业主入伙顺利进行，本着措施落实、人员落实、任务落实、责任落实的原则，充分体现××房地产有限公司和××物业公司的形象，根据实际特制定本入伙方案。

一、××物业的物业概况

略。

二、物业管理处管理机构设置及人员配置

（一）机构设置

根据××花园目前的物业需要，同时考虑到为今后的物业管理打好基础，管理机构设置为：办公室、财务部、客户服务中心、维修部、护卫部、环卫部。

（二）人员配置及进场时间安排

××物业管理公司共配置人员64人，不含驻场顾问，其中经理1人，副经理1人（兼任护卫主管、客户服务中心主任），办公文员1人，服务中心人员4人，财务部主管1人，出纳1人，维修人员8人（其中含维修主管1人），保洁主管1人，保洁工10人，护卫员27人，炊事员2人，会所管理员5人，社区文化兼采购员及司机各1人，共64人。

其中管理层员工：在5月30日前录用完毕进场工作。维修工在5月20日前招聘到位进场工作，护卫员在5月20日前招聘到位，接受培训后上岗工作，清洁绿化工5月18日前招聘到位，经培训上岗，培训计划见附件（略）。

三、入伙前准备工作

（1）××花园成立入伙工作小组，由开发商指定一位负责人任组长，××物业公司____任经理、驻场经理；____任副组长，5月20日起开始运作。组员：××地产公司3人（工程、行政、销售），管理处若干人。工作组成立后，召开会议，布置任务，进行分工，开展工作，每三天或每周召开一次碰头会，汇报工作进度及问题，及时进行整改和纠正。

（2）印制收楼、入伙必备的文件资料

①《业主临时公约》《前期物业管理服务协议》和《装修装饰管理协议》《住户手册》各印900份。

②《员工手册》70份。

③《入伙通知书》900份。

④业主资料袋、档案袋各1000个。

⑤"入伙收费一览表"、《入伙须知》《收楼指引》、"住户成员登记表""入伙会签单"各印950份。

⑥"装修开工申请登记表"、《装修管理规定》《防火责任书》《装修责任承诺书》、"装修缴费通知单""装修违规通知单"、《装修施工许可证》各印刷1000份。

⑦"装修巡查表"印10本（每本80～100张）。

以上文件、资料、表格由＿＿驻场经理＿＿提供样本，经开发商、××物业管理公司审定后，由开发商负责联系印刷或者开发商出资交由物业公司联系印刷。此项工作由＿＿负责，＿＿跟进落实，并督促相关部门人员按期完成。

（3）向开发商索取××花园物业报建、施工、验收中形成的文件图纸等基本资料、业主名册、通讯地址及电话号码等，此项工作由管理处指定专人负责并于5月5日前完成。

（4）商请开发商至少提前十天向首期业主寄发《入伙通知书》和管理处提供的"入伙收费一览表"、《入伙须知》、"入伙会签单""住户成员登记表"等资料，此项工作由＿＿负责跟进。

（5）配合开发商与当地邮政部门联系落实本大厦的邮政编码、通邮时间和报刊订阅等事宜。此项工作由＿＿负责，＿＿负责跟进，并于5月15日前完成。

（6）与开发商一起到所在区派出所联系确定本大厦的街区、门牌号及入住人口登记、户籍管理等事宜，此项工作由＿＿负责，＿＿负责跟进，并于5月10日前完成。

（7）在征得开发商同意的前提下，联系落实大厦生活垃圾、装修垃圾清运和"四害"消杀分包单位并与其签订分包合同，此项由＿＿负责，＿＿负责跟进，5月15日前完成。

（8）配合开发商与市电信部门联系，落实本大厦住户、管理处电话安装开通事宜，此项工作由＿＿负责；＿＿负责跟进，并在5月15日前完成。

（9）配合开发商与有线电视台联系、落实大厦有线电视接通事宜，此项工作由＿＿负责，＿＿负责跟进，并在5月15日前完成。

（10）配合开发商与市燃气公司联系，办理大厦住户燃气开户点火等事宜，此项工作由＿＿负责，＿＿负责跟进，并在5月15日前完成。

（11）商请开发商委托清洗公司对大厦的饮用水池进行清洗消毒，此项工作由＿＿负责，＿＿负责跟进，并于5月10日前完成。

（12）组织××物业公司的全体员工，介入大厦环境治理，美化大厦环境及入伙现场布置和宣传工作，此项工作由____负责，____负责协助，并于5月20日前完成。

（13）商请开发商同意物业员工的所有制装应在5月30日前到位，以便提升物业员工的整体形象，此项工作由____负责。

四、物业的交接与验收工作

（1）成立由开发商、承建商和物业公司共同派员参与的物业交接验收小组，具体统筹和协调交接验收工作，该小组应于5月25日前成立，并于5月27日前召开专题会议，对交接验收的范围（标准、程序、时间、进度）、注意事项和人员分工等做出具体安排。此项工作由开发商指定负责人牵头，物业公司____、____驻场顾问____负责跟进落实。

（2）物业公司负责与开发商沟通，确保在5月20日前水、电、路开通等，此项工作由____负责跟进。

（3）在交接验收的过程中，物业公司需指定专人对交验出现的质量问题或缺陷进行详细记录，并及时提交开发商、承建商进行整改，此项工作由____负责。

（4）在对物业"硬件"进行验收的同时，管理处应注意收集索取相关的"软件"资料，并指定专人负责整理、归档、保存，此项工作由____负责，____负责跟进，并于5月15日前完成。

（5）物业公司负责准备交接验收时所需物资，如房门钥匙、保管柜、钥匙尼龙扣、胶袋、记录板等，此项工作由____负责，____负责跟进，并于5月10日前准备到位。

五、入伙现场的组织工作

（1）入伙现场的组织由____、____统一负责，____驻场顾问____、销售经理____协助。集中入伙时物业公司要成立收银组、审核签约组、收楼引导组、装修咨询组、礼仪接待组和社会工作服务组。其各组任务如下。

① 收银组。热情耐心地听取和解答业主就收费项目、收费标准提出的问题，认真、准确地收取每一位业主应交的费用。该项由物业公司财务部会计人员负责。

② 审核签约组。核对业主身份，审核入伙必备的资料，同业主签订《业主临时公约》《前期物业管理服务协议》和《装修装饰管理协议》，收取"业主/住户成员登记表"等有关资料，该项由____负责，另配1~2名人员协助。

③ 收楼引导组。凭业主出具的已办完手续的入伙会签单（四枚印章均已盖好），发放入户门钥匙，安排专人引导业主前往其所购物业现场协助收楼，收集整理收楼单并及时送给有关单位（开发商、承建商），该组由____负责，物业公司管理人员配合，另安排15~20名维修和护卫员做组员。

④ 装修咨询组。回答业主就装修问题的咨询，说明装修时应注意的事项，发放装修管理资料等，此项工作由____负责。

⑤ 社会工作服务组。提前预约银行、电信、有线电视、燃气等相关部门和机构，在集中办理入伙手续时能到入伙现场办理相关手续，以方便业主，该项工作由

＿＿＿负责，并于5月18日前落实到位。

⑥ 礼仪接待组。在大厦或入伙现场入口负责接待引导业主办理入伙手续，并进行登记、发放号码，该项工作由销售部负责。5月20日前落实到位。

（2）物业公司应请开发商、承建商和社会机构等在集中入伙时在入伙接待处联合办公，实行"一条龙"服务，即先由开发商为业主结清购楼手续，其后到物业公司办理入伙手续，然后依次到承建商、社会相关机构现场办公台前咨询有关问题，办理有关手续，此项工作由＿＿＿负责。

六、物业公司办公运行和员工生活安排

（一）物业公司办公运作

（1）在正式办公用房交付使用前，开发商已解决临时办公用房，建议在入伙前物业正式挂牌办公。办公用房的面积如下。

① 物业公司经理办公室面积12平方米。

② 财务部办公面积12平方米。

③ 公司办公室及文员的办公面积为20平方米。

④ 业主服务中心办公面积为30平方米。

⑤ 资料室设为10平方米。

⑥ 建议员工的住宿、食堂等生活区设在天台，管理层住房标准为8～10平方米/人，操作层住房标准为5～6平方米/人。

⑦ 维修操作间15平方米。

⑧ 材料仓库为20平方米。

（2）物业公司的成立，印章的刻制、起用，银行账号的开设和物业管理费（物业费报批手续除外）的报批等由＿＿＿负责。

（3）《入伙方案》经开发商确认后，按照方案中所列的采购计划，分期采购到位，由物业公司配合开发商按规定时间完成。

（4）各类标志牌、指示牌等标志制成后，安排人员在限定的时间粘贴、钉挂、安装到位，此项工作由物业公司维修部负责，并于10月20日前完成。

（5）识别培训需求，制订培训计划，按照轻重缓急，抓好员工培训的落实，树立××物业形象，此项工作由＿＿＿驻场顾问＿＿＿负责。

（二）员工生活安排

员工宿舍及食堂应在入伙前正式启用，所需生活用品，按照经开发商认可的采购计划，进行采购和分配，同时制定《生活用品使用管理办法》。此项工作由＿＿＿负责。

（三）开办费预测和采购计划（见附表，略）

营销策划部
年　月　日

22-02　业主入住仪式活动策划方案

业主入住仪式活动策划方案

前　言

一期工程的顺利交接，××小区首批业主的入住，是小区楼盘推广中重要的一环，对增强业主的信心和促进小区后期的销售将起到很大作用，亦即"好的开始是成功的一半"。业主选择××，是信任××、为自己和××自豪、为自己的未来生活重新描绘崭新色彩的综合表现。同时，本活动更是扫清楼盘销售的最后障碍和积聚人气提高小区影响力及提升小区与公司品牌的有力手段。

有鉴于此，并本着强力构筑小区品牌、公司品牌及物业管理品牌的目的来筹划本次活动，现表述如下，供公司领导决策参考。

一、活动内容

（一）时间：20××年10月30日（星期六）上午9:30～10:00。

（二）地点：营销中心旁大坪。

（三）主持人：（×××、×××）。

（四）主题：成就梦想　燃亮未来

——金秋十月××小区喜迎首批业主入住仪式

（五）邀请领导及嘉宾

（1）省（市）领导	1人
（2）市房地产管理局领导	1人
（3）设计院领导	1人
（4）监理公司领导	1人
（5）质监站领导	1人
（6）施工单位代表	1人
（7）物业顾问公司领导	1人

（六）公司内部出席人员

（1）××总

（2）××总

（3）售楼部经理

（4）工程部经理

（5）物业公司总经理

（6）办公室主任

（七）邀请媒体及记者

（1）经视频道　　　　　　　　　　　　　　　1人

（2）新闻频道　　　　　　　　　　　　　1人
（3）××晚报　　　　　　　　　　　　　1人
（4）××晨报　　　　　　　　　　　　　1人
（5）××都市报　　　　　　　　　　　　1人
（6）××房地产网　　　　　　　　　　　1人
（八）活动流程
（1）出席人员到场　　　　　　　　　　　9:20～9:30
（2）主持人宣布仪式开始　　　　　　　　9:30
（3）总公司领导讲话　　　　　　　　　　9:30～9:35
（4）"管理金钥匙"交接仪式　　　　　　　9:35～9:37
（5）物业管理公司领导发表《管理宣言》　9:37～9:40
（6）省（市）领导致辞　　　　　　　　　9:40～9:45
（7）保安员军体拳表演　　　　　　　　　9:45～9:50
（8）"乔迁之喜　灵狮贺金秋"舞狮表演　　9:50～9:55
（9）物业顾问公司领导友情致辞　　　　　9:55～10:00
（10）仪式结束，业主开始办理入住手续　 10:00
注：《管理宣言》全称为《××小区物业管理宣言》

二、活动过程附注说明

（一）"管理金钥匙"交接仪式

（1）两位领导上台。

（2）一名礼仪小姐手托一银色托盘（内放一红绸布），将"管理金钥匙"送至总公司领导身旁。

（3）总公司领导双手将"金钥匙"交于物业公司领导并握手，且皆转身面对观众。

（4）总公司领导返回观众席。

（5）物业公司领导发表《管理宣言》。

（二）物业顾问公司领导友情致辞

主要阐述以专业力量来"贴心服务"做好小区的物业管理工作，提高整个小区的物管品质，而便利和优化业主的生活。

（三）"仪式结束"至"开始办理入住手续"期间活动控制

为有效控制场面、提升公司形象及紧张有序地办理入住手续，建议活动当天在入住房现场为财务部开设临时办公场地——"尾款交费处"（只需派3～4人即可；第二天撤除，需提前告知和仪式结束前告知业主）。

（1）仪式结束后，20名保安人员4人/排共5排，在领导、嘉宾及业主到达现场之前小跑至××苑与××苑入口处面朝业主等人行军礼至其到达。

（2）两只"舞狮"在业主等人前面开道。

（3）售楼部经理或一售楼小姐在行走时为业主等人介绍小区的有关情况（需借助扩音器）。

（4）业主等人到达入口处时，保安人员礼毕解散并执行物业管理处的有关安排；同时，"舞狮"任务完成并撤出小区。

（5）现场开始办理入住手续。

（四）礼仪接待

礼仪小姐：2名，穿红色旗袍，佩戴印有"××小区"字样的礼仪绶带。

主要职责：① 仪式开始前接待来宾，为其佩戴胸花。

② 在入口处迎接来宾。

三、活动场地布置

本活动将涉及三个场地（图略）

（一）仪式场地布置

1. 背景板

文字：成就梦想　燃亮未来

　　　——金秋十月××小区喜迎首批业主入住仪式

主办单位：××房地产开发有限公司

　　　　　××物业管理有限公司

样式：喷绘稿。

尺寸：4米。

设计：用××小区小高层单体透视图为背景，来表达成品房入住后的实景，而有效渲染出活动的主题——成就梦想　燃亮未来（乔迁新居，不仅是业主重要生活梦想的实现，也是业主与其下一代开拓崭新未来的起点）。

风格：金色、温馨感。

位置：舞台边背景架。

2. 舞台

用现有舞台。

3. 彩旗

彩旗30面，插挂于大坪周围。

颜色：红黄蓝，各10面。

内容：正面——××小区LOGO。

　　　反面——总公司与物业公司LOGO。

4. 横幅

横幅1条，悬挂于售楼中心正门上方。

内容：隆重祝贺首批业主入住××小区！

尺寸：6米×0.75米。

样式：红底黄字。

（二）路旁建筑场地布置

1.彩旗

彩旗20面，间隔距离为50米；插立于××路左侧。

颜色：红黄，各10面，一红一黄依次插放。

内容：正面——××小区LOGO。

　　　反面——总公司与物业公司LOGO。

2.横幅

横幅两条，张挂于××路右侧公路路基上。

内容：① 金秋十月金质生活金色未来

　　　② 入住×× 享受温馨

尺寸：6米×0.75米。

样式：红底黄字。

（三）入住手续办理场地布置

1.横幅

横幅1条，悬挂于入口处（×苑与×苑入口处商铺间）。

内容：热烈欢迎业主与××小区共同飞翔！

尺寸：18米×1米。

样式：红底黄字。

2.欢迎牌

欢迎牌2个，分别摆放于入口处两侧。

内容：右侧——恭贺业主入住××小区！

　　　左侧——热烈欢迎各级领导及嘉宾莅临××参观指导！

尺寸：600毫米×900毫米。

材质：塑料板镶嵌镀锌边框。

设计：广告体，白底红字。

3.指示牌

指示牌2个，主要告知财务部临时办公地点和物业管理费交付地点。

尺寸：600毫米×900毫米。

材质：塑料板镶嵌镀锌边框。

设计：广告体，白底红字。

位置：分别摆放于入口处横幅下方左右侧。

4.充气拱门

充气拱门1座，宽12米。

位置：入口处。

内容："××小区喜迎金秋首批业主激情入住"。

四、其他相关物品的准备

（1）话筒音响。无线话筒1个，音响1对。

（2）银质托盘。1个。

（3）红绸。1块。

（4）管理金钥匙。1把，不锈钢镀金（便于保存）。

（5）礼仪胸花。30朵。

（6）请柬。30份。

（7）签字台。1张。

（8）签名簿。1本。

（9）签字笔。1支。

（10）签字台指示牌。1个。

（11）礼品。30份（待定）。

（12）狮子。2只，6人（舞狮者4人，领舞1人，鼓手1人）。

（13）矿泉水。两箱。

五、活动组织及执行

（一）组织分工（见下表）

组织分工表

序号	工作内容	责任人	完成时间
1	活动场地（背景板、横幅、彩旗、指示牌、欢迎牌、金钥匙）布置策划制作与落实	甲	10月29日
2	嘉宾及领导的邀请	总公司	10月29日
3	活动程序的现场统筹实施	甲	10月30日
4	纪念品的准备（业主及来宾）	总公司	10月20日
5	保安员军体拳表演（8名）的组织		10月30日
6	入住台位牌的制作	管理处	10月26日
7	入住手续办理现场办公场地的布置及工作安排	管理处	10月26日
8	礼仪小姐的租请，胸花、绶带、红绸及托盘准备		10月28日
9	现场音响设备的准备与现场调试	管理处	10月30日上午8:00到位
10	请柬的制备与发送		10月28日前
11	签字用品的准备（桌子、签名簿、签字笔）		10月28日前
12	矿泉水的准备		10月29日前
13	礼仪狮队的租请		10月28日前
14	活动资料的打印装袋准备及现场发给记者		10月28—30日

（二）活动费用预算（见下表）

活动费用预算表

项目	规格	单价/元	数量	金额/元	备注
充气拱门	12米跨度	1000	1	1000	
租用欢迎牌	600毫米×900毫米	100	4	400	
彩旗	600毫米×1200毫米	20	50	1000	
包杆和安装背景板	8米×4米	2000			
礼仪小姐及绶带	1.68米以上	300	2	600	
胸花	鲜花型	25	40	1000	
管理金钥匙	镀金	800	1	800	
条幅		125	4	500	
入住说明展板	2200毫米×1200毫米	400	5	2000	
台位牌	200毫米×80毫米	100	16	1600	
指示牌	600毫米×900毫米	100	2	200	
请柬		5	50	250	
托盘、绶带及红绸等		200			
纪念品		20	30	600	
来宾礼金				6600	
狮队租金				1500	
合计				20250	

营销策划部

年　月　日

22-03　入伙通知书

××小区入伙通知书

××女士/先生：

您好！您所认购的_____小区__栋__单元__室已于__年__月经有关部门验收合格，准予入住。请您在接到本通知书后，前来办理有关手续。

1. 请您在接到本通知书后按附表规定的时间前来办理入伙手续，地点在_____
_____。在此期间，房地产公司财务部、销售部、物业管理公司等有关部门将到现场集中办公，为您提供快捷、方便的服务。

　　2. 如果您因公事繁忙，不能亲自前来，可委托他人代办。委托他人代办的，除应带齐相关的文件外，还应带上您的委托书，公（私）章和本人的身份证件。

　　3. 如果您不能在规定的时间前来办理手续，可以在__月__日后到_____房地产公司（地点：_____）先办理财务手续及收楼手续，再到_____物业管理公司（地点：_____）缴纳各种费用。在您来办理各项手续前，请仔细阅读入伙手续书、收楼须知和缴款通知书。

　　特此通知

××房地产开发公司
××物业管理公司
　　年　月　日

22-04　入伙手续书

××小区入伙手续书

　　_____先生/女士：

　　您认购的_____花园_____栋_____室，现已具备入伙条件，请您按如下顺序办理入伙手续，谢谢您的合作。

（1）房产收款组

业主已付清房款、有线电视初装线费、地籍图费，并开具收费凭证。 　经办人： 　部门签章： 　　　　　　　　　　年　月　日

（2）合同组

业主已签合同，并领取质保书、电视线、地籍图（2份）、水表封卡、纪念品。 　业主签章：　经办人： 　　　　　　　部门签章： 　　　　　　　　　　年　月　日

（3）物业组

业主已领取《业户手册》等入伙资料。业主已付清物业管理服务费（3个月）、装修垃圾清运费，并开具收费凭证。 　经办人： 　部门签章： 　　　　　　　　　　年　月　日

（4）验房组

业主已验房，同意接收房屋，并领取钥匙____把。 （本单由验房组收回） 　业主签章：　经办人： 　　　　　　　部门签章： 　　　　　　　　　　年　月　日

22-05　收楼须知

收楼须知

　　_____女士/先生：

　　欢迎阁下成为_____大厦新业主！

　　我公司为提供良好的管理服务，兹先介绍有关收楼程序，避免您在收新楼时，产生遗漏而引致不便。

　　一、在财务部办理的手续

　　（1）付清购楼余额。凡分期付款购楼者，请携带"本票"，抬头"_____公司"，将购楼余款付清。

　　（2）携带已缴款的各期收据及合同工本费收据原件来换取"发票"，并领取付清楼款证明书。

　　（3）凡未交合同工本费者，请准备_____元人民币补交工本费。

　　（4）在银行按揭的业主，如银行未能在签订"买卖临时合约"后_____天内将按揭款拨付我公司的，请按所延迟的天数支付我公司逾期利息。

　　（5）在入伙手续书（1）上盖章。

　　二、在地产部应办理的手续

　　（1）业主最好能亲临地盘，接收楼宇，并请带齐以下资料。

　　①验清业主身份证。

　　②大厦入伙手续书。

　　③业主身份证或护照复印件1份。

　　④买卖合同（在银行按揭的业主，请携带贷款合同）。

　　⑤公司所签收商业登记副本（只适用于以公司名义购房的业权者）。

　　（2）若不能亲临收楼，可委托代理办理，所委托代表需带齐上述各项文件外并出具以下资料。

　　①业主的身份证副本。

　　②代表人的身份证或护照。

　　（3）在入伙手续书（2）上盖章。

　　三、大厦入伙时，应在管理处财务部办理手续

　　（1）交付下列各项管理费用

　　①押金1个月（押金性质，入伙半年后退给业主）。

　　②储备金2个月（大厦大型维修材料储备资金）。

　　③装修押金1个月（业主入住预收的装修押金，半年后或装修完毕按规定退还）。

　　④泥土费1个月（清理业主入住装修时产生的泥土所预收的押金，半年后或装

修完毕后，按规定清退）。

⑤ 预收管理费3个月。

以上① ~ ⑤ 项收费标准为8个月管理费，以人民币计价_____元/平方米。

（2）交付其他费用

① 安装防盗门_____元/户。

② 安装窗花_____元/平方米，两房一共____元。

③ 安装灭火器_____元/户。

④ 煤气开户费总金额为_____元，其中开户费_____元，点火费_____元，增容费_____元，代煤气公司收煤气本及配件费_____元，电脑入网费_____元；本公司代垫开户费利息为____%（计息期从_____年____月____日起），代办费_____元。

上述四项均以人民币计价，业主若交港币，则按当日调剂价计价。

（3）在入伙手续书上盖章。

四、在大厦管理处办公室应办的手续

（1）将已在入伙手续上盖好的3枚章交给办公室，并在入伙手续书（4）上由业主本人盖章或签字，交物业公司管理处保存。

（2）由办公室介绍入住的有关事项。

（3）办公室向住户移交房门钥匙等，由业主验收。

祝您顺利入伙！

_____房地产有限公司
_____物业管理有限公司
　　　　年　　月　　日

22-06　验房书

××小区房屋验收书

_____小区____栋____单元____室业主____于____年__月__日在物业管理公司管理部_____的陪同下入楼验收，检查了所购房屋的建筑质量和初装修情况，认为：

☐ 对房屋质量无任何异议；

☐ 发现有以下质量问题：

1.

2.

3.
4.
5.
请开发商予以解决！

业主签字：　　　　　　　　　　　　物业管理公司（代表）签字：
　年　月　日　　　　　　　　　　　　　年　月　日

22-07　楼宇交接书

××小区楼宇交接书

甲方：_____房地产开发公司
乙方：_____（业主）

甲方所开发的_____小区已竣工，并且经_____市有关部门验收合格。业主购买的__栋__单元__室已经具备入伙条件，可以入住。开发公司和业主双方均同意签署本楼宇交接书，以便开发商将业主所购买的该单元房屋正式移交给业主。

现业主已检查了该单元的建筑质量和初装修情况，双方一致认为，该单元可以交付给业主，业主可以接受该单元，因此，双方签订本交接书，并确认下列条款：

（1）双方确认，自_____年__月__日起，该单元由开发商交付给业主。
（2）业主在此确认，确已收到该单元钥匙。
（3）开发商确认，尽管该单元已交付给业主，但仍负有房屋销售（预售）合同规定的该房屋在保修期内的保修义务。
（4）业主同时确认，该单元的建筑质量和初装修质量符合双方所签订的房屋销售（预售）合同的规定。
（5）双方一致同意，有关业主购买该单元房屋产权登记事宜，均委托_____律师事务所办理，开发商予以协助，有关税费按国家规定分别由双方各自承担。
（6）本交接书自双方签字之日起生效。
（7）本交接书一式两份，双方各持一份。

开发商（代表）签字：　　　　　业主签字：
　年　月　日　　　　　　　　　　年　月　日

第23章 二次装修管理文本

23-01 装修须知

装修须知

欢迎您成为_____物业的业主/用户,为了能更好地完成前期装修工作,请共同遵守下列有关装修规则。

一、须提供的资料和图纸

业主/用户在装修前,须提供下列资料、图纸。

(1)施工单位办理装修手续时,应持营业执照、资质证书、法人代表身份证、防火资格证书等复印件各一份。

(2)非住宅装修设计图应包括总平面图、天花图,电气、空调、消防、烟感、花洒的布置图,其中:电气安装接线图要注明电线直径、负荷大小、开关容量等。

(3)室内结构不做调整,设备设施不做更改,只做墙面、地面简易装修,以上两条不做要求。

二、收费标准

(1)装修保证金。住宅:_____元/户;非住宅:_____元/户。

办公用房装修(室内无卫生间、无厨房的)保证金在装修符合要求,装修垃圾按物业管理公司要求全部清理完毕,整体验收合格使用叁个月后予以退还;住宅(包含写字间配置有卫生间、厨房的)装修严格按《安装、安全及环境维护协议》执行并初验合格后,卫生间、厨房使用叁个月无渗漏现象,装修保证金予以退还。

(2)装修垃圾清运费。_____元/平方米(产权面积)。

装修期间电梯使用、管理费:_____元/平方米(产权面积,含运送货物材料电梯使用电费、装修监管费用、施工证工本费用,此费用原则由装修单位承担,若业主未聘请装修单位由业主承担)。

三、办理装修手续及验收步骤

(1)到物业管理处交款盖章。

(2)到物业管理处工程部填写"装修审批表"一式两份。

(3)经物业管理处工程部受理及审查,报_____物业管理处经理审定。

(4)施工负责人带施工人员身份证及复印件、相片2张(工本费____元/个·人,保证金_____元/个·人),到物业管理公司办理装修许可证及《临时出入证》。

（5）装修审批表由物业管理处及装修单位各执一份。

（6）完工后，施工单位以书面形式尽快通知消防部门（办公用房、经营场所）和物业管理处以便安排验收。

（7）由物业管理处组织验收，验收合格后，由物业管理处责任部门在"装修审批表"上签字认可，到物业管理处收款处退回《装修许可证》《临时出入证》，并办理《临时出入证》保证金的退款手续。

四、装修注意事项

（1）办公用房和经营用房装修采用材料必须是不燃或阻燃型，个别必须采用木质材料的要刷防火漆；电线必须套管整齐。油漆、天那水等可燃材料必须单独隔离存放，须避高温、避火源。

（2）物业内所有机电设备（电气、消防、管道空混气）的施工改造，必须由物业管理公司指定的承包商按有关规定进行，业主/用户自己装修部分应由物业管理公司和业主/用户确认合格的装修承包商施工。

（3）各装修材料、垃圾不得堆放在物业公共部分（走廊、楼梯间及消防通道），以免影响他人进出。装修垃圾应袋装好放置室内，通知物管公司上门收取，搬出装修材料须附上业主/用户及相应装修单位证明，经物业管理公司许可并在指定的时间及位置进出。

（4）进行气焊、电焊等动火作业时，必须严格按照国家和地方消防法规执行，并到物业管理公司办理《临时动火作业许可证》，通过消防动火安全规范检查后，方可施工。气、电焊操作工必须持证操作，装修现场自备1211手提灭火器。

（5）承重墙体、分户墙不能拆、打、抠；地面不能开槽；安装实木地板，地面钻孔不能超过3厘米；天花预留维修口，梁、柱、结构墙楼板等不能敲凿、开洞；保护好给排水、消防设施，如需要更改装修方案，必须重新报物业管理公司工程部审批同意；消防设施更改须报政府消防主管部门审批同意后，到物业管理公司备案，由物业管理公司出具更改通知后，方可施工。

（6）厨房、卫生间管道填后必须做二次防水；烟道、室内煤气管道、暖气管道、可视对讲、主排污管道、主供水管道不能擅自改动；室内主管部不能封死，要留检查口。

（7）阳台应按同一标准封闭，不能修建水池、假山；洗衣机排水不能从生活阳台空调排水管排放；阳台、窗台不能堆放杂物，堆放货物不能超重。

（8）空调安装应按物业管理公司统一规划的位置，冷凝水接入空调排水管集中排放，不得散排；油烟的排放必须进入排烟道。

（9）业主/用户进场装修须办理装修手续，装修工人进出须办理临时出入证。

（10）装修施工不能影响他人休息。新建小区在该区域向业主/用户集中交房五个月内允许全天施工，超过此期限施工时间为8:00～12:00，14:10～18:00（冬），8:00～12:00，14:30～19:00（夏），其余时间（周六、周日）必须静音作业，法定节假日严禁作业。静音时间内，有噪声施工者将被没收"出入证"，并将施工人员请出小区。

（11）不能将废弃涂料、油漆、清洗涂刷工具的废水直接倒入主排水管内，防止堵塞管道。

（12）不能安装遮阳篷、挡雨板及太阳能热水器；不能在外墙安装晾衣架；装修中不得损伤建筑物及构筑物，并且不得改变物业楼宇的外观原貌。

（13）装修工程完毕后，写字楼与商场业主/用户携带消防局验收合格证报物业管理公司进行核查（住宅装修不作此要求），确保工程均按核准的规则进行。若物业管理公司要求改善或更改的工程，业主/用户必须在收到工程建议书后两周内完成。

（14）装修不报，私自更改报建装修项目、材料、私自动火作业的，收取违约金_____元以上，并补办装修手续。

（15）未经物业管理公司验收私自使用的，收取违约金_____元以上，补办验收手续。

（16）乱堆放垃圾、材料，有违反消防规定作业的，收取违约金_____元以上。

（17）如在施工过程中损坏公共设施、消防设备的按全部修复价格进行赔偿。若因以上设施损坏影响相应系统运作，装修人还要进行相应的损失补偿。

_____物业管理有限公司_____管理处装修受理电话：_____

业主确认签字：　　　　　　　　　　　　　年　月　日

23-02　装修协议书

装修协议书

甲方：_____物业管理有限公司

乙方（装修人）：_____

为了维护楼宇建筑结构的安全，保证小区建筑风格的统一和美观，使装修操作规范化，双方同意签订如下协议。

（1）装修地点。_____小区_____幢_____单元_____室。

（2）装修工期。从____年____月____日起至____年____月____日止。因特殊情况，需要延长装修工期的，乙方另行向甲方申请。

（3）乙方装修应聘请有一定资质的装修施工单位进行。

（4）乙方装修中应严格遵守《业主公约》《装修管理规定》及其他管理规定。

（5）装修施工时间为7:00～12:00，14:00～21:00。

（6）乙方装修施工不得改动承重墙、柱、梁等主体结构；不得擅自改动水、电管线走向；不得违章搭建。

（7）装修垃圾必须袋装集中堆放于指定的位置；不得将垃圾倒入下水道内；严禁从楼上抛弃垃圾和任何物品。

（8）室外空调机安装在指定的统一位置。

（9）大件装修工具及超长、超宽装修材料不得进入电梯，必须从楼梯上下。

（10）乙方聘请的施工单位的施工人员必须办理临时出入证。需要留宿的，应到管理处办理登记手续。

（11）乙方在装修过程中，必须接受甲方的检查与监督。乙方聘请的施工单位违反有关规定、不听劝阻和安排的，甲方有权责令其停止装修。

（12）乙方装修结束，应及时通知甲方验收。双方办理竣工验收手续。

（13）乙方向甲方缴纳装修保证金_____元（按照物价局规定执行）。乙方装修符合装修方案的要求，施工中没有违规现象，经验收通过，甲方及时退回装修保证金。

（14）乙方应向甲方缴纳装修垃圾清运费_____元（按照市物价局规定执行）。

（15）甲方负责清运乙方在指定地点堆放的装修垃圾。

（16）甲方应帮助协调处理乙方在装修过程中出现的问题。

（17）因乙方装修造成房屋开裂、管道堵塞、渗漏水、停电、损坏公共设备设施和他人财产物品的；因乙方装修施工不慎造成安全事故及人身伤害的，均由乙方负责赔偿。属于装修施工单位责任的，由乙方向装修施工单位追偿。

（18）本协议一式两份，双方各执一份，未尽事宜，由双方协商解决。

（19）本协议经双方签字或盖章后生效。

甲方：　　　　　　　　　　　乙方：
____年__月__日　　　　　　 ____年__月__日

23-03　装修承诺书

装修承诺书

_____物业管理有限公司：

根据物业管理有关法规和写字楼物业管理处的要求，为保证写字楼物业的完好和安全，维护好入驻企业的合法利益和公共场所设施的整洁美观，____公司在进行装修施工期间承诺如下。

（1）不擅自改变房屋建筑结构、设计用处和布局，需要改变水管、电线走向的需要提前申请批准。不对房屋建筑的内外承重墙、梁、柱、楼板、露台进行违章凿拆、搭建。

（2）不占用和损坏楼梯、通道、屋面、平台、道路、机动车位、非机动车位等公共部位、场所和设施。不擅自损坏、拆除、改造供电、给排水、供气、通讯、消防等公共设施。

（3）不乱搭建、乱贴画。不进行有损于公共设施的工程，保证物业外观和公共装饰的美观和统一。

（4）不使用有毒、有污染的装修材料。装修垃圾不抛撒乱放，并及时清运出场，运送过程中不影响写字楼内的整洁。散落的垃圾要及时清理干净。施工材料、设备和施工人员按规定的出入口入场。施工人员每天做好入场登记，并不在施工现场留宿。

（5）施工中不影响其他企业的正常办公，噪声较大的施工一律安排在双休日和上班前（9:00）和下班后（17:30）施工。安装空调、防盗窗、风机等装置的，要先向物业管理处提出申请，经批准后方可施工。

（6）建筑垃圾、黄沙、水泥等散装材料必须装袋搬运，不得使用客运电梯运送装修材料。损坏公共设施的要照价赔偿。

（7）对在施工中造成管道堵塞、漏水、停电、坠落和火警等公共设施、设备和他人利益损失的，要及时给予修复和赔偿。

（8）装修现场必须合理封闭，降低粉尘和噪声。施工现场严禁用火和吸烟，施工中使用电焊时要向物业管理处提出申请。

上述条款我公司已确认并保证遵守。若有违反，____物业管理处有权处理并限期改正和强制整改，包括停止供水、供电，甚至禁止入场，直至停工整顿整改完毕方可施工。

装修单位：　　　　　　公司（盖章）

承诺起始时间：_____年_____月_____日

23-04　装修承诺书（小区）

装修承诺书

为维护_____小区（以下简称小区）优美、整洁、有序的环境，本人承诺在____幢楼_____室装修施工期间遵守及承诺以下事项。

一、总则

（1）在房屋装修前，仔细阅读小区《业主临时公约》《业主及用户手册》中有关装修管理的规定，并按照以上规定进行施工。

（2）在房屋装修前，详细了解房屋水、电等施工图。

（3）有权利与义务监督装修施工单位进行文明施工，对装修施工单位因违反小区管理规定而造成的损失负有连带责任。

（4）积极配合管理处的装修巡查。

（5）如果发现违章现象，管理处有权制止施工，并要求业主和装修施工单位24小时内恢复。

二、空调安装

（1）空调安装时通知管理处（联系电话：_____），在管理处的指导下规范安装空调。

（2）购买空调时参考管理处提供的空调室外机的尺寸（仅供参考）。

三、消防管理

（1）负责在装修施工期间的消防安全责任，保证不发生火灾、火警事故。

（2）施工区域应配备消防器材，至少配备2个手提灭火器。

（3）杜绝施工区域的吸烟行为。

（4）施工中如需使用易燃物品时，须提前做好易燃品的存放工作，物品存放量不能过多，以当日使用量为限，施工完毕后，须将剩余物品带离现场。

（5）保证施工区域当日装修废料清理完毕，特别是刨花锯末应每天清除，保证施工现场清洁。

（6）施工废料或垃圾及时清理至管理处指定区域，不阻塞消防通道。

（7）爱护小区公共设施，不遮挡、损坏、挪用消防设施。

（8）熟悉小区的消防设施设备。

四、其他事项

（1）遵守小区装修管理规定，按照装修流程办理装修手续。

（2）遵守小区装修施工时间规定，晚间19:00至次日上午8:00和节假日，不得从事敲、凿、锯、钻等产生严重噪声的施工，以免影响他人的休息。

（3）不拆除（或部分拆除）承重墙，不在承重墙、梁及柱子挖槽、切割及开孔等有损坏房屋结构的行为。

（4）装修时，不封闭阳台。

（5）不改变玻璃窗的颜色和结构，不安装卷帘门。

（6）户内家庭设备箱不自行拆卸及移位，如自行拆卸，责任自负。

（7）厨房、卫生间吊顶时，为保证管道检修孔的正常维修，吊顶上应留有修理人员的操作孔（50厘米×50厘米），以便今后检修。

（8）不安装卫星天线。

（9）不在阳台上安装超出外墙面的任何物品，如晾衣架、花架、遮阳篷等。

（10）装修期间，督促装修施工单位：下水管道内严禁倒入垃圾、油漆、涂料、石灰、泥浆等，以防管道阻塞，否则相应责任自行承担。

（11）建筑垃圾、材料不与生活垃圾混装，不随意堆放在公共部位，以免影响他人和消防安全。建筑垃圾清运须袋装化，及时清运至管理处指定堆放地点。

（12）进户箱50厘米以内不穿墙打孔，以免打穿原有管线。

（13）有义务阻止装修施工单位张贴广告，以免影响小区景观。

（14）装修时做好防水工作（管理处建议做二次防水）。

承诺人（业主）：_____

年　月　日

23-05　装修施工防火责任书

装修施工防火责任书

_____管理处：

本人愿意在_____装修期间，担任防火责任人，并严格做到以下几点。

（1）负责对进场装修的所有人员进行防火安全和工地管理制度的宣传教育，使施工人员提高安全意识，自觉遵守有关的安全操作规程和制度。

（2）装修施工过程中，严格要求所有人员遵守消防法规的有关规定，确保施工安全。

（3）采取有效的安全防范措施，避免火灾的发生。在施工作业现场每50平方米配备一个灭火器，施工现场应至少配备两个灭火器，并放置于明显、易拿的位置。

（4）在施工过程中不大量使用易燃材料（易燃材料须做防火处理），注意装修材料合理堆放，装修垃圾及时清运，保证安全出口、疏散通道畅通无阻。

（5）施工用电配施工专用的开关箱，开关箱内设漏电保护器，开关箱电源线采用橡胶电缆，装修过程中用电遵守操作规程，做到安全用电。

（6）保护好大厦原有的消防设施，不发生意外情况，严禁动用消防器材；如需对装修户消防设施进行改动，必须经市政府有关部门批准后方可施工。

（7）如需明火作业，须经管理处批准后方可作业。作业时，就近配备足够的灭火器，并远离易燃易爆材料及物品。

（8）不在工地内使用电炉、电热棒等电热设施，不使用高瓦数照明灯，严禁使用煤气。

（9）因施工需要使用碘钨灯、电焊机等，须经管理处批准后方可使用。

（10）不擅自改动供电/智能化线路及其他预埋管线。

（11）施工现场禁止吸烟，如有吸烟者按情节轻重承担相应的违约金。

（12）凡因违反上述规定所发生的消防事故，由发生事故的施工单位、个人及雇请施工的业主/用户，按规定承担一切经济及法律责任。

装修施工单位：_____　　联系电话：_____
防火责任人：_____　　身份证号码：_____
　　　　　　　　　　　　　　　　____年__月__日

第24章 日常物业管理文本

24-01 停水通知

停水通知

尊敬的各位业主/住户：

为了让大家用上清洁干净的生活用水，管理处将定于____年__月__日晚上____点至_____年_____月_____日早上_____点对地下水池进行清洗，到时将暂停供水，请大家备好生活用水，不便之处，敬请谅解。

服务电话：_____

_____物业管理有限公司
_____管理处
_____年__月__日

24-02 停电通知

停电通知

____物业（__）物字第__号

尊敬的各位业主/住户：

我公司接电业局停电通知，兹因高压电房设备维修工程计划从____年__月__日（周六）上午_____至_____止对本小区停止供电，请互相转告，不便之处敬请谅解！

停电期间，我们将启用发电机组供应日常用电需要，请大家节约用电，尽量减少空调的使用。若相关单位确需进行用电作业的，请拨打我们的服务热线：_____联系。

_____物业管理有限公司
_____管理处
_____年__月__日

24-03　清洗外墙通知

清洗外墙通知

尊敬的业主/住户：

　　为了美化园区，给广大业主一个干净明亮的生活环境，我公司定于＿＿＿年＿＿＿月＿＿＿日起对＿＿＿＿＿＿＿＿园区各楼体墙面及户外玻璃进行清洗工作。如有给您带来不便之处，敬请谅解！

　　具体清洗安排物业公司会在单元门内公布栏进行通知，请您近期注意相关通知，在清洗外墙时，请您注意以下事宜。

　　（1）在外墙清洗过程中，望各位业主关好各家窗户及阳台门，以免污水溅入户内影响您的正常生活。

　　（2）若您发现有污水溅入户内的现象，请及时致电我公司客服中心。

　　（3）若您有事在外无法回到户内关闭门窗的，请及时联系管理处。

　　（4）若您对外墙清洗有质疑，请及时致电客服中心咨询。

　　我们将为您提供优质满意的服务。

＿＿＿＿＿＿物业管理有限公司
＿＿＿＿＿＿＿管理处
＿＿＿＿＿年＿＿月＿＿日

24-04　关于灭鼠的通知

关于灭鼠的通知

尊敬的业主/住户：

　　您好，春天临近，为了防止小区出现鼠患，我公司将从＿＿年＿＿月＿＿日起到＿＿月＿＿日，每天＿＿＿＿＿＿至＿＿（时段）内的草坪等公共区域内投放鼠药，次日＿＿＿＿＿＿至＿＿（时段）收药。请各位业主/住户在此期间注意安全，特别是一定要看管好自己的小孩，家中有宠物业主/住户也要照顾好自己的宠物，以免其误食。谢谢合作！

＿＿＿＿＿＿物业管理有限公司
＿＿＿＿＿＿＿管理处
＿＿＿＿＿年＿＿月＿＿日

24-05　公共场地消杀通知

公共场地消杀通知

尊敬的业主/住户：

　　根据绿化养护安排和需要，近期，我公司将对本园区植物、草坪进行喷药杀虫作业。

　　持续时间：____年____月____日至____年____月____日。

　　喷药时间：09:00 ~ 12:00，14:00 ~ 18:00。

　　届时，请您远离打药工作区域，关闭门窗，减少户外活动，并看管好您的小孩、带好您的宠物。

　　由此给您带来的不便，敬请谅解！

　　如有疑问，请致电客服前台：_____、_____

　　谢谢合作！

　　　　　　　　　　　　　　　　　　　　_____物业管理有限公司

　　　　　　　　　　　　　　　　　　　　　　　_____管理处

　　　　　　　　　　　　　　　　　　　　　　____年__月__日

24-06　电梯暂停服务通知

电梯暂停服务通知

大厦名称：_____　　座号：_____

电梯编号：_____　　保养编号：_____

梯种：　□ 电扶梯　　　□ 电梯/货梯　　　□ 液压梯

暂停服务原因：_____

_____

处理程序：_____

_____

由_____单位负责，是否需要停止服务：是 □　否 □

停止服务日期：由_____至_____止或另行通知。

备注：_____

_____

经理签名：_____　　日期：_____

客户签名：_____　　日期：_____

24-07　养犬通知

养犬通知

尊敬的业主、住户：

　　近期发现部分养狗的业主、住户遛狗时没有专人看守，并且在草地上任意拉狗屎，严重破坏了花园美好的居住环境，希望养狗的业主、住户在遛狗时用绳索牵好，不要让犬只咬到别人。

　　据区疾控中心的数字统计，今年1～5月被狗咬伤到区疾病预防控制中心注射狂犬疫苗的人数为1776人，估算平均每天超过11人以上，这个数字仅占犬伤中的65%～70%，还有30%～35%未接受犬伤治疗，数量大大超过去年同期，并超过去年全年数（1600人次），虽然目前没有发生狂犬病死亡事件，但危险让人担忧。

　　请小区业主尽快到相关部门办理合法养狗手续，定期进行防疫，对没办理合法手续的犬只，管理处和业主委员会将依法报请犬只管理部门进行处理。

　　被狗咬后的应急处理办法如下。

　　（1）确定咬人的狗或其他动物已被控制，使你和伤者不会再有危险。用干净水冲洗伤处。不要在伤处涂擦任何软膏或其他类似物。

　　（2）在伤处置一干净软垫并包扎。呼叫医疗救助或将伤者送至医院进行检查，并注射抗毒素或服抗感染药。

　　　　　　　　　　　　　　　　　　　　　　　_____物业管理有限公司
　　　　　　　　　　　　　　　　　　　　　　　_____管理处
　　　　　　　　　　　　　　　　　　　　　　　_____年__月__日

24-08　五一节日温馨提示

温馨提示

尊敬的各位业主/住户：

　　"五一"劳动节来临之际，管理处各项业务正常开展，大家在欢度节日的同时，管理处提醒业主、住户注意以下几点。

　　（1）外出的客户请您关好门窗，检查煤气阀、水龙头是否关好。

　　（2）"五一"期间大多数天气为多云转阵雨，请大家将放在阳台的花盆移入室内，以免坠落砸伤人。

　　（3）请大家在外出时反锁好门，左右邻居相互照看，发现可疑人物及时通知管理处（联系电话：_____）。

（4）春天正是鲜花盛开的季节，为了让我们的家园更美丽，希望大家不要去采摘鲜花，美好的环境是靠大家自觉来维护的。

（5）如遇紧急情况请您及时拨打管理处24小时值班电话。

白天：＿＿＿＿＿＿＿＿＿＿　　　夜间：＿＿＿＿＿＿＿＿＿＿

管理处全体员工恭祝大家节日愉快，万事如意！

＿＿＿＿＿＿＿物业管理有限公司
＿＿＿＿＿＿＿＿管理处
＿＿＿＿年＿＿月＿＿日

24-09　十一国庆节节日温馨提示

温馨提示

尊敬的业主/住户：

您好！

"十一"国庆节即将来临，＿＿＿＿＿＿物业服务中心全体员工恭祝您节日快乐，万事如意！为使您和家人朋友能够度过一个快乐、祥和、安全的假期，物业提醒您注意以下事项。

（1）"十一"期间若您外出旅游，出行前请将室内的水、电、燃气阀门开关关闭，门窗关闭后上锁，并将室内防盗系统设置在"设防"状态，贵重物品请妥善保管。如离家时间较长，请您到物业留下您的紧急联系方式及联系人，以便在发生紧急情况时做应急处理。

（2）夜间外出散步时注意自身安全，请到人员较多、光线明亮的地方，夜间休息时，请您将门窗关闭并将室内的防盗系统设置在"设防"状态；若发现周边有任何可疑情况，可通过电话或对讲与物业及时取得联系。

（3）北方秋季天干物燥且多风，请注意防火，室内及院落不要存放易燃、易爆、易挥发等物品，防止火灾发生；如您长时间外出，建议您不要将花卉等物品摆放在阳台或窗台等位置，以防止被风吹落造成损失。

（4）若您相约亲朋好友欢聚＿＿＿＿＿＿＿花园共度假期，请您欢聚的同时不要影响邻居的正常休息。

（5）十一假期期间为了给您创造一个和谐、安静的园区，10月1日至10月8日全天禁止噪声施工，请正在装修的业主监督施工单位自觉遵守上述要求，配合物业工作，同时请施工人员严格遵守《装修管理协议》内容，不在园区留宿，不做违反协议的施工。

（6）为了方便您节日出行，经与班车公司协商，特将班车运行时刻进行如下调整。

10月1日（周五）至10月8日（周五）期间班车停发。

10月9日（周六）、10月10日（周日）按正常运行时间发车。

（7）节日期间，本物业服务中心正常上班。

客户服务中心工作时间为：每日9:00 ~ 17:30。

夜间服务中心工作时间为：每日17:30 ~ 次日9:00。

物业服务电话：_____ _____

通知有效期至：10月10日

_____物业管理有限公司
_____管理处
_____年__月__日

24-10　春节温馨提示

温馨提示

尊敬的各位业主/住户：

新春佳节即将到来，为了能让广大业主过一个平安、快乐的春节。我们对春节期间燃放烟花爆竹特提以下建议。

为小区安全考虑，物业公司不赞同业主在小区内燃放烟花爆竹。为不影响他人的正常生活，请勿在楼栋内、楼顶和自家阳台上燃放鞭炮。因为往年在自家燃放烟花爆竹的现象比较多，导致有业主把别人家的窗户玻璃炸坏。加之小区车辆较多，很容易发生不安全事故。如您一定要燃放，建议到空旷的地方并在确保安全的前提下燃放。物业公司工作人员不介入。

希望您在_____小区度过一个安全、祥和的新春佳节！_____物业管理有限公司全体员工祝您春节快乐！身体健康！合家幸福！

_____物业管理有限公司
_____管理处
_____年__月__日

24-11　冬季用电温馨提示

冬季用电温馨提示

尊敬的各位业主/住户：

　　冬季是用电高峰，业主习惯于家中同时使用多种取暖设备，但一定要将安全用电放在首位。

　　_____年____月_____日20:08分左右，有业主打电话给服务中心反映，本单元内一楼业主家入户门往外冒烟。业主服务中心值班的物业助理在接到业主反馈问题后，立即通知保安主管前往查看情况。业主家中无人，但已有黑烟陆续从门缝中漏出，显示出家中失火。根据现场情况，保安主管立即报警，及时与业主联系，并安排大门口岗位做好接警工作。业主服务中心的物业助理在联系到业主后，告知业主家中失火情况，并征求业主本人意见要求破门灭火。在该业主口头授权的同意下，在110和众多其他邻居的见证下，保安队员先后把卧室的窗户、南阳台门砸碎，进入家中用瓶装灭火器进行灭火，并在随后赶来的119防火队员协助下将火扑灭。待业主赶回后，明火已经扑灭，家中客厅的电视和电视机柜已经被烧毁，但也因为抢救及时，没有造成更加严重的损失。

　　据统计，自业主入住以来，前后发生了近20起起火事件，有业主出门忘记关煤气的，也有线路老化的，也有电器使用不当。但____月_____日的火灾，是业主入住五年来，最为严重的一次。

　　在此，物业公司做出如下温馨提示。

（1）业主出门，请务必关闭家中的电源开关。
（2）定期检查家中的电器线路，发现老化的及时更换。
（3）最好购买家庭财产险作为保障。
（4）发现火警，请立即拨打119。

_____物业管理有限公司
_____管理处
_____年__月__日

24-12　关于夏季小区安全防范的温馨提示

温馨提示

尊敬的各位业主/住户：

　　夏季是安全隐患的高发季节，天气炎热，需要做好各类隐患的排查。在此物业公司做如下温馨提示。

（1）请在外出或夜间睡觉时关好自家的门窗，不要因为一时的疏忽给盗窃犯罪分子创造机会，给您带来不必要的损失。

（2）暑期儿童外出游玩须有成年人陪同，以防溺水等事故发生。

（3）暑假期间尽量不要留儿童一人在家，请关好家中燃气阀。

（4）如有人上门收取公共事业费，请及时致电物业服务中心电话：_____、_____核对，以免上当受骗。

（5）请小区过夜的车辆关好车门及车窗，不要将贵重物品遗放在车内，以免被盗。

（6）夏季也是暴雨台风高发季节，请各位业主定期检查阳台悬挂的不安全物品，发现阳台地漏堵塞立即自行疏通或通知物业进行疏通，以防雨水不能及时排泄而导致室内进水。

（7）如在小区里发现不安全因素或可疑人员，请拨打保安24小时值班电话：_____，或直接拨打110报警。

_____物业管理有限公司
_____管理处
_____年__月__日

24-13　关于防台风风、防汛的温馨提示

关于防台风、防汛的温馨提示

尊敬的各位住户：

初夏梅雨季节将至，下雨及台风将逐渐频繁。请业主做好防台风、防汛方面的措施，物业公司特提出如下温馨提示。

（1）请检查自家的天台、阳台地漏水是否通畅，可能会因为未及时检查及疏通而引起积水，造成自家或下家进水，导致家中家具、地板、墙面等多处受到影响。为了减少您不必要的损失及麻烦，如有堵塞请及时疏通。

（2）为了防范台风所引起的损失，请您将放置在天台、阳台上的物品如花盆等可移动的物品移放室内，请将卫星天线重新检查和加固，以减少安全隐患。

（3）在家里无人的情况下请关闭门窗，请将晾晒在外的衣物移入室内。

以上情况如有疑问，请拨打热线电话：_____

希望我们的服务给您带来更多的方便！

_____物业管理有限公司
_____管理处
_____年__月__日

24-14　关于儿童暑期安全的几项温馨提示

关于儿童暑期安全的几项温馨提示

尊敬的各位家长：

　　酷暑难当，转眼间又到了孩子放假的日子，如何让孩子度过一个既安全又有意义的暑期生活，是每位业主都关心的问题，现物业公司就孩子的暑期安全问题提出如下温馨提示。

　　（1）如留孩子一人在家时，请提醒孩子注意燃气、家用电器的使用安全，以避免家长产生不必要的担心以及家中产生不必要的损失。

　　（2）如留较小的孩子在家中，请提醒孩子远离阳台护栏及卧室窗户，杜绝不安全隐患。

　　（3）孩子在小区玩耍或者外出时，请提醒孩子多饮水，或采取必要的防护措施，以防中暑。

　　（4）孩子在家时，请提醒孩子不要将纸屑、塑料等扔出窗户或阳台外，避免破坏小区的卫生环境以及影响邻里之间的和睦。

　　（5）孩子在小区内追逐嬉戏的时候，请注意过往的车辆。

　　（6）孩子在人工湖边玩耍时，请注意警示标志，玩耍时最好能有家长陪同或看护。

　　（7）孩子在小区内的露天游艺场所玩耍时，请先检查游艺设备是否安全，并按照警示标志上的规定去操作。

　　物业公司祝愿所有的孩子度过一个欢乐愉快的暑假！

_____物业管理有限公司
_____管理处
____年__月__日

24-15　关于天气变化的温馨提示

关于天气变化的温馨提示

尊敬的业主/住户：

　　您好！

　　近一段时期，气温变化较大，请注意服装添减，以防疾病。夏季即将来临，风雨、雷电天气可能会频繁出现，希望各位业主注意自身身体健康外，对居室中放置在阳台、窗台的杂物，如花盆、晾晒的衣物等妥善放置，避免在刮大风时丢失、砸伤行人或毁坏其他物品，雷电时请注意保护好您家中的电器。在外出时切记检查家中水管、电器、煤气、门窗是否关好，以避免安全隐患。

_____物业管理有限公司
_____管理处
_____年__月__日

24-16　关于电梯使用的温馨提示

关于电梯使用的温馨提示

尊敬的各位业主及各装修单位：

　　为了确保电梯的合理使用、正常运行和大厦物业的有序管理。请遵守大厦电梯管理规定。

（1）一号和二号为客用电梯，行人请使用此电梯。

（2）三号电梯为货运电梯，货物运输请使用此电梯。

（3）请遵守规定的乘坐人数和承载重量，超载时警报鸣响，轿门不会关闭，因此，请最后搭乘的客人退出或卸载超重货物。

（4）在轿厢内蹦跳时有可能使安全装置动作，电梯在途中停止运行，造成故障，因此请静静乘用。

（5）请勿随意或乱按候梯厅或轿厢内的按钮。

（6）电梯内禁止吸烟，为了乘用电梯时心情愉快，请遵守规定。

（7）开闭电梯时有危险，请注意勿碰到门或依靠门边站立。

（8）有幼儿搭乘时，必须有保护者在场。

（9）火灾、地震时的避难，请勿使用电梯。

　　爱护公物人人有责，请各位业主及装修单位遵守大厦电梯管理规定，配合我们的管理工作！

_____物业管理有限公司
_____管理处
_____年__月__日

24-17　关于实行"放行条"的温馨提示

> **温馨提示**
>
> 　　为了保障小区业主/住户的财产安全，对搬出小区的贵重物品，管理处实行"放行条"制度。小区业主/住户如搬家（租户搬家需征得业主的同意）或搬出贵重物品请提前到管理处开具"放行条"，门岗安管员将核条放行。
>
> 　　"放行条"是为了核实业主/住户搬出小区物品的财产权属状况，防止物品被盗、被损、被骗，或被不明身份的人偷拿出小区。
>
> 　　管理处正常办公时间为周一至周五的上午08:30～12:00，下午14:00～17:30，周六周日正常上班，请要搬家或搬出贵重物品的业主带上身份证在正常办公时间到管理处开具放行条，租户搬家请提前联系业主开具放行条，如业主不能亲临，需致电管理处核实。对于没有放行条的搬家或搬出贵重物品业主/住户，管理处将不予放行。
>
> 　　有了您的支持，才有小区的安宁。
>
> 　　服务电话：_____
>
> 　　　　　　　　　　　　　　　　　　　　　　_____物业管理有限公司
> 　　　　　　　　　　　　　　　　　　　　　　　　　　_____管理处
> 　　　　　　　　　　　　　　　　　　　　　　　　　　_____年__月__日

24-18　高空抛物通告

> **高空抛物通告**
>
> 尊敬的业主（住户）：
>
> 　　中国有五千年的文明史，中国有"礼仪之邦"之称，可是，在我们当中却有个别人或者一件事，让所有人都觉得不能接受，受到大家的指责，因为你损害了大家的权益，你没有社会"公德心"。不禁想问："我们的公德心去了哪里？"
>
> 　　"高空抛物，害人害己"，既影响了卫生环境又容易把人砸伤，或许您是无意，一次大家都能接受，可两次、三次如果是您会接受吗？
>
> 　　傍晚是一家团聚的时候，夜晚是休息的时候。您一时之痛快，却使楼下正在休息的人一夜的痛苦？像是从噩梦中被惊醒一样，无奈、无助。
>
> 　　"小区是我家，生活环境靠大家"，请各位业主/住户献出一点爱心，让我们的小区生活更加美好。
>
> 　　　　　　　　　　　　　　　　　　　　　　_____物业管理有限公司
> 　　　　　　　　　　　　　　　　　　　　　　　　　　_____管理处
> 　　　　　　　　　　　　　　　　　　　　　　　　　　_____年__月__日

24-19　关于物业维修中心开展特约服务项目通告

关于物业维修中心开展特约服务项目通告

尊敬的各位业主：

　　炎热的夏日即将来临，为给广大业主朋友营造一个舒适的室内环境度过酷暑。物业公司维修中心将以热情的工作态度、娴熟的维修经验大力推出以下特约服务，答谢各住户多年来对我们的支持。

（1）清洗各品牌空调过滤网____元/台。
（2）安装换气孔防虫网____元/个。
（3）更换各类水龙头过滤网____元/个。
　　服务热线　_____　_____
　　再次感谢各位业主的支持和配合。

　　　　　　　　　　　　　　　　　　_____物业管理有限公司
　　　　　　　　　　　　　　　　　　_____管理处
　　　　　　　　　　　　　　　　　　____年__月__日

24-20　关于治理私搭乱建的通告

关于治理私搭乱建的通告

尊敬的各位业主/用户：

　　_____别墅私搭乱建现象由来已久，尤其是近两年最为严重，完全处于无序状态，严重破坏了"采菊东篱下，悠然见南山"的优美，也破坏了别墅的整体升值空间。近期许多业主严正提出："别墅乱搭乱建严重，建筑材料和垃圾四处堆放，严重影响了别墅整体环境，有的影响了邻居的采光，严重影响了广大业主的正常生活，本来悠然的别墅变成了建筑工地，不解决私搭乱建，别墅就永无宁日。"

　　今年____月____日业主委员会通过的《_____别墅房屋装饰装修管理规定》中第七条规定"庭院装修装饰、加建改建由业主按照国家规定办理手续，凡超过两米高的建筑需征得四邻同意，方可施工。"第九条规定"装修装饰施工中如需使用钢材、水泥、砂石、红砖类建筑材料，每次需凭装修动工许可证到物业服务处办理准入手续。"第十条规定"装修人要在施工前告知邻里"。由于种种原因，这些规定成了一纸空文。

　　为了别墅、为了全体业主的利益，必须严格执行业主委员会的这一规定。近期，我们将采取如下措施。

（1）通知所有在建工程今年内必须完工，对侵占公共绿地、影响四邻的建筑劝其拆除，恢复原貌。对不听规劝和抗拒者，将向全体业主公示，并向市政府和城管反映。

　　（2）对没有侵害相邻权和别墅的形象的，请他们补办相应手续。已经办理了产权证的，自己到政府部门补办；没有办理房产证的自己与开发商协商变更规划图纸。

　　（3）从____月____日起，全面清理别墅建筑材料和建筑垃圾。

　　① 凡堆放在公共区域的建筑材料和建筑垃圾，将一律清理，清理费用由该工程队承担。

　　② 对庭院内的建筑材料进行登记，整理堆放形状，清运建筑垃圾。

　　（4）从____月____日起，坚决按照《_____别墅房屋装饰装修管理规定》，严禁未经四邻同意和未办理手续的建筑材料进入别墅，并制定细则，严格管理。

　　尊敬的业主，作为别墅的服务者，深爱着别墅的环境和广大业主们，虽然这里没有一寸土地是我的，但我有责任恢复良好的秩序，请广大业主给予支持和协助，也请各位进行监督和指点，让别墅变成一个大花园，让每位业主置身于花的海洋中。

_____物业管理有限公司
_____管理处
____年__月__日

第25章 社区文化活动

25-01 社区文化活动计划

小区年度社区文化活动计划

前言

_____年,____花园一期业主入住率预计达85%以上,二期于四月底入伙,业主装修期预计三个月,八月以后才会有二期业主陆续入住。因此本年社区文化活动上半年部分活动将配合地产销售部营销进行,下半年主要组织互动性较强的活动。参照公司上一年度社区文化活动,管理处于本年将组织元宵游园、体质测试、少儿夏令营、海岸沙滩活动、登山、HAPPY家庭节、圣诞节活动等一系列活动,开展关怀业主生活与节日的特色活动,如"关注女性月""母亲节"等;计划成立社区足球、网球、摄影俱乐部,积极组织业主参与活动,搭建社区沟通的平台,深化与一期业主的良好关系,开展与二期业主的沟通与交流,促进小区内业主之间、业主与管理处工作人员之间的良好沟通与交流,使_____花园成为一个高尚、文明、祥和的社区。

第一部分:年度社区文化工作目标

××共享公司、_____花园销售部和社会各方面的社区文化资源,积极配合公司开展社区间的文化交流活动,营造_____花园独特的社区文化氛围,使_____花园成为高尚社区文化品牌。

第二部分:年度社区文化活动工作计划

序号	计划项目	计划时间	备注
1	春在××元宵游园活动	2月7日	猜谜、吃汤圆、小游戏等
2	女性活动月	3月8日	"魅力女人、美丽有约"送花活动;"魅力女人、美丽出行"一日游活动(待定)
3	业主体质测试	4月	公司统一安排时间,体现关心自身健康、关爱家人
4	母亲节活动	5月	赠送鲜花、贺卡等,结合配乐诗朗诵、海报宣传等手段,营造立体文化氛围

续表

序号	计划项目	计划时间	备注
5	成立社区足球俱乐部	5月	二期入伙期间现场招募、夏日缤纷FUN
6	成立社区摄影协会	6月	组织外出采风（收费）、开展摄影知识讲座（免费）
7	登山活动	6月	
8	成立社区网球俱乐部	7月	可外请教练进行培训（收费）
9	海岸沙滩活动	7月	沙滩活动（或海岸活动）
10	少儿夏令营	8月	公司统一安排
11	HAPPY家庭节		9月中秋节活动，10月社区网球比赛
12	成立老年俱乐部/重阳节登高活动	10月	
13	第三届观鸟活动	11～12月	鸟类知识讲座、组织前往××公园、××观鸟屋、生态公园等观鸟活动
14	圣诞节活动	12月24日	
15	社区文化年度回顾	12月	

第三部分：年度社区文化宣传工作计划

序号	计划项目	计划时间	备注
1	安全防范知识宣传	1月	
2	养犬法规宣传	2月	
3	高空抛物宣传	3月	
4	健康知识宣传	4月	
5	装修常识宣传	5月	
6	物业管理法规宣传	6月	
7	消防知识宣传	7月	
8	高空抛物宣传	8月	
9	养犬法规宣传	9月	
10	安全防范知识宣传	10月	
11	小区公益宣传	11月	
12	年度社区文化回顾	12月	

25-02　庆祝"六一"儿童节"讲文明爱科学"活动方案

庆祝"六一"儿童节"讲文明爱科学"活动方案

为了丰富小区少年儿童的文化生活，促进居民朋友的进一步熟悉和了解，增进家庭之间的友谊，业主委员会、物业公司和居委会团支部乘____年"六一"国际儿童节之际，拟定举办_____花园庆祝"六一"儿童节"讲文明爱科学"活动，方案如下。

活动对象：_____花园5～15岁（幼儿园大班、小学五年级、初中）儿童及家长。

活动时间：_____年5月30日下午1:30～4:00时。

活动地点：_____花园俱乐部。

活动目的：让参加活动的小朋友在社区里与家长一起共同度过一个愉快而有意义的国际儿童节。

活动项目：跳绳、打气球、接力赛、模型飞机比赛（由全国优秀辅导员、少科站模型教师、小区志愿者现场指导）。

报名方法：在5月23日前到居委会、_____花园客服中心报名。电话：_____

收费情况：免费。

望小区内的小朋友踊跃报名，积极参与小区活动，欢迎届时光临！

活动项目安排如下。

一、跳绳比赛

规则：一分钟内跳绳次数最多者获胜。

道具：绳子。

时间：30分钟。

二、打气球

规则：用手把气球打到指定区域，并逐步增加距离，直到决出优胜者。

道具：气球。

时间：30分钟。

三、接力赛

规则：以家庭为单位，由家长陪同孩子一起进行接力赛。比赛时手握乒乓板，板上放乒乓球，按规定路线行进，乒乓板上的球不能落地，如球落地，应在落地点把球捡起后才能继续进行。

道具：乒乓球，乒乓板。

时间：30分钟。

四、模型飞机制作装配与比赛

规则：在老师的指导下每个学生制作一架直升机模型，然后进行飞行比赛，留空时间长者胜出。

　　道具：模型飞机材料；尖嘴钳。

　　时间：60分钟。

　　以上比赛活动都按三个年龄段分组进行，幼儿组（5～7岁）、小学低年级组（1～3年级）、小学高年级组（4～5年级）及初中组。各组比赛优胜者都将获得奖品。本次活动得到××一期9号志愿者的赞助，居委会等代表小区居民深表感谢！

　　　　　　　　　　业主委员会＿＿＿＿＿＿＿物业管理有限公司　居委会
　　　　　　　　　　　　　　　　　　　　　　＿＿＿年＿＿＿月＿＿＿日

25-03 "欢乐无限　精彩六一"欢乐儿童节活动方案

"欢乐无限　精彩六一"欢乐儿童节活动方案

一、活动目的

于六一国际儿童节之际，＿＿＿物业携手＿＿＿＿＿＿＿少儿英语中心，举办"欢乐无限　精彩六一"儿童节活动，丰富小区儿童的课余文化活动，打造和谐社区。

二、主办与协办方

主办方：＿＿＿＿＿＿物业。

协办方：＿＿＿＿＿＿少儿英语中心。

三、活动时间

＿＿＿＿＿＿年5月30日10:00～11:35。

四、活动地点

＿＿＿＿＿＿花园小区广场内。

五、活动人员

幼儿组（4～6岁）、少儿组（7～12岁）。

六、活动内容

活动内容及时间安排如下表。

活动内容及时间安排

序号	时间	时长	项目	内容	人员	物料	备注
1	8:00～9:30	1.5小时	会前会+布场	活动前沟通+布场	全部		
2	9:30～10:00	30分钟	家长签到	到场家长签到，发放气球等礼物			

续表

序号	时间	时长	项目	内容	人员	物料	备注
3	10:00～10:05	5分钟	开场	主持人介绍活动	李四	无线话筒2个	
4	10:05～10:10	5分钟	活力舞蹈展示	带参加活动的孩子一起	杨一、张二、赵三	舞蹈光盘DVD1台、功放机、音响	
5	10:10～10:30	20分钟	全家总动员	5次机会，由父亲或母亲运球拍至篮筐前，（赛道内）孩子投球，进一个计1分	李四、张二	篮筐、6个小球、收纳箱1个、运动音乐、赛道围挡、奖品	
6	10:30～10:40	10分钟	彩虹绳活动	带参加活动的孩子一起（2遍）	张二、赵三	彩虹绳、音乐光盘	
7	10:40～10:45	5分钟	幸运大抽奖	第一次（小奖）	李四	奖品10个	
8	10:45～11:05	20分钟	英语互动游戏	公开课	彭五		
9	11:05～11:20	15分钟	绘画大赛	少儿绘画涂鸦活动、少儿英语讲座	李四、赵二	桌椅、白纸、画笔、奖品	
10	11:20～11:25	5分钟	泡泡	带参加活动的孩子一起		泡泡工具、音乐	
11	11:25～11:30	5分钟	幸运大抽奖	第二次（大奖）	李四	奖品5个	
12	11:30～11:35	5分钟	活动结束		李四		

七、物料准备

（1）硬件设备。无线耳麦2个，无线话筒2个，音响、功放机、长条桌、DVD。

（2）宣传物料。展架4个，宣传单若干，写字板3个，笔6支。

（3）活动物料。签单册1本，气球若干，音乐光盘，投篮筐1个，小球6个，收纳箱1个，赛道围挡。

（4）奖品准备。全家总动员奖品若干，绘画大赛奖品若干。

（5）公开课物料。略。

_____物业管理有限公司
_____管理处
_____年__月__日

25-04　重阳节活动方案

重阳节活动方案

一、活动主题说明

活动主题："走进××，关爱老人，健康伴您行联谊会"

二、活动目的

（1）重阳节作为中国传统的节日，又是老人节，是我们以情感纽带维护和开发顾客的最好时机。借助节日机会，把握合理主题，联络感情，促进销量。

（2）通过在联谊会现场刻画美满的生活片段，引发到会者对美好生活的眷恋，从而唤起其对健康的足够重视。

（3）企业形象塑造，提升企业形象，推动顾客升级。

三、活动时间

____年____月____日

四、活动地点

_____花园广场或篮球场。

五、邀约对象

主要邀约小区老人和小孩，预计150户。

六、活动重点环节及亮点

（1）顾客与员工共饮菊花茶。

（2）吃重阳糕或蛋糕。

（3）参加活动的业主均可参与现场抽奖。

（4）游戏（有奖品）。

七、活动流程

18:30～18:50：主持人上场，介绍活动主题，介绍重阳节的传说、来历。

18:50～18:55：共饮菊花茶。

18:55～19:00：安管员工风采展示群体拳。

19:00～19:20：老人互动游戏速度比拼（需18个业主配合）。

19:20～19:30：业主节目（待定）。

19:35～19:45：老人互动游戏抢座（9个业主配合）。

19:45～19:50：客服节目（歌曲）。

19:50～20:00：吃重阳糕或蛋糕。

20:00～20:15：主持人宣布抽奖。

20:15～20:20：在"难忘今宵"歌曲中结束活动。

八、活动前期筹备

（1）现场的清扫及保洁人员的安排责任人：_____。

完成时间：____年____月____日。
（2）现场的布置（桌椅及音响设施）责任人：____、____、____、____。
完成时间：____年____月____日。
（3）宣传幅制作责任人：____、_____。
完成时间：____年____月____日。
（4）信息发布（网络、电话、现场公告）责任人：____、_____。
完成时间：____年____月____日。
（5）现场秩序维护责任人：____、_____。
完成时间：____年____月____日。
（6）健康咨询专家的联系责任人：____、_____。
完成时间：____年____月____日。
（7）礼品采购责任人：____、_____。
完成时间：____年____月____日。
（8）预计费用清单（略）。

九、活动总结

活动结束后要及时总结，总结的责任人为_____。

_____物业管理有限公司_____管理处　居委会
_____年_____月_____日

25-05 "圣诞联欢晚会"活动方案

"圣诞联欢晚会"活动方案

一、活动主题

（1）主题。____管理处、业主"圣诞联欢晚会"。
（2）目的。通过此次活动，加深物业管理公司与广大业主之间的深情往来，真正体现出大家庭的欢乐融融。
（3）原则。本着厉行节约、俭而不俗、突出新意的原则，营造亲切、融洽、和谐的良好气氛。
（4）方式。联欢晚会（管理处、业主自编节目表演）以售票形式，__元/张。

二、活动安排

1. 时间

____年12月25日（星期____）晚上7:30～10:30。

2. 地点

_____俱乐部。

3. 规模

____人左右。

4. 主办单位

_____管理处。

5. 活动进程

（1）18:10工作人员到场，各负其责，一切准备就绪。

（2）19:00工作人员引导业主到达现场，由大厦安管员负责整场活动次序的安全、保卫工作。

（3）19:10主持人到场，在悠扬的音乐声中请参加联谊会的领导、嘉宾就座（邀请派出所、街道办、居委会领导）。

（4）19:30主持人宣布"圣诞联欢晚会"现在开始，介绍重要来宾，并对他们表示热烈的欢迎及衷心的感谢。

（5）19:35请_____物业管理有限公司____管理处经理_____先生讲话。

（6）19:40请来宾们欣赏管理处、业主自编文艺节目，文艺节目表演完后，举行交际舞会。

（7）22:30主持人宣布联欢晚会到此结束，感谢各位领导、来宾的大力支持。

三、气氛营造

（1）以_____俱乐部为整次活动的主会场，活动主场地制作"圣诞联欢晚会"条幅一面，渲染气氛用。

（2）"圣诞联欢晚会"装饰物，圣诞树2棵，圣诞老人服装2套，晚会用小礼品。

四、经费预算

经费预算见下表。

经费预算

序号	名称	单位	单价/元	数量	金额/元	备注
1	场地租用费	次		1	1200	××俱乐部
2	圣诞联欢晚会条幅	条	200	1	200	
3	水果				1600	苹果、柑橘、香蕉
4	糖、瓜子、花生、饼干				800	
5	纯净水	箱	48	10	480	××买
6	啤酒、饮料	箱		10	480	××买
7	圣诞老人服装	套	150	2	300	

续表

序号	名称	单位	单价/元	数量	金额/元	备注
8	小礼品				500	嘉宾用
9	圣诞树	棵	300	2	600	
10	装饰品				500	气球、鼓锤等
11	胶卷	卷	25	4	100	

合计：人民币：陆仟柒佰陆拾元整（￥6760元）

五、责任分工

（1）总监：_____。

（2）方案策划、总指挥：_____。

（3）物资调配：_____。

（4）现场指导：_____。

（5）设备保障：_____。

（6）安全保卫：_____。

_____物业管理有限公司

_____管理处

____年__月__日

25-06 "春节游园"活动方案

"春节游园"活动方案

一、活动主题

（1）主题。____管理处、业主"春节游园"活动。

（2）目的。辞旧迎新，加深员工与业主之间的交往，增强节日的喜庆、热闹气氛。

（3）原则。本着厉行节约、俭而不俗、突出新意的原则，营造亲切、融洽、和谐的良好气氛。

（4）方式。有奖猜谜、套圈活动（每个圈1元，奖品设250份左右）。

二、活动安排

时间：____年____月____日（星期____）上午9:30～下午13:00。

地点：_____。

规模：_____人左右。

三、主办单位

　　_____管理处

四、活动日程

8:30 工作人员到场，各负其责，一切准备就绪。

8:40 大厦保洁员到现场做好活动前的一切保洁工作和现场保洁工作。

9:00 大厦安管员到达现场，由大厦安管员负责整场活动的安全、保卫、疏散工作。

13:00 整场活动结束。

五、气氛营造

　　以_____为整场活动的主场地，活动场地制作_____"春节游园"条幅，拉彩条布置现场，渲染气氛用。

六、经费预算（见下表）

经费预算

序号	名　称	单位	单价/元	数量	金额/元
1	彩条	条	8	30	240
2	条幅	条	130	1	130
3	香皂	块	4	40	160
4	牙膏	条	14	40	560
5	毛巾	条	10	50	500
6	糖果	袋	15	50	750
7	彩笔	盒	25	20	500
8	玩具	个	50	20	1000
9	胶卷	盒	3	20	60
10	可乐	瓶	6	20	120
11	彩纸	张			200
12	道具				500
13	合计				

七、责任分工

（1）总监：_____。

（2）方案策划、总指挥：_____。

（3）物资调配：_____。

（4）现场指导：_____。

（5）设备保障：_____。

（6）安全保卫：_____。

　　　　　　　　　　　　　　　　　　　　_____物业管理有限公司

　　　　　　　　　　　　　　　　　　　　　　_____管理处

　　　　　　　　　　　　　　　　　　　　　　　____年__月__日

25-07 "迎春节"社区文化活动方案

"迎春节"社区文化活动方案

春节是中国人重要的传统节日，在老百姓心中占有重要的位置。为了活跃小区文化，拉近与业主/住户的关系，管理处将组织业主开展多种文化娱乐活动。活动本着营造气氛、活跃情绪、勤俭节约的原则，开展歌舞晚会、钓鱼、套圈、卡拉OK、猜谜等活动，具体实施方案如下。

一、人员组织

活动策划：_____。

活动总指挥：_____。

活动成员：_____。

后勤保障：_____、_____、_____。

二、时间安排

元月二十三日下午15:30开始至17:30结束。

三、主要分工

（1）_____负责活动当晚晚会节目的策划、组织、实施。

（2）主持人：_____。

（3）工作人员由管理处不当班员工担任。

（4）活动的后勤保障、接受报名、购买奖品及活动的宣传组织、比赛用品由____负责。

四、场地安排

会所。

五、活动内容

（1）组织有文艺特长的老年人进行歌舞表演，主要有太极、剑术、秧歌、二胡演奏等（时间安排1小时，负责人_____）。

（2）"套圈"同公园内的操作相同，物品为可乐、玩具小汽车、公仔、打火机、车用纸巾等物（_____公司赞助）。

（3）猜谜活动的操作方法为在半球活动中心现场悬挂一到两百条谜语（事先管理处用彩纸写好），由业主/用户自行猜，猜中后拿着纸条到服务处领取奖品（_____）。

六、奖品设置

当天活动参加人员有小礼品赠送，尽力做到人手一份。

七、费用预算（见下表）

费用预算

序号	物品	单位	数量	单价/元	合计/元
1	闪光彩灯	条	40	20	800
2	红灯笼	个	20	10	200
3	礼品（老年人纪念品）	盒	20	50	1000
4	胶卷	卷	5	30	150
5	铅笔、圆珠笔、文具	批			800
合计					2950

_____物业管理有限公司
_____管理处
____年__月__日

25-08 重阳节活动的通知

重阳节活动的通知

尊敬的小区业主：

　　金秋送爽，丹桂飘香，农历九月初九的重阳佳节即将来临，为了让小区的老年人有个开阔视野、交流感情、锻炼身体、回归自然的机会，将组织重阳节活动。

　　活动由_____花园业委会组织，____物业管理有限公司协助，请我小区住户踊跃报名参与。具体安排如下。

　　活动时间：_____年_____月_____日上午9:00到下午17:30晚餐，晚餐后自行返回。

　　活动地点：_____。

　　报名时间及注意事项。

　　（1）报名时间。_____年_____月_____日至____年__月__日9:00止。

　　（2）报名地点。_____花园客户服务中心。

　　（3）报名条件。凡居住在本小区的住户，身体健康、行动方便的_____花园业主及业主直系亲属或房屋使用人均可报名。

　　（4）业主及业主直系亲属报名时每人需缴纳10元活动费（报名后此费用不予退还）。

　　（5）房屋使用人报名时每人需缴纳30元活动费（报名后此费用不予退还）。

（6）本次活动包含中餐、晚餐、棋牌，费用来源为业主公共部分收益和活动参与者支付的报名费。

（7）乘车路线为：＿＿＿＿＿＿＿＿＿＿＿＿＿＿＿＿，终点站有人接待。

本次活动主要是为了加强邻里间的沟通、认识、了解，弘扬敬老爱老的传统美德，促进小区的和谐健康发展。

＿＿＿＿＿＿花园业主委员会

＿＿＿年＿月＿＿日

25-09 中秋活动邀请函

中秋活动邀请函

尊敬的＿＿＿＿＿＿花园业主/用户：

您们好！

又是一年金秋到，中秋节是我国仅次于春节的第二大传统节日，值此中秋佳节即将来临之际，＿＿＿＿花园管理服务中心全体员工向＿＿＿＿＿＿花园业主/用户致以节日的问候，祝大家家庭和睦、团团圆圆、幸福美满！

感谢您们长期以来对我们物业服务工作的支持，正因为有了您们的支持、理解与信任，使我们的各项工作得以顺利开展。物业服务工作需要您们的监督，更离不开您们的热情参与。我们真诚期待您们能一如既往地关注我们的工作，协助我们把物管服务做得更细、更好、更贴近您们的生活。

中秋佳节来临之际，＿＿＿＿物业管理服务中心全体人员与全体业主/用户共庆中秋佳节。为打造"＿＿＿＿＿＿花园"小区和谐社区文化，＿＿＿＿公司与＿＿＿＿＿＿物业管理公司共同举办"庆国庆、迎中秋"游园晚会活动。

活动时间：＿＿＿年＿月＿＿＿日（星期＿＿）晚18:00～22:00。

活动地点：＿＿＿＿＿＿花园中心广场。

活动内容：趣味游戏、文艺表演，现场抽奖，现场敬备礼品、饮料、小食等。

诚邀＿＿＿＿＿＿花园所有业主及家人齐聚"＿＿＿＿＿＿花园"，共度中秋佳节。

＿＿＿＿＿＿花园物业管理服务中心全体员工真诚地期待您及您的家人热情参与。最后，祝各位业主/用户节日愉快、身体健康、工作顺利！

＿＿＿＿＿＿＿物业管理有限公司

＿＿＿＿＿＿＿管理处

＿＿＿年＿月＿＿日

25-10　圣诞联欢晚会通知

通　知

　　_____花园管理处将于____年__月____日（星期____）举办"圣诞联欢晚会"，晚会文艺节目特邀请广大业主/用户积极报名参与，节目报名地点_____花园管理处。文艺节目将在12月15日、21日两天进行集中彩排，希望广大业主/用户大力支持。

　　特此通知

_____物业管理有限公司
_____管理处
_____年__月__日

25-11　圣诞节活动布置方案

圣诞节活动布置方案

一、活动目的

（1）为了活跃园区的圣诞节日气氛，表达管理处对业主的深切问候。

（2）通过举办圣诞平安夜派对活动，为业主营造一个轻松欢快的园区文化氛围，显现高尚园区特质。

二、活动时间

_____年12月21日至元月3日，共两个星期。

三、人员安排及职责划分

活动总监督：_____；活动总协调：_____。

安管部协调人：_____；工程部协调人：_____。

四、活动内容安排

（一）小区环境布置

（1）在小区悬挂圣诞装饰，如彩灯等。

（2）平安夜、圣诞节当天在小区循环播放圣诞音乐，以增强节日气氛。

（3）在小区入口处摆放圣诞树及闪灯装饰。

（4）在_____年12月21日，以短信、上门走访、电话通知等方式通知业主，祝贺业主圣诞快乐。

（5）管理处全体工作人员的统一着装及规范用语，可由客户服务部提前对工作人员进行培训，提升形象礼仪，也可统一佩戴圣诞帽，遇见客人时主动问候，送予节日的祝福。

（二）开展平安夜圣诞节活动

（1）在与会所沟通过程中，明确活动办法等相关内容。

（2）在＿＿＿＿年12月24日晚，管理处安排工作人员协助会所对前来参加活动的业主和嘉宾予以引导。

（3）由管理处群发手机短信予各业主及全体工作人员，以示节日的问候。

（4）平安夜当天将吉祥苹果发至管理处职员，放置一部分至岗亭处及管理处派送给来访客户。

（5）开展"采摘吉祥物，许下圣诞愿"活动。

① 准备。在装饰精美的圣诞树（一棵）旁设立采摘区，准备带挂钩的横杆一根，上面挂满圣诞帽和圣诞靴子；小钩竿一根；签字笔五支；一名"圣诞老人"（协助业主挂愿望卡、派发礼物）与两名工作人员（补充道具、现场引导和维护）。

② 游戏规则。参与者站在指定区域内，用小钩将立柱上的圣诞帽/靴钩出，不能触动其他的圣诞帽落地，如能顺利摘取，则此圣诞帽归参与者所有。

③ 所有参与者均可获得圣诞老人赠送的圣诞卡片一张。嘉宾可将自己的圣诞愿望书写在卡片上，并将其悬挂于圣诞树上。

④ 鼓励业主在圣诞树前留影。可在圣诞节下午冲洗好赠送给业主（也便于管理处对业户信息的收集）。

（6）活动当晚的安防工作，保安服务部与会所原有安防人员要提前做好沟通工作，做好配合。

五、各部门职责分工（小区环境布置）

（1）圣诞物品的准备、采购及分发，由综合行政部负责，在＿＿＿＿年12月18日前完成，行政部对现有物品进行清点，并视活动安排购置新的圣诞装饰品，报管理处领导批准后购买，并按活动安排分发给各部门。

（2）群发手机短信送圣诞祝福。由客户服务部负责，在＿＿＿＿年12月24日前完成，由客户服务部编辑短信祝福语，于12月24日发送予各业主及管理处全体工作人员。

（3）在小区各入口处及管理处摆放圣诞树及喷雪绘制。由客户服务部、维修服务部负责，在＿＿＿＿年12月22日前完成，由客服部及保安部负责喷雪图案喷绘，由维修服务部协助圣诞树的摆放及装饰品的点缀。

（4）在小区各门岗及主要通道悬挂圣诞彩灯。由维修服务部负责，在＿＿＿＿年12月22日前完成。

（5）管理处全体工作人员遇见客人时的节日问候。由管理处全体工作人员负责，在＿＿＿＿年12月24日前完成，由客户服务部在活动前对工作人员的礼貌礼仪、节日问候语统一培训。

（6）开启喷泉。由维修服务部负责，完成时间：_____年12月24日、25日全天，由维修服务部负责开启。

（7）活动当天在小区循环播放圣诞音乐，以增强节日气氛。由保安服务部负责，本活动方案期间内完成，由保安服务部负责调试及在小区内循环播放圣诞祝福音乐。注意音量的大小。

（8）活动现场拍照。由综合行政部负责，____年12月25日现场拍照。可将本次活动的照片收藏到社区文化活动资料中并可传至公司发表。业主平安夜照片赠送给业主。

（9）挑选照片冲洗。由客户服务部、综合行政部负责，在_____年12月24日晚由客服部挑选一户一张全家福，25日下午三点前行政部将冲洗好的照片交给圣诞老人派发。

（10）物品的回收及活动总结。各部门在_____年12月26日内完成，由客服部统一负责安排。

六、物料准备

物料准备如下表所示。

物料准备

序号	物品名称	规格	数量	费用预算	摆放位置及用途	备注
1	彩灯	5米/条	12条	8元/条	装点圣诞树、门岗及主要通道	由维修部检查去年节日用品后提出申购的建议
2	圣诞树	3米/棵	4棵	220元/棵	放在三个主要主出入口和活动现场	视去年物品的回收完整度确定采购
3	圣诞树枝条	上带叮当、松球、红结	10条	10元/条	围绕在进出口岗屋檐边	
4	太空棉	白色	8米	10元/米	替代白雪装点圣诞树、枝	
5	音乐光碟CD	欢快圣诞音乐	2张		用于小区播放	用去年物品
6	礼品盒	精致小巧	50个	1元/个	用于装饰圣诞树及派发小礼物给业主	
7	中大件		30个	8元/个	置放圣诞树下	视回收的情况确定采购或制作
8	喷图模具图案	塑料	20个	1元/张	用于喷雪造型	

续表

序号	物品名称	规格	数量	费用预算	摆放位置及用途	备注
9	喷雪	七彩	100瓶	3元/瓶	用于喷绘图案造型	
10	相机		1套		用于现场拍摄	用管理处现有相机
11	圣诞卡片	大张	20张	2元/张	圣诞老人派送赠品	赠送业主
		小张	100张	1元/张	用于平安夜许愿活动	许愿挂于树上
12	圣诞靴子	红色	20个	3元/个	用于平安夜许愿活动和圣诞老人派送赠品	
13	圣诞帽	标准型	30个	3元/个	用于平安夜许愿活动和圣诞老人派送赠品	
14	圣诞老人服饰		一套	100元/套	用于平安夜许愿活动及圣诞节派发礼物活动	
15	苹果作礼品类	简易包装	200个	2.5元/个	用于派送给职员和业主,也可作为活动礼品	
16	闪亮熊、球	库存	30个		用于平安夜许愿活动	
17	电线、排插	20米	4套	45元/套	用于入口岗亭彩灯接电	
18	其他					用去年物品
	总计				3236元	

七、补充说明

（1）活动前,由维修服务部、客户服务部负责将装饰物品安置于相适应之位置,维修服务部需提前将电线、电路等布置到位,并由专人对其安装及调试情况进行检查,以确保活动当天设施设备正常使用。此工作需于12月21日前完成,并由工程、客服两部门负责人进行最后确认。

（2）各部门需分别对其部门所要完成的事项制订计划、分配责任,以确保活动顺利展开。

（3）行政部将活动物品分发后,由各领用部门自行保管,安置于公共区域的物品,由保安服务部统一进行保管。若有丢失现象,由责任部门负责找回或予以赔偿,如有损坏,由管理处负责人视情况划分责任。

（4）活动当天,由客户服务部进现场进行总体协调及监控,希望各部门积极配合。

（5）活动结束后,由客户服务部门填写"社区文化活动效果评估表",对本次活动进行效果评估及总结。由保安服务部及工程部负责将物品收回,由行政人事部负责清点入仓,以备下次使用。

25-12　小区新春布置方案

小区新春布置方案

春节俗称"年",是我国最隆重、最热闹的一个传统节日,游人满街,花灯满城,热闹非凡,家家喜气洋洋,人人乐开怀。

××家园以中国传统的节日喜庆色彩红色、黄色为主要色调,以春节饰品元素中国结、红灯笼、如意结、金元宝、福字帖、剪纸、鞭炮、年画、对联等点缀各显眼处,象征福到、红红火火过新年、除旧迎新、迎禧接福、祈求丰年等寓意,为业主和住户的生活环境送上一个喜庆的节日氛围。

一、台阶的布置

台阶是行人最为注意的地方,在视觉上应该重点突出,可以在栏杆上拉横幅一条,可写上"祝____花园业主新年快乐　万事如意!"与大门的对联交相呼应。在墙壁上贴上大型福字背景喷绘,起迎福欢迎之意,在两侧栏杆上以红色三角吊旗装饰。在台阶平地处放置彩虹门一座,两边配以灯笼柱,形成进门有福之强大气势。

二、大门的布置

以象征喜庆和富贵的红色和黄色彩绸扎成海浪,置于大门楣沿,中间配以直径1米的大灯笼,灯笼内安装灯泡,不仅可以起到照亮作用,更可以配合海浪达到气派、吸引业主的目的。在大门两侧放置八个灯笼柱,在大门两边柱子上垂下两个条幅对联,红底金黄勾的字,上书:"一年四季春常在,万紫千红永一花",横批"____花园喜迎新春",表达对业主的新年祝福。

三、树的布置

为枯树换新装:以直径5～10厘米的小红色灯笼装饰小树,以金黄色的铝箔纸围绕较粗的树干,为树木长上"果实",为寒冷的冬天带来生气,象征丰收之意。

四、围墙和通道

在小区的主要通道两侧和围墙以彩色三角旗(尺寸为20厘米×10厘米)装饰,上面可印上花园小区的LOGO,不仅可以增添节日气氛,还可宣传小区,增加企业形象。

五、亭的布置

以红色塑料灯笼罩和红色福字剪纸等春节饰品装饰亭子周围,象征处处有福。

六、门的布置

在每个单元大门上贴上"福"字或送吉祥、送祝福的贴纸,在大门楣沿上悬挂两个直径60厘米大的灯笼,此处意义在于进门有福。

七、楼梯口的布置

在每层楼每个单元的楼梯拐角处张贴福字贴纸,起迎福之意,层层有福,家家有福。

第26章　物业费用管理文本

26-01　有偿服务项目及收费公示

有偿服务项目及收费公示

尊敬的＿＿＿＿＿＿＿管理处业主：

　　为了更好地为园区企业服务，根据园区企业特点，特制定如下有偿服务管理方法，敬请周知。

一、有偿服务报修流程

　　电话报修：＿＿＿＿＿（8:30～17:00）；＿＿＿＿＿＿（24小时水电值班电话）。

　　口头通知：各楼宇物业主管＿＿＿＿＿＿＿服务台。

　　申报须知：请您将单元、联系电话、故障类型、要求提供服务的时间、服务要求等一并说明清楚，以便及时与您联络。

　　监督投诉电话：＿＿＿＿＿、＿＿＿＿＿＿。

二、有偿服务维修流程

（1）管理处接收有偿服务信息的人员填写工作联系单到运行维修组。

（2）运行组根据维修内容安排维修人员上门查看并报价（以公布的收费标准为据）。

（3）业主同意报价后，维修人员维修，业主对维修结果在验收单上填写意见。

（4）工作联系单一式四联份，用户一联，开单人留存一联，维修工一联，服务中心一联，开单人对服务情况回访。

三、服务四承诺

　　一证件：维修人员须向业主出示自己的工作牌。

　　二公开：维修人员须向业主公开出示有偿服务价目维修单，并按价目维修单标准收费。

　　三到位：维修人员收到信息后15分钟内到现场查看，维修后现场清理到位，服务后向业主演示维修结果到位。

　　四不准：不准在上班时间从事影响本职工作或有损公司形象的兼职活动；不准利用公司财产损害公司利益而谋取个人利益；不准利用服务之便向业主或顾客索取好处；不准假借公司名义以不正当手段从事私利活动。

四、维修事项说明

（1）收费标准（管理处提供材料维修的项目）按照以下标准收取。

维修费用＝材料费＋材料费×30%

（材料价格为管理处仓库出库价，30%＝人工费10%＋管理费10%＋利润10%）

（2）业主可以选择由管理处提供材料，也可以自行购买材料，管理处只参照同类项目收取30%的服务费用等。

（3）管理处不提供材料且工时不超过15分钟的免费服务。

（4）对于不在本菜单的维修项目，视情况另行报价。

五、有偿服务收费法律依据

根据《××市住宅区物业管理条例实施细则》第三十三条"住宅区房屋本体自用部位及设施的维修责任人为业主"；第三十五条"房屋毗连部位及设施的维修责任人为毗连业主"；第三十八条"……分户表内管线设施（含表及表外第一个阀门）的维修费用由用户承担"。有偿服务项目及收费标准见下表。

有偿服务项目及收费标准

维修项目	单位	材料费	维修费	合计

备注：以上材料价格为____年____月份市场材料价，作为维修时业主衡量收费的参考值，考虑到材料价格是一个变量，维修时的材料价格将以管理处仓库领料单上显示的采购价为准；业主也可自行购买材料，管理处仅收取相应的服务费用；管理处不提供材料且工时不超过15分钟的免费。

_____物业管理有限公司
_____管理处
____年__月__日

26-02 关于收取物业管理费的通知

关于收取物业管理费的通知

尊敬的业主：

根据_____文件，_____高层住宅已符合相应收费标准。管理处将于____年____月____日起按双方约定恢复____元/（平方米·月）的物业管理费标准。

　　管理处收费时间为每月7～20日，逾期每天将按合同约定×%缴纳滞纳金，请各位业主按时到管理处前台缴纳物业管理费。

　　从本月起，管理处将据实收取小区水电公摊。

　　若有任何疑问，请致电_____与服务中心联络。

　　多谢您支持我们的工作！

　　特此通知，敬请相互转告！

_____物业管理有限公司
_____管理处
____年__月__日

26-03　关于年度物业管理费收取标准的通知

关于____年度物业管理费收取标准的通知

____花园广大业主：

　　____根据《_____花园前期物业服务协议》，__花园物业管理费收取标准为____元/（平方米·月），另预收能耗费并按实际所用分摊。_____花园业主委员会于__年__月__日成立，按照业主委员会的要求，故_____花园_____年度物业管理费收取标准仍按照前期物业服务合同规定[_____元/（平方米·月），另预收能耗费并按实际所用分摊]。从____年____月____日开始，物业管理费按照_____元/（平方米·月）收取（含能耗费）。

　　_____年度已按_____元/（平方米·月）缴纳的业主，管理处将同样按照前期物业服务协议标准[_____元/（平方米·月）]计算，再扣除_____年度实际所用能耗费，剩余金额将转充为_____年度物业管理费。

　　____衷心感谢广大业主积极主动缴纳物业管理费，共创和谐_____花园。

_____物业管理有限公司
_____管理处
____年__月__日

26-04　针对多数业主的催缴物业费通知

催缴物业费通知

尊敬的业主：

　　以下业主的银行存款不足扣缴管理费，请业主于____月____日之前到物业管理处（地址：_____）缴纳，或者于____月____日之前将钱存入银行，以方便财务于本月20日进行第二次扣款！

　　多谢合作！

　　　　　　　　　　　　　　　　　　　　　　_____物业管理有限公司
　　　　　　　　　　　　　　　　　　　　　　　　　_____管理处
　　　　　　　　　　　　　　　　　　　　　　　　　　____年__月__日

　　附：

欠费名单及明细

房号	管理费	本体维修基金	水费	排水费	垃圾处理费	合计

26-05　针对个别业主的催缴物业费的通知

催缴物业费的通知

　　_____楼住户：

　　____您好！您家的物业管理费于____年__月__日到期，请您到_____

（地点）交纳＿＿＿年至＿＿＿年度的物业管理费。

我公司对＿＿＿＿＿＿＿＿＿＿年度按时交纳物业费的业主实行优惠活动：也就是说您在＿＿＿年＿＿＿月＿＿＿日前交纳本年度物业费（每月每平方米＿＿＿＿＿＿元）优惠＿＿＿＿＿%，在＿＿＿＿＿年＿＿＿月＿＿＿日以前交费的优惠＿＿＿%，在＿＿＿年＿＿＿月＿＿日以前交费的优惠＿＿%，在＿＿年＿＿月＿＿日以后交费的不再优惠。

办公时间：上午 8:30 ～ 11:30
　　　　　　下午 14:00 ～ 17:00
　　　　　　周六日照常办公

　　　　　　　　　　　　　　　　　　　＿＿＿＿＿＿＿物业管理有限公司
　　　　　　　　　　　　　　　　　　　＿＿＿＿＿＿＿＿＿管理处
　　　　　　　　　　　　　　　　　　　＿＿＿＿＿年＿＿月＿＿日

26-06　关于收取住宅维修基金的函

关于收取住宅维修基金的函

＿＿＿＿＿＿＿＿＿＿业主委员会：

　　＿＿＿＿＿＿＿＿＿＿花园小区业主入伙时间分别为：一期＿＿＿年元月、二期＿＿＿年11月、三期＿＿＿年7月，按照《××市住宅区物业管理条例》实施细则第八章第四十九条，住宅区竣工交付使用一年以上的，由业主自保修期满后第一个月起按月向住宅区管理处缴纳住宅维修基金。第五十一条：住宅维修基金用于房屋本体公（共）用设施的维修养护项目。第五十三条：住宅维修基金由住宅区管理处以房屋本体为单位设立专账代管。

　　＿＿＿根据本小区实际情况，公（共）用设施需投入大量资金进行整改，以及后期保养维护。如没有基金积累，后期对于房屋本体维修、公共设施等更新和维护将处于举步维艰的境地。因此，请业委会确定本小区业主收取住宅维修基金的具体时间，管理处将按照业委会意见负责宣传、解释并征收。

　　此致
　　敬礼

　　　　　　　　　　　　　　　　　　　＿＿＿＿＿＿＿物业管理有限公司
　　　　　　　　　　　　　　　　　　　＿＿＿＿＿＿＿＿＿管理处
　　　　　　　　　　　　　　　　　　　＿＿＿＿＿年＿＿月＿＿日

26-07 使用维修基金公示

使用维修基金公示

维修项目简介
＿＿＿＿座＿＿＿＿房外墙有两个地方漏水，已严重影响＿＿＿＿业主正常生活，一到下雨天，家中窗口和墙壁到处是水，＿＿＿＿业主现请求动用维修基金做好外墙防水。经审核，该项维修属于住宅维修基金使用范围，现工程部请专业做防水人员检查，并进行协商杀价，需要资金＿＿＿＿＿＿元。经业委会同意，现公示业主。
费用预算
附工程预算表（略）
本单元业主意见
业主有任何意见和建议请致电管理处。 电话客户服务部：＿＿＿＿＿＿；工程部：＿＿＿＿＿＿ 管理处将按照维修基金使用的相关规定，如反对率低于30%，将在公示15日后着手安排项目维修。公示日期（＿＿＿年＿＿月＿＿日至＿＿月＿＿日）。

＿＿＿＿＿物业管理有限公司
＿＿＿＿＿管理处
＿＿＿年＿月＿日

第27章　消防安全管理文本

27-01　关于确定防火责任人的通知

关于确定防火责任人的通知

各位尊敬的用户：

　　为严格执行国家消防法规，保障大厦用户的生命财产安全，请贵单位确定防火责任人（应为贵单位常驻本大厦的负责人），并填写以下"本单位防火责任人名单"，加盖公章后送交管理公司服务中心。我公司将签发"防火责任人任命书"给贵单位，请贵单位防火责任人按照"防火责任人职责"贯彻落实各项消防工作。

管理公司（盖章）

用户单位防火责任人回执表

房号	单位名称	防火责任人姓名

紧急情况联系电话：

签名盖章：　　　　　　　　　　　　　年　月　日

27-02　防火责任人任命书

防火责任人任命书

　　兹任命_____先生/女士为防火责任人，具体负责本单位消防安全工作。

防火责任人职责：

（1）贯彻执行《中华人民共和国消防条例》实施细则和其他有关消防法规。

（2）组织实施逐级防火责任制和岗位防火责任制。

（3）建立健全防火制度和安全操作规程。

（4）把消防工作列入工作、生产、施工、运输、经营管理的内容。
（5）对职工进行消防知识教育。
（6）组织防火检查，消除火险隐患，改善消防安全条件，完善消防设施。
（7）领导专职或者义务消防组织。
（8）组织制定灭火方案，带领职工扑救火灾，保护火灾现场。
（9）追查处理火警事故，协助调查火灾原因。

_____物业管理有限公司
_____管理处
____年__月__日

27-03　防火责任协议书

商场防火责任协议书

消防工作重于泰山。为认真贯彻"谁主管、谁负责"的消防工作原则和"预防为主、防消结合"的消防工作方针，积极落实消防岗位责任制，努力搞好群治，维护大厦安全，管理处防火负责人_____确定_____为商场_____区域防火责任人，现就有关防火责任达成如下协议。

1. 区域防火责任范围
_____商场_____层_____铺位。

2. 区域防火责任人职责
（1）协助大厦防火责任人搞好消防工作，共同维护大厦防火安全。
（2）负责本区域范围内的防火工作，确保本区域的安全。
（3）认真宣传、贯彻、执行《中华人民共和国消防条例》和其他消防法规。
（4）制定并组织实施区域防火责任和岗位防火责任制。
（5）建立、健全防火制度和安全操作规程。
（6）把消防工作列入生产、施工、经营管理的内容，经常对职工进行消防知识教育，领导和指导本区域的消防工作。
（7）协助管理处保护好本大厦公共场所的消防设备、设施及爱护消防器材。
（8）定期（每月一次）组织消防检查，改善消防安全条件，完善消防设施，把火灾事故消灭在萌芽之中。
（9）审核、上报本区域装修工程，纠正和处理本区域的违反消防法规的现象和行为。
（10）组织制定本区域灭火作战方案，带领职工扑救火灾，并保护好现场。

3.本协议书一式两份，大厦防火责任人，区域防火责任人各一份。
4.协议书经双方代表签字后生效。

管理处：　　　　　　　　　　　业主/用户名称：
防火负责人：　　　　　　　　　防火责任人：
电话：　　　　　　　　　　　　电话：
日期：　　　　　　　　　　　　日期：

27-04　办公区域防火责任协议书

办公区域防火责任协议书

为认真贯彻"谁主管、谁负责"的消防工作原则和"预防为主、防消结合"的消防工作方针，积极落实消防岗位责任制，努力搞好群治，维护大厦安全，管理处防火负责人____确定____为____楼____单元区域防火责任人，现就有关防火责任达成如下协议。

1.区域防火责任范围
_____大厦____楼____单元。

2.区域防火责任人职责
（1）协助大厦防火责任人搞好消防工作，共同维护大厦防火安全。
（2）负责本区域范围内的防火工作，确保本区域的安全。
（3）认真宣传、贯彻、执行《中华人民共和国消防条例》和其他消防法规。
（4）协助管理处保护好本大厦公共场所的消防设备、设施及爱护消防器材。
（5）审核、上报本区域装修工程，纠正和处理本区域的违反消防法规的现象和行为。
（6）按规定安全使用大功率电器以及煤气设施。
（7）同意紧急情况下物业管理人及其雇员非常规进入单元应急处理，保证公寓楼生命财产安全。

3.本协议书一式两份，大厦防火责任人、区域防火责任人各一份。
4.协议书经双方代表签字后生效。

管理处：　　　　　　　　　　　业主/用户名称：
防火负责人：　　　　　　　　　防火责任人：
电话：　　　　　　　　　　　　电话：
日期：　　　　　　　　　　　　日期：

27-05　消防培训通知

消防培训通知

_____公司：
　　我处拟定于____月____日在_____（地点）组织各位业主和租户进行消防培训和演习，请确定贵单位的参训人选，于____月____日上午8:30到我处报到。

　　此致！

_____物业管理有限公司
_____管理处
_____年__月__日

27-06　灭火和应急疏散预案

住宅小区消防应急处理预案

　　为预防火灾事故的发生，或发生火灾后的火势扩大和蔓延，物业公司（以下简称本物业）成立灭火应急组织机构，指挥部设在消防中控室。总指挥由本物业最高的负责人（物业公司总经理）负责。如果发生火灾，总指挥对火灾事故有直接指挥、下达命令、组织抢救的绝对权力。

　　一、火情报警

　　（1）本物业内任何人员在任何区域发现烟火时，应立即使用最近处火灾报警按钮或用电话、对讲机向消防中控室报警（消防中控室电话：_____）。报警时要讲清楚起火的具体地点、燃烧物、火势大小、报警人的姓名、身份、所在部门和位置及是否有人员受伤。

　　（2）发生初起火灾，发现人员应立即报消防中控室，然后采用就近的灭火器材进行扑救，并保护好现场。如火情不允许，要立即组织好疏散，将人员及贵重物品转移到安全位置，帮助火灾现场的业主（住户）做好自救及撤离现场的准备。

　　（3）发现火情时一定要镇定，迅速采取有效措施，绝对不能说不利于人员情绪稳定的话，如果火势较大，在做好上述第二点的同时，必须迅速报告本物业消防总指挥确认，消防总指挥批准后才能拨打119报警电话。

　　二、火情确认

　　（1）消防中控室和分控室接到火灾报警信息后，应立即安排护卫队义务消防员

（所有护管员均为义务消防队员）携带对讲机和必备的消防用品赶到现场，确认火情是否存在，确认火情后消防分控室应立即通知护卫队主管、服务中心负责人和相关部门负责人赶到现场，成立灭火指挥组，同时安排义务消防员（及护管员）携带近处可取的灭火器材和可以利用的消防设施，赶到火灾现场，开始灭火。

（2）确认火情时应注意：不要草率开门，先试一下门体、锁把，如无温度异常可开门观察；如温度较高，已可确认内有火情。此时如房间内有业主（住户），应先设法救人。如没有人，应做好灭火的一切准备后再开门扑救。开门时不要将脸正对开门处。

三、火情通报

（1）消防中控室立即用电话、对讲机按照程序进行操作，告之火情已确认；护管班长携带对讲机、应急灯赶到现场协助现场指挥人员工作。

（2）通报程序如下：护管主管→物业部经理→总经理（同时通知工程部经理等其他部门负责人，非办公时间为当值最高行政负责人）。

四、领导指挥机构

领导组织机构负责指挥灭火自救工作。领导组织机构成员由物业公司总经理、各部门经理、护管主管（非办公时间为各部门当值最高行政负责人）等组成。其主要任务如下。

（1）组织指挥救火，根据火情，决定是否向消防局"119"报警。

（2）组织指挥救火，根据火情，决定是否关闭封锁小区、是否切断电源及液化石油气源。

（3）根据火情决定是否发布疏散和撤离命令。

（4）负责人员的疏散和救护、贵重物资的转移（条件允许的条件下）。

五、各部门应采取的相应行动

（一）护卫队

（1）护卫队长携带对讲机迅速到现场接受消防总指挥的指令。

（2）消防控制中心操作人员坚守岗位，听从现场指挥的指令操作设备，并听从现场总指挥的指令适时开动紧急广播系统，通知业主（住户）疏散。通知的顺序为：发生火灾区域—可能受影响区域，并根据火势的严重情况按总指挥的指令向"119"报警。按指令将摄像探头切换至发生火灾的区域。

（3）巡视护管员携带手电筒、对讲机及手提灭火器和相关消防应急设备迅速赶到火灾现场，按照火灾现场最高指挥人员的命令行动。

（4）各组团道口值班护管员负责本物业辖区的各出入口，外围的保安坚守岗位维护秩序，防止此时有其他人员进入本物业管理区域的火灾现场，同时负责业主、住户的疏导和解释工作。

（5）外围护管人员立即将停放在外围的车辆进行疏散，暂时将前来的车辆或人员引导到安全场地，劝阻疏散围观的人员。在必要时（报警后）接应专业消防队的到来，并为专业消防队指明室外接合器及消火栓的位置，配合专业消防队的工作。

（二）工程部

（1）工程部经理接到火灾通知后迅速赶到现场接受总指挥的一切指令。

（2）工程部各专业人员坚守工作岗位，做好各种工作及相关准备，接受指挥中心指令。

（3）强电工程师携带通讯设备迅速赶到变配电室，按照总指挥的命令指挥变配电室值班人员操作供电设备并根据总指挥的命令进行其他应急工作。

（4）给排水工程师携带通讯设备迅速赶到消防水泵房，按照指挥中心的命令指挥消防、消防栓水泵操作，并根据总指挥的命令进行其他应急工作。

（5）弱电工程师携带通讯设备迅速赶到消防中控室，按照消防总指挥的命令保障消防联动系统正常运行。如遇故障，应立即采取补救措施，并随时协调中控室人员的工作，并根据总指挥的命令进行其他应急工作。

（6）维修主管携带通讯设备，负责组织工程部剩余人员，按照总指挥的命令检查其他消防设备的情况，如遇故障，应根据总指挥的命令采取补救措施，并按照总指挥的命令协助完成其他工作。

（三）服务中心

（1）服务中心负责人携带通讯设备，迅速赶到火灾现场接受指令。

（2）迅速准备好急救包，并根据指令派遣人员到疏散集合的地点，对疏散业主（住户）的人数进行清点，并在有需要时（如有人受伤时）与医疗急救中心取得联系。

（3）及时并准确地向指挥中心报告失火区域业主（住户）人数及火灾现场本物业管理区域内人数。指挥本物业人员到疏散通道引导业主（住户）疏散，并告之业主（住户）疏散集合地点并做好安慰和解释工作。

（4）如是公司办公室区域，要积极配合财务部、办公室有条不紊地整理账目、文件资料等，对该上锁的要锁好，须随身携带的装带好，做好疏散准备工作。

（四）义务消防队行动

（1）火情确认后，各部门义务消防队员（主要为护卫队员）接到通知后应在第一时间赶到指定地点集合待命。

（2）义务消防队长（护卫队长）向队员简单介绍火情，分配任务。

（3）义务消防队员携带灭火器材准备好后迅速赶赴火灾现场。

（4）迅速派两名义务消防队员沿疏散楼梯小心上楼，观察情况，在安全的情况下，可使用消防梯、消防绳将灭火器材送到出事楼层，然后将消防梯消防绳送到底层，供义务消防队员备用。

（5）迅速组织队员按救火程序实施灭火，并及时将灭火工作进展情况随时报告现场总指挥。

六、业主(住户)的疏散

根据火情确定是否需要全面疏散火灾现场及附近业主(住户)。疏散命令由总指挥下达。具体的实施办法如下。

(1)控制中心按照总指挥指令负责用紧急广播先通知着火地点的业主(住户),或由现场人员逐户通知疏散。广播通知时严禁将紧急广播同时全部打开,必须是将通知范围控制在火灾区域或是火灾可能影响到的区域。

(2)服务中心负责引导业主(住户)疏散及把疏散下来的人员安排到安全地点,现场外人员或是准备进入火灾区域的人员由现场外围值班护管和服务中心指定人员负责引导疏散。在引导疏散时要注意保持秩序,防止挤伤、踏伤等非事故引起的意外,并注意清点现场疏散的人数,防止遗漏。

七、与专业消防队员配合

如果已向市公安消防"119"台报警,各部门应密切配合专业消防队员,行动的具体办法如下。

(1)各部门接到火情通知后,除按指定任务执行外,其他人均应在岗位待命,等候指示。

(2)护卫队负责维持辖区周围的秩序,根据情况疏导辖区内的车辆和人员及通道,以便公安消防队顺利到位。

(3)服务中心派人到本物业外围主要路口引导公安消防队到达本物业区域的火灾现场。

(4)工程部派人到本物业控制区,并视情况或按总指挥的命令断电、断气。

(5)公安消防队到场后,现场指挥要将指挥权交出,并主动介绍火灾情况及根据其要求组织所有人员协助做好疏散和扑救的工作。

八、善后处理工作

火灾扑灭后,要做好以下善后工作。

(1)全面疏散后,各部门要清点自己的人员和火灾现场受困人员人数,查看是否全部撤出危险区域。

(2)服务中心视情况准备食品饮料,安排好疏散集合地点业主(住户)的临时生活,在必要时负责与医疗单位联系。

(3)工程部在火灾扑灭后,负责与自来水公司、煤气公司、供电局等单位联系;及时恢复消防设备及其他设备的状况,将所有设施设备复位。

(4)护卫队负责保护现场,并重新配备消防灭火器及损坏的相关设施。

(5)保洁组应迅速清理保护范围以外的其他区域,尽快使其恢复正常。

(6)火灾扑灭后,各相关人员按分工做好善后工作,除保护好火灾现场外,其他地方应尽快恢复原状,由护卫队负责写出事故报告上报,对火灾扑救工作进行总结,对扑救工作中表现突出的人员提出表扬。

九、实施中的注意事项

（1）如若火灾发生在夜间或休息日、节假日，中控室的值班人员应立即通知公司安全委员会的负责人员，负责人员在接到通知后，应立即用最短的时间赶到，组织火灾的扑救工作，在此之前，值班负责人要担负起总指挥的职责，待总指挥到场后简要向总指挥汇报并听从总指挥的指令。

（2）在整个扑救火灾的过程中，其他工作要让位于火灾的扑救工作，并随时按照总指挥的指令做出反应，各个岗位出现的情况也要随时向总指挥汇报，以便总指挥掌握情况，迅速做出正确的决定。

（3）当火情由本物业公司自己组织力量可以扑救时，就不必惊动公安消防机关。

（4）总指挥部可以设在消防中控室或现场，总指挥由公司总经理或主管消防安全的物业部经理担任，所有命令由总指挥下达。

（5）火情发生后，所有对讲机或其他通讯设备应处于待命状态，当总指挥呼叫时，要用简明的语言，准确报告情况。

（6）实施疏散计划时，要将业主（住户）有秩序地从安全通道疏散，绝对不能引起混乱，要防止不知火情危险的业主（住户）再回到他们的居住区域，疏散时由护管员（或服务中心的人员）负责带路和断后。疏散中不能停留、堵塞通道。

（7）护卫队、服务中心工作人员负责指导检查疏散情况，检查内容还包括：业主（住户）房间、卫生间等公共区域是否留有未熄灭火种、烟头和未关闭的灯，出入通道是否畅通。

27-07　花园小区消防演练预案

花园小区消防演练预案

为进一步提升_____花园物业管理人员的整体消防素质，普及小区内业主（住户）、装修施工人员的消防意识和消防常识，公司拟定____月____日在_____花园小区内举办一场现场消防演练。现根据"预防为主、防消结合"的方针，针对_____花园小区公共设施和楼层结构等特点策划此次消防演练活动，具体方案如下。

一、消防演练部署

1. 成立消防演练指挥部，地点设在_____花园消控中心。

2. 总指挥由公司最高负责人担任，现场指挥由该项目现场当值的最高行政负责人担任。

3. 发生火灾时，总指挥对火灾事故有直接指挥、下达命令、组织抢救的绝对权力；现场指挥负责就火灾情况向总指挥作及时汇报，并现场组织所有义务消防员贯彻执行总指挥的指令。

4.具体人员安排

（1）总指挥：（总经理＿＿＿＿）。

（2）副总指挥：＿＿＿＿＿＿（安保部）。

（3）现场指挥小组：（安保部）（项目主任＿＿＿＿＿＿）。

具体职责：负责火灾现场救援指挥工作，布置以下各组任务。

（4）火情侦察小组：（巡逻岗安防员＿＿＿＿＿＿、＿＿＿＿＿＿、＿＿＿＿＿＿、＿＿＿＿＿＿）。

具体职责：当现场指挥从消控中心或其他位置接到火警信号时，迅速下达命令，火情侦察人员应迅速准确地勘查现场，并及时向现场指挥汇报以下情况。

① 火情位置、燃烧物质和性能、燃烧范围和火势蔓延的主要方向。

② 是否有人受到火势威胁及具体所在地点、数量和抢救疏散的通道。

③ 有无爆炸、毒害、腐蚀、遇水燃烧等物质，其数量、存放形式、具体位置。

④ 火场内是否有带电设备以及切断电源和预防触电的措施。

⑤ 需要保护和疏散的贵重物资及其受火势威胁的程度。

⑥ 燃烧的建筑物内的消防设施可利用情况。

⑦ 遇误报，在现场要及时排除。

（5）工程抢险小组：（水电工）。

具体职责：遇火警采取如下措施。

① 关闭非消防电源、煤气管道阀门。

② 接警后启动相应消防泵、喷淋泵或水喷雾泵。

③ 启动防排烟风机、正压送风机。

④ 启动联动消防广播。

（6）战斗救援小组：（安防队长）（非当班安防员）。

具体职责：受命后立即着好战斗服，携带安全绳、灭火器等消防器材，在第一时间赶到现场，本着"救人第一"原则进入燃烧区抢救被困人员。

① 寻找被困人员的方法。a询问知情人；b主动呼喊；c查看；d细听；e触摸。

② 寻找被困人员的地点。a建筑物内的走廊、通道、楼梯、窗口、阳台、浴室等；b房间内的床下、桌下、橱柜内、卫生间、厨房等。

③ 救援的方法。牵、拉、抱、背、扶。

④ 救火的方法。a利用携带灭火器材进行扑救；b打开消防栓，利用消火栓内设施进行灭火（没有电源的情况下）。

（7）安全保卫小组：（当班保安员）。

具体职责：当接到火警报警时，确认属实后迅速报告物业项目主任，拨打"119"报警电话，并通知当班保安员必须坚守岗位，听从调配，同时提高警惕，防止坏人浑水摸鱼、趁火打劫，保护好现场。

（8）后勤保障小组：（楼管员）、（保洁员）。

具体职责：①疏散人员和车辆；②引导消防车入场；③组织抢救财物、贵重设备，物资暂放处应有人看管，防止被盗；④抢救伤员；⑤清理保护现场。

二、消防演练宣传

（1）__月____日。小区大门岗、物业办公室门口及各楼道张贴《关于_____花园开展消防演练的通知》及消防宣传标语。责任人：_____。

（2）__月____日。宣传栏张贴消防宣传彩图和《×××物业》消防专刊、小区各显要位置张贴消防宣传标语以及消防警示标语，责任人：_____。

消防标语：

① 火患猛于虎。

② 消防安全重于泰山。

③ 火灾不留情，预防要先行。

④ 消除火灾隐患，构建平安社区。

⑤ 人人关心消防，人人参与防火。

⑥ 消防安全，人人有责。

（3）1月12日。网上公布《关于_____花园开展消防演练的通知》。责任人：_____。

（4）1月18日。悬挂"××物业_____花园消防演练"横幅。责任人：_____。

（5）1月12～19日。每天2～4次通过广播宣读《关于_____花园开展消防演练的通知》。责任人：_____。

（6）1月12～16日。由物业服务中心负责宣传、解释、动员业主（住户）、装修施工人员踊跃报名参加消防演练活动，并选出群众演员6名（45～55岁老年人1名，20～40岁男女性各2名，4～7岁幼童1名）。责任人：_____。

（7）1月19日。现场设立咨询点，发放消防宣传资料并答疑。责任人：_____。

三、消防演练程序

（一）演练讲解

通过广播、宣传板、宣传单及现场说明等宣传方式使所有在场人员明了整个消防演练的流程及重要注意事项。

（二）火情报警

起烟点发现烟雾时，发现人员立即使用最近处火灾报警按钮或用电话、对讲机向消控中心报警（消防监控中心电话：_____）。

（三）火情侦察

（1）消控中心接到火灾报警信息后，应立即安排安防队义务消防员（所有安防员均为义务消防队员）携带对讲机和必备的消防用品赶到现场，确认火情是否存在，确认火情后立即通知安防队队长、服务中心负责人和相关部门负责人赶到现场，成立灭火指挥组，同时安排义务消防员携带近处可取的灭火器材和可利用的消防设施，赶到火灾现场，开始灭火。

（2）确认火情时应注意：不要草率开门，先试一下门体、锁把，如无温度异常可开门观察；如温度较高，已可确认内有火情。此时如房间内有业主（住户），应先设法救人。如没有人，应做好灭火的一切准备后再开门扑救。开门时不要将脸正对开门处。

（四）火情通报

（1）消控中心立即用电话、对讲机按照程序进行操作，告之火情已确认；安防班长携带对讲机、应急灯赶到现场协助现场指挥人员工作。

（2）通报程序如下：安防队长→物业项目经理→总经理（同时通知工程部经理等其他部门负责人；非办公时间时首先通知当值的最高行政负责人）。

（五）现场指挥

现场指挥组负责组织指挥救火，根据火情，决定以下事项。

（1）是否向"119"报警。

（2）是否关闭封锁小区。

（3）是否切断电源及液化石油气源。

（4）是否发布疏散和撤离命令。

（5）指挥人员的疏散和救护、贵重物资的转移（条件允许的情况下）。

（六）灭火行动

1.安防队

（1）安防队长携带对讲机迅速到现场接受消防现场指挥的指令。

（2）消控中心操作人员坚守岗位，根据现场指挥的指令操作设备和适时开动紧急广播系统，通知业主（住户）疏散。通知的顺序为：发生火灾区域及可能受影响区域，并根据火势严重情况按现场指挥的指令向"119"报警。按指令将摄像探头切换至发生火灾的区域。

（3）巡逻安防员携带手电筒、对讲机及手提灭火器及相关消防应急设备迅速赶到火灾现场，按照火灾现场指挥的命令行动。

（4）各门岗值班安防员负责小区的各出入口，外围的安防员坚守岗位、维护秩序，防止此时有其他人员进入小区的火灾现场，同时负责业主（住户）的疏导和解释工作。

（5）外围安防员立即将停放在外围的车辆进行疏散，暂时将前来的车辆或人员引导到安全场地，劝阻、疏散围观的人员。

2.工程部

工程部人员接到火灾通知后迅速赶到现场，接受现场指挥的一切指令，并做好如下工作。

（1）携通讯设备迅速赶到变配电室，按照现场指挥的命令操作供电设备及其他应急工作。

（2）携通讯设备迅速赶到消防水泵房，按照现场指挥的命令操作消防水泵及其他应急工作。

（3）携通讯设备迅速赶到消控中心，按现场指挥的命令保障消防联动系统正常运行，并检查其他消防设备的情况。如遇故障，应根据现场指挥的命令立即采取补救措施，并按照现场指挥的命令协助完成其他工作。

3.服务中心

（1）服务中心管理人员接到火灾通知后迅速携带通讯设备，赶到火灾现场接受指令。

（2）迅速准备好急救包并根据指令到疏散集合的安全地点，对疏散业主（住户）的人数进行清点，并在有需要时（如有人受伤时）与医疗急救中心取得联系。

（3）及时并准确地向指挥中心报告失火区域业主（住户）人数及火灾现场人数。到疏散通道引导业主（住户）疏散，并告之业主（住户）疏散集合地点并做好安慰和解释工作。

（4）如需全部离开办公室区域，对该上锁的要锁好，须随身携带的装带好。

4.义务消防队

（1）火情确认后，义务消防队员接到通知后应在第一时间赶到指定地点集合待命。

（2）义务消防队长（安防队长）向队员简单介绍火情，分配任务。

（3）义务消防队员携带灭火器材准备好后迅速赶赴火灾现场。

（4）迅速派两名义务消防队员沿疏散楼梯小心上楼，观察情况。

（5）迅速组织队员按救火程序实施灭火，并及时将灭火工作进展情况随时报告现场指挥。

（七）人员疏散

根据火情确定是否需要全面疏散火灾现场及附近业主（住户）。疏散命令由总指挥下达。具体的实施办法如下。

（1）控制中心按照总指挥指令负责用紧急广播先通知着火地点的业主（住户）或由现场人员逐户通知疏散。广播通知时严禁将紧急广播同时全部打开，必须是将通知范围控制在火灾区域或是火灾可能影响到的区域。

（2）服务中心负责引导业主（住户）疏散并把疏散下来的人员安排到安全地点，现场外人员或是准备进入火灾区域的人员由现场外围值班安防员和服务中心指定人员负责引导疏散。疏散动作要领：用毛巾蘸水，捂鼻弯腰速跑。在引导疏散时要注意保持秩序，防止挤伤、踏伤等非事故引起的意外，并注意清点现场疏散的人数，防止遗漏。

（八）注意事项

（1）在整个扑救火灾过程中，其他工作要让位于火灾扑救工作，并随时按照总指挥指令做出反应，各个岗位出现的情况也要随时向总指挥汇报，以便总指挥掌握情况，迅速做出正确的决定。

（2）火情发生后，所有对讲机或其他通讯设备应处于待命状态，当总指挥呼叫时，要用简明的语言，准确报告情况。

（3）实施疏散计划时，要将业主（住户）有秩序地从安全通道疏散，绝对不能引起混乱，要防止不知火情危险的业主（住户）再回到他们的居住区域，疏散时由安防员（或服务中心的人员）负责带路和断后。疏散中不能停留、堵塞通道。

（4）安防队、服务中心工作人员负责指导检查疏散情况，检查内容还包括：业主（住户）房间、卫生间等公共区域是否留有未熄灭火种、烟头和未关闭的灯，出入通道是否畅通。

四、消防常识讲演

（1）疏散逃生原理、操作说明。

（2）灭火器使用、破拆、灭火等基本操作表演。

（3）学习掌握心肺复苏技术。

（4）灭火示范体验。①湿布扑灭液化气火灾体验；②干粉灭火器扑灭油盆火灾体验。

五、现场善后处理

（1）全面疏散后，各部门要清点自己的人员和火灾现场受困人员人数，查看是否全部撤出危险区域。

（2）服务中心视情况准备食品饮料，安排好疏散集合地点业主（住户），在必要时负责与医疗单位联系。

（3）工程部在火灾扑灭后，负责与自来水公司、煤气公司、供电局等单位联系；及时恢复消防设备及其他设备的状况，将所有设施设备复位。

（4）安防队负责保护现场，并重新配备消防灭火器及损坏的相关设施。

（5）保洁组应迅速清理保护范围以外的其他区域，尽快使其恢复正常。

（6）火灾扑灭后，各相关人员按分工做好善后工作，除保护好火灾现场外，其他地方应尽快恢复原状，由安防队负责写出事故报告上报，对火灾扑救工作进行总结，对扑救工作中表现突出的人员提出表扬。

六、演练结果点评
七、演练事项说明

（1）演练时间：

（2）疏散演练地点：从起烟地点_____疏散至_____。

灭火演练地点：_____。

（3）物资准备（略）。

_____物业管理有限公司

_____管理处

____年__月__日

27-08 消防演习工作方案

消防演习工作方案

一、演练目的

为认真做好_____大厦消防安全工作，切实履行消防工作职责，使大厦全体员工增强消防安全意识，熟悉应急疏散途径，掌握消防设备使用方法，检查消防设施工作状况，提高全体员工紧急情况下处置火灾事故的能力。

二、参加演练人员

物业公司各岗位责任人、全体员工及大厦工作人员。

三、发生火情地点

××大厦×楼层×房间。

四、演练设置

已知条件下演练，事先告知演练范围内的参加人员、演练目的、演练内容、演练方法及注意事项。

五、消防演练组织机构

消防演练组织机构包括以下部分。

（1）临时指挥小组。临时指挥小组由物业服务中心主任、秩序维护主管、工程部主管、事务助理、消防专管员以及其他相关人员组成。

（2）人员疏散救护小组。发生火情时，人员疏散救护小组应遵循"先救人、后灭火，先隔离、后灭火"的工作原则，重点是疏散人员、抢救重要物资和维持秩序。

（3）灭火小组。主要由秩序维护人员组成，职责是使用消防设备灭火。

（4）警戒引导小组。警戒组负责布置楼层内部及外围警戒，同时清除大厦外围和内部的路障，保证消防通道畅通，疏散一切无关车辆和人员，引导消防车辆的出入。

（5）通讯指挥及设备启动小组。通讯指挥及设备启动小组设在中控室，随时与其他各工作小组保持通讯畅通。

六、演练所需消防器械及物品

灭火器、消防水带水枪、消防扳手、防火服、防烟面罩、电话、担架、湿毛巾、警戒线。

七、演练程序

（一）课目一：紧急集合演练

演练目的：消防控制室接××烟感报警，值班员工迅速通知就近巡逻人员前往报警地点查看情况，确认火情后迅速通知大厦消防员紧急集合。

演练要求：

（1）集合速度要快速有序。

（2）院内消防队长统一指挥。
（3）队长根据火情情况迅速确定灭火方案。
（4）分工明确，按"先救人、后灭火，先隔离、后灭火"的原则。

（二）课目二：通讯联络演练

演练目的：通讯联络组由消防监控室人员组成，负责火灾报警、火场联络、通知报告相关领导部门及接应消防车演练。

演练要求：

（1）迅速拨打119报警，并通知相关责任部门。
（2）报警时必须说清报警单位及地址、着火物质、火势大小、报警人姓名电话、人员疏散情况。
（3）迅速联系消防监控值班人员打开××排烟风机、送风机、消防水泵、消防广播。
（4）安排人员到指定地点接应消防车。

（三）课目三：引导疏散演练

演练目的：引导疏散组引导疏散火场内人员的安全疏散，抢救被困人员及重要物品演练。

演练要求：

（1）利用湿毛巾捂住口鼻俯身进入××，迅速将火场人员和利用担架将被困人员通过消防指示标志或在消防广播的指引下，从消防安全通道迅速疏散。
（2）同时迅速将重要物品救出火场。

（四）课目四：灭火设备使用演练

演练目的：通过训练，使全员掌握灭火设施设备使用方法。

演练要求：

（1）灭火行动组迅速关闭防火隔离门，隔离火源。
（2）灭火行动组利用灭火器和消火栓迅速灭火。

八、演练讲评

演练结束讲评，做好总结和记录。

27-09　消防演习通知

通知

尊敬的_____业主：

您好！为了贯彻"预防为主、防消结合"的消防方针，促进防火安全工作，培养_____物业公司全体员工的消防意识，提高义务消防员的消防作战能力，物业公司定于____年____月____日下午15:00在园区进行消防演习。

一、演习的时间

____年____月____日15:00时。

二、演习的地点

园区南门信报箱前。

三、参加人员

全体秩序维护人员、监控员、各部门代表。

四、演习负责人

_____

五、演习的内容

（1）消防预案的学习（室内会议室）。

（2）灭火器的使用及实际灭火演练（室外）。

（3）消防水带的连接及实际灭火喷水（室外）。

六、演习分工

（1）监控领班_____讲解消防灭火预案（会议室），明确如何报警、查明火情及各部门分工。

（2）讲解灭火器的使用方法及实际灭火演练（事前做好物资准备），找两名秩序维护员及两名员工进行实际操作。

（3）秩序维护部队长负责消防水带的连接，对全体人员讲解如何连接使用及实际喷水演练。

（4）消防井的开启及控制，请工程部配合。

欢迎广大业主届时到场进行参观、监督，并提出宝贵意见，如需更加详细地了解细节问题，请致电物业客服：_____。

_____物业管理有限公司

_____管理处

_____年__月__日